U0461435

民初翻译家翻译伦理模式构建及其影响研究

涂兵兰◎著

本书获得国家哲学社会科学基金2015年度项目的经费资助

知识产权出版社
全国百佳图书出版单位
——北京——

图书在版编目（CIP）数据

民初翻译家翻译伦理模式构建及其影响研究 / 涂兵兰著 . —北京：知识产权出版社，2020.5
ISBN 978-7-5130-6819-2

Ⅰ. ①民… Ⅱ. ①涂… Ⅲ. ①翻译家—人物研究—中国—近代 Ⅳ. ① K825.5

中国版本图书馆 CIP 数据核字（2020）第 040276 号

责任编辑：王颖超　　　　　　　　责任校对：王　岩

文字编辑：赵　昱　　　　　　　　责任印制：刘译文

民初翻译家翻译伦理模式构建及其影响研究

涂兵兰　著

出版发行：知识产权出版社 有限责任公司		网　　址：http://www.ipph.cn	
社　　址：北京市海淀区气象路 50 号院		邮　　编：100081	
责编电话：010-82000860 转 8655		责编邮箱：wangyingchao@cnipr.com	
发行电话：010-82000860 转 8101/8102		发行传真：010-82000893/82005070/82000270	
印　　刷：天津嘉恒印务有限公司		经　　销：各大网上书店、新华书店及相关专业书店	
开　　本：720mm×1000mm　1/16		印　　张：16	
版　　次：2020 年 5 月第 1 版		印　　次：2020 年 5 月第 1 次印刷	
字　　数：200 千字		定　　价：66.00 元	
ISBN 978-7-5130-6819-2			

前　言

　　提及中国翻译史，人们就会不自觉地想起民国初期由知名的文学家、思想家、政治家、革命家所共同参与的那场文学翻译活动。作为新文化运动最重要的活动之一，翻译外国作品在此次运动中占有相当重要的地位。翻译家们不仅利用译本重塑国民灵魂，而且以之改造旧文学、创造新文学；不仅推动新思想的产生与发展，而且直接参与现代文学文化史的构建和民族审美心理的发展。然而，学者们对这一代人的研究，更多地体现他们在文学、历史、思想等方面的成就上，极少系统论述其翻译伦理思想的形成，他们在中国现代文学中的桥梁作用、媒介角色也没有得到很好的研究。

　　传统中国翻译史历来把民初和清末合在一起，作为历史上的第三次翻译高潮。但是仔细研究该时段的翻译活动，笔者发现，民初和清末的翻译状况还是有很大的区别：清末翻译家只有少部分熟悉外国文字，大多采用合译的方式，但是民初翻译家绝大多数都曾有出国留学的经历；清末译坛在很长一段时期内都采用"意译"或"译述"的方式，往往改变原著内容，民初翻译家则努力提倡并践行"忠实"的标准；清末翻译家主要翻译强势的欧洲文学，民初翻译家则把翻译关系扩大到弱小民族国家；清末绝大多数翻译家使用文言文，民初翻译家则多使用白话文。更重要的是，民初的很多翻译家如鲁迅、胡适、陈独秀、罗家伦、傅斯年等，不仅是翻译介绍外国文学的积极分子，更是新文化运动的倡导者和参与者，可以看出，意识形态的因素牢牢控制着他们的翻译行为。因此，有些民初翻译家并不一定以翻译作品取胜，但是他们的翻译思想和理论主张却对整个中国翻译传统产生转折性的影响。

翻译是一项历史的、动态的、有目的性的活动，追问翻译家"为什么翻译"，必然涉及翻译伦理问题。从本质上讲，伦理是人的行为应该如何的规范与事实如何的规律。因此，翻译伦理探讨译者与其他翻译主体间关系如何及其对翻译职责、翻译标准的厘定。本书以民初翻译家作为考察对象，主要运用翻译学、文学及伦理学的相关成果，采用描述性研究方法，以民初翻译家译本及其副文本为经，以其伦理身份及翻译价值观为纬，一方面具体分析其与原文作者、译文读者及赞助人之间复杂纠葛的翻译伦理关系，另一方面考察其在翻译文本、翻译语言及翻译方法的伦理抉择中所形成的翻译伦理模式，并试图分析该模式对中国现代文学文化结构的影响。一方面祈望把各群体核心翻译家的重要贡献、理念、活动等揭示出来，另一方面希望以群体为单位，既考察翻译家群体遭遇的翻译困境，也讨论翻译家个体差异；既考察译本的思想内容、不同译本间的差异，又关注翻译家生产译本的内外相关因素。

首先，民初翻译家深受传统伦理影响，但是国家政治的腐败、科举制度的取缔、资本主义经济的萌芽以及稿酬制度的日益普及等，使他们的生存方式和价值观也与过去有了很大差异。翻译家自身的义利观发生重大改变，已然摒弃了"重义轻利"的传统伦理观，由"道德伦理"日渐向"经济伦理"倾斜。但是，传统家国情怀的价值观像幽灵一样依然或深或浅地缠绕在他们身上，使其翻译不可避免地带上了强烈的政治功利性。与历史上任何一个时期的翻译家相比，他们更具有群体性特征，通常以"一刊一社"为翻译活动中心，在翻译观点及翻译实践上保持高度的一致性。在翻译场域里，他们有的集翻译家、赞助人与读者于一身，因而更了解服务对象的需求，更能处理与其他各翻译主体的关系。总体说来，其关系主要由过去以"忠诚"为核心的伦理关系向以"信任"为核心的伦理关系过渡。

其次，翻译家在翻译策略的选择上有很多反常之处，比如对文本意识形态的考量成为翻译选目的一个重要指标。他们虽然大多懂英语或者说其中有些翻译家只懂英语，但他们基本不翻译英美国家的作品，而对波兰、匈牙利、爱尔兰、西班牙、俄国等当时被视为"被侮辱、被损害"的弱小民族的作品非常感兴趣。在翻译方法和手段上，翻译家大量的译作是从俄国、法国、波兰、匈牙利等国家转译过来的。虽然如此，很多翻译家仍注重直译，期望在"二次翻译"中能够完全忠实于原著。

再次，时代伦理与个人境遇的不同导致翻译家的个人伦理仍然差异较大，其翻译目的以及服务对象着重点的不同，体现了翻译家群体的不同翻译价值观，从而大致形成了牧师型、贱民型及探索型三种不同类型的翻译伦理模式。牧师型翻译家属于中国传统社会中的精英分子。他们是社会规范的权威，是中国传统精英文化的守护者和改革家，是现代文化的开拓者和创造者，能够利用社会赋予他们的权力为社会大众找到一条光明的出路。贱民型翻译家是真正意义上的仆人，他们视作者为上帝，读者为国王。"上帝"型的惯习要求一切翻译只遵循一种方法，只有上帝手里掌握了真理，所有翻译家必须听从上帝的安排。探索型翻译家则对外国文本充满好奇心，喜欢思考并且很有求知欲，想要了解或解释身边发生的事。他们独立自主，喜欢尝试探索各种方法途径达成自己的目标。

最后，民初翻译家还试图通过翻译进行创作，借鉴外国文学以建构新文学。因此，在清末翻译家兼作家手里尚未完成的一些任务，比如白话文的广泛普及与运用，小说结构的变革，短篇小说的出现及走向成熟，小说、诗歌、戏剧主题的建构以及人物叙事视角的转变等，都由于在翻译作品中汲取了西方文艺理论和创作的元素而发生了根本性的转变，中国文学的表现手法和表现形式有了根本性的转变。

本书获得国家哲学社会科学基金 2015 年度项目的经费资助。三年多的撰写期间也是本人工作调动极为不顺的时期，心情极度沮丧，情绪非常低落。所幸的是，目前所在的学校为本人提供了一个比较宽松且相对自由的写作环境，对科研的探索与追求在某种程度上缓解了工作和生活中的一些压力。本书的最终完成离不开单位领导、同事及朋友的帮助和支持，更有儿子的懂事和优秀以及先生的默默奉献才使得本书的写作更加顺利！本人将以更饱满的热情面对未来的工作和生活。

涂兵兰

2019 年 10 月于广东金融学院

目　录

第1章 绪 论

1.1 研究缘起

提及中国翻译史，人们不自觉地就会想起民国初期由知名的文学家、翻译家、政治家、革命家所共同参与的那场文学翻译活动。作为当时新文化运动最重要的活动之一，翻译外国作品在此次运动中占有相当重要的地位。据统计，在 20 世纪二三十年代影响较大的几种丛书中，《小说月报丛刊》中收译著 32 种，占 53.3%；《文学周报社丛书》中收译著 12 种，占 42.9%；《文学研究会丛书》中收译著 61 种，占57%。❶ 由此可见，民初的翻译文学已经构成中国新文学文化的一个重要组成部分，正如王哲甫在《中国新文学运动史》(1933)中所指出的那样，"(当时)中国的新文学尚在幼稚时期，没有辉煌伟大的作品可资借镜，所以翻译外国的作品，成了新文学运动必经之路，并产生了

---

❶ 秦弓.论翻译文学在现代文学史上的地位——以五四时期为例[J].文学评论，2007(2).

难以估量的巨大作用"❶。在这场活动中，翻译家从翻译对象的选择到翻译作品的完成及成果的发表，都经过了审慎的考虑。他们不仅利用译本重构现代文学，而且以之改造旧文学、创造新文学；不仅推动新思想的产生与发展，而且以之改造旧思想、旧道德。因此，本书认为，应该对民初翻译家及其翻译文学给予足够的重视。

关于民初的时间断限，遵照大多数历史学家关于民初时段的划分，本书把其定位于1912年民国元年到1927年南京国民政府成立，而以五四新文化运动时期的翻译为主。这主要是因为民初发生在文学文化领域的主要活动是新文化运动，而且其影响极其深远，可以说，一直延伸到整个民国时期。新文化运动与翻译活动相伴相随，相互影响，相互渗透，可以说没有翻译活动，也就没有中国历史上的新文化运动，更没有现代意义上的中国文学。这一时期翻译活动的显著特征是：涌现了大量的文学社团和翻译家，提出很多颇有建树的翻译思想和理论。也正因如此，提及民初的翻译，人们往往忘了其他方面的翻译成就，而专注于其文学翻译成就，原因主要在于以下几个方面。首先，新文化运动借助于文学作品展开。新文化运动是在意识形态领域里发生的一次反对旧传统、提倡革新，反对旧道德、提倡新道德的思想运动。中国传统思想认为，文学是为政治服务的，它体现了一个国家的意识形态。如果要改变思想观念，必须借助文学。因此从一开始，翻译家们就高举新文化的大旗与封建旧文化进行斗争，希望从外国文学作品中吸收西方先进的思想，以建设中国新道德。其次，从这一时期的翻译来看，翻译家们大多数本身就是文学家，文学的相通性使他们在翻译选材方面更喜欢也更容易借助于文学这个工具。

---

❶　参见：秦弓.论翻译文学在现代文学史上的地位——以五四时期为例［J］.文学评论，2007（2）.

因此，20 世纪初期文学翻译活动呈现出一个前所未有的高潮，翻译队伍空前壮大起来。不仅有林纾、伍光建、曾朴、包天笑等译界前辈，更有刚刚走上译坛不久的新生代，如鲁迅、胡适、巴金等。本时期翻译活动主要有以下几个特点。

一是翻译活动的主体性更突出。与以往不同，本时期翻译家已经完全不再依靠中外合译的方式进行翻译，可以依靠自己的力量完成全部翻译工作。翻译家大多为留学归国人员，既有留学欧美的，如胡适、郭沫若、巴金、冰心等，也有留学日本的，如鲁迅、周作人等。他们在社会上同时担任很多其他职务，社会角色比较复杂，在文学之外的其他领域也非常突出，各有建树，有的同时是哲学家、思想家、政治家、革命家，如胡适、郑振铎、陈独秀、曹靖华、李霁野等。

二是译作载体形式多样。与历史上任何一个时期的翻译家不同，民初翻译家积极成立文学社团，创办文学刊物，发表翻译作品。比如由文学革命家兼翻译家陈独秀创办的《新青年》杂志在此期间登载很多具有示范性的翻译作品，因而很快成为翻译的重要阵地。此外，翻译家还创办《每周评论》《努力周报》《新月》《新潮》等影响较大的综合性刊物。至于《小说月报》《晨报副刊》《文学周报》《未名丛刊》等杂志，其主编或为翻译家，或为翻译文学的爱好者，当然不乏优秀的翻译作品。为了提升出版影响力，有些出版机构还推出丛书，比如《文学研究会丛书》等，其中翻译占有较大比例。更重要的是，有些出版社直接出版一大批翻译丛书，如商务印书馆、中华书局、北新书局、上海开明书店、创造社出版部等顺应当时社会和市场竞争的需要，出版《欧美名家小说丛刊》《近代世界名家小说》《近代世界短篇小说集》《世界文学名著》《欧罗巴文艺丛书》等一批优秀的译作丛书。此外，很多刊物上专门开辟诸如"译文""译丛"等形式的翻译栏目，还有些刊物设立专门的翻译"专辑""专号"等。一时之间,所有发表、出版、登载翻译作品的报刊、图书成为吸引读者强有力的工具。

三是翻译的内容丰富多样。民初翻译家翻译热情高涨,其翻译所涉及的文学流派、所翻译的作品数量以及所使用的语言,都超过了翻译史上任何一个时期。翻译家对翻译内容的选择丰富多样,具体表现在:①从时段来看,主要以十八九世纪的文学为主,也翻译一些同时代的俄苏文学,甚至还翻译希腊神话、莎士比亚作品等。②从国别来看,既有强势的英、法、意、德等国的作品,更有"被侮辱、被损害的"民族的作品;既有西方文学,也译介了东方邻国文学。③从文学思潮来看,既有现实主义、自然主义、浪漫主义,也有象征主义、古典主义、表现主义、唯美主义等。④从文体形式来看,既有现代西方公认的诗歌、小说、戏剧、散文等,也有文艺理论、评传等文学形式;既有正统的雅文学,也有大众喜欢的俗文学,还有儿童文学译介。

民初大多数翻译家非常注重翻译作品的社会功能。他们在介绍外国文学时,无论在文学主题、文学思想还是在文学语言上都做过深刻而广泛的讨论,并努力充当外国文学的"搬运工"和"学习者"。在民初社会政治经济状况恶劣的情况下,为寻求中国的出路而把目光投向世界,他们的心中都曾有打破旧世界、创立新世界的决心和理想。这个任务在清末翻译家的手里并没有完成,民初翻译家却用实际行动实践着"破坏"这个概念,并积极重建一个新世界。因此,他们充当了中国现代文学的改造者和建设者,用自己的译笔引进一部部外国文学作品,希望能涵养中国民众的思想,打破旧道德、树立新道德,摧毁旧文学、建立新文学。

1.2 研究综述

清末民初以前，中国历史上出现过两次翻译高潮，即从东汉到宋朝的佛经翻译和明末清初的科技翻译。就其影响力而言，民初翻译的影响和作用超过中国历史上任何一个时期。但是，人们在津津乐道民初翻译成就的同时，却忽视了翻译家在其中的作用。学者们对这一代人的研究，更多地体现他们在文学、历史、思想等成就上，极少系统地论述其翻译活动，他们在中国现代文学中的桥梁作用、媒介角色也没有得到很好的研究。比如国内对于鲁迅的文学研究以及胡适的政治思想研究已经琳琅满目，而对于他们作为翻译家的专题研究论著非常罕见，与他们同时代的其他翻译家如林纾、瞿秋白、周作人、巴金等的研究也是如此。

事实上，由于意识形态的原因，尽管中国历史上出现过多次较大规模引进外来文化的现象，但是强烈的文化自负心理使得外来文化只是作为统治者进行统治的工具，翻译不可能得到应有的重视。20 世纪80 年代以来，随着翻译研究的兴起，民初翻译家才作为一个重要课题逐渐受到人们关注，并取得一些研究成果。总体来说，关于民初翻译家的研究主要有三种方式：①论文。这种研究方式直到 21 世纪才比较普遍，涉及民初多个翻译家如鲁迅、胡适、巴金、茅盾、郭沫若、包天笑、周作人、苏曼殊等。最具典型性的有李德超、邓静的《近代翻译文学史上不该遗忘的角落——鸳鸯蝴蝶派作家的翻译活动及其影响》（2004），就民初译本对现代小说的促进作用进行分析，指出其在中国传统翻译向现代翻译转变过程中起着重要的作用。此类方式对翻译家翻译观点以及译作评价比较零散，内容和写法不大统一，研究不够系统。②辞典。比如《中国翻译家词典》（1988）、《中国科技翻译家辞典》（1991）、《中国当代翻译工作者大辞典》（2001）等。翻译家辞典简明扼要，收录内容丰富庞杂，信息量大。但是由于其篇幅和体例的限制，难以收到真正满意的效果。③著作。首先，文学史研究。具有代表性的文学史著作如胡适的《五十年来中国之文学》（1922），胡适对林纾的古文成就给予了高度评价，并称林纾用古文翻译是一个大胆的尝试，但同时他又认为林纾的尝试实际上是失败的，毕竟古文是一种"死的语言"。在文学史研究中真正给予翻译家及他们的活动以较高评价的是陈平原。陈平原在《中国小说叙事模式的转变》（2003）中，认为中国小说叙事模式的改变基于两种移位的合力，其中之一就是西洋小说的输入。其次，翻译史中少不了对翻译家及译本的研究。20世纪后期和21世纪出现的大量翻译史中介绍了民初翻译家的翻译活动，如陈玉刚主编的《中国翻译文学史稿》（1989），郭延礼的《中国近代翻译文学概论》（2001），谢天振、查良铮主编的《中国现代翻译文学史（1898—1949）》（2004）以及查明建、谢天振的《中国20世纪外国文学翻译史（上、下）》（2007），秦弓的《20世纪中国翻译文学史：五四时期卷》（2009）等。除钱钟书具有开拓意义的论著《林纾的翻译》（1964）外，上述著作多以传论、评传为路数，偏重传主生平，重评述传主的翻译活动、成绩。最后，专题翻译家研究。具有代表性的有香港学者王宏志（1997）、孔慧怡（1999，2000）以及大陆学者王友贵（2001，2004）。他们运用大量的文史资料，从翻译理论、意识形态、读者接受心理、传统文化背景及文化的传播方式等角度，结合个案研究，重点论述严复、梁启超、鲁迅、梁实秋、瞿秋白、周作人等近现代翻译家的翻译思想和实践，并从他们各自的文化政治立场角度，细致分析其翻译思想产生的时代因素，指出其翻译观的继承、反叛、对抗、融合。这些研究率先打破传统的以语言分析和文本对照为主要任务，引入新的研究方法和研究思路，真正实现翻译的"文化转向"，把翻译研究从以理想翻译为焦点的讨论转向以历史描述和文化分析为主的更切合实际的研究方向。

这些成果为以后的研究奠定了坚实基础，是值得肯定的。不足之处在于：①大多为单篇论文或散见于相关学术著作中，缺乏具有针对性的研究，对民初翻译家翻译活动的评价比较单一，缺乏其他相关领域的学理支撑，更没有系统研究民初翻译家的翻译伦理成果出现。②大多对翻译家在翻译过程中的主体性认识不够。尽管很多论著把民初翻译家的翻译放在民国的视野中加以审美观照，但并没有把翻译家的翻译思想及特征与其个人伦理思想的动态生成、发展及其所处时代的特定精神气质之间的复杂纠葛结合起来。③民初翻译家翻译伦理思想之于创作，尤其之于中国现代文学文化所蕴涵的思想启蒙和建设价值被忽略了。他们的翻译文学对其文学创作题材和手法的生成与嬗变，以及对现代文学文化审美特征的影响，也没有得到足够重视。

笔者认为，翻译家研究应该包括三个方面的内容：翻译思想、翻译实践以及翻译家人生研究。研究翻译家不仅需要研究其生平、翻译特征，还应研究其翻译的目的和动机以及这些目的与动机的成因。比如，研究翻译家在翻译过程中受到哪些因素的影响，从而导致他形成什么样的翻译思想，该思想如何反映在他对翻译内容、翻译方法及翻译策略的选择上，翻译家的翻译文本又在哪些方面对翻译家产生反作用。因此，研究翻译家的翻译，不仅应考察翻译家所处的社会环境对他们的影响，还应考察个人成长环境对他们的影响，从而了解其思想形成、发展、演变过程。这样的研究才能避免流于简单的成果介绍，才能把翻译家的主体地位凸显出来，才能从本质上了解其翻译行为发生的根本缘由。

相对于已有的研究，本书既有重要的翻译史研究价值，又潜隐着深刻的伦理思想史、文学文化史意义。其一，民国初期是中国社会文化转型和文学嬗变的历史时期，民初翻译家"作、译"并举，他们利用自身的知识结构和语言优势，借外国作品以改造中国文学。翻译家在翻译实践上起着承前启后的作用，既部分地继承清末翻译家的翻译思想，又在资本主义经济的作用下适应时代要求，悄悄地形塑着他们的翻译伦理。在此思想生成机制中，传统"士"文化的无意识积淀是根本，特定的社会政治伦理环境及其教育背景、知识结构是基础，西方文化思想的刺激是外在影响因素。其翻译伦理模式的构建是一个动态发展的历史过程。民初中国受到各种意识形态的重重影响，虽然在诠释的"视域交融"中很难划出过去与当下的断然分界，但是对民初翻译家翻译伦理思想的构建过程，本书希望能充分发挥"历史化"的优长，摒弃约定俗成的理由，对其进行历史化评述。其二，新旧碰撞的社会政治伦理思想促成民初翻译家多重伦理身份，如翻译家、编辑、报人、作家、读者等，并与其他各翻译主体衍生出具有现代意义的翻译伦理关系。其在翻译实践中的多重伦理诉求和冲突，在民初语境中形成参差多态、丰富驳杂的翻译伦理模式，给翻译研究提供了学术生长点。其三，民初翻译家们所特有的自我作古、无所依傍的自由心态催生出形式多样的译本，这些译本在语言、主题、叙事结构及叙事角度四个向度上体现民初翻译家们对中国现代文学意义的追求。他们不仅是两种不同文化交流的协调者，更是文化建设的主体之一，其翻译思想对近现代文化、生活理念等都产生深远的影响。

1.3　研究内容

民国初期是中国历史上重要的社会转折期，翻译家的翻译风格随社会文化各种因素和自身主观因素的嬗衍而变化，他们选择符合时代要求的标准，规范自己的翻译活动。因为在不同时期，翻译的规范并不完全相同。在具体的行为操作中，规范暗指哪种行为应该被提倡，因为它作为一种恰当的行为而更容易被接受。从某种程度上说，规范作为个体社会化的一部分被灌输给译者，并内化为他们的性情，使他们在一定方式上倾向于这样做，而不是那样做。

通过对民初的翻译活动研究，可以比较完整地了解传统翻译观到现代翻译观的转变过程，翻译家在此期间究竟因为什么而翻译？他们为谁而翻译？他们遵守什么规范？为什么翻译这个作品而不翻译那个作品？他们的翻译活动有什么特征？他们的翻译对自身的发展、思想演变有什么作用？他们的翻译对建设中国文学文化产生什么作用？而追问"为什么翻译"的问题实际上涉及翻译的伦理问题。

从本质上讲，伦理是人的行为应该如何的规范与事实如何的规律。❶ 因此，翻译伦理探讨译者与其他翻译主体间关系如何及其对翻译职责、翻译标准的厘定。本书以民初翻译家作为考察对象，主要运用翻译学、文学及伦理学的相关成果，采用描述性研究方法，以民初翻译家译本及其副文本为经，以其伦理身份及翻译价值观为纬，一方面

---

❶　王海明. 伦理学原理［M］. 北京：北京大学出版社，2005：81.

具体分析其与原文作者、译文读者及赞助人之间复杂纠葛的翻译伦理关系，另一方面考察其在翻译文本、翻译语言及翻译方法的伦理抉择中所形成的翻译伦理模式，并试图分析该模式对中国现代文学文化结构的影响。一方面祈望把各群体核心翻译家的重要贡献、理念、活动等揭示出来，另一方面希望以群体为单位，既考察翻译家群体遭遇的翻译困境，也考察翻译家个体差异；既考察译本的思想内容，不同译本间的差异，又关注翻译家生产译本的相关因素。为达到此目标，本书试图解决以下问题：

第一，民初的社会环境如何影响其翻译家的翻译身份和翻译价值观？

第二，民初翻译家的翻译身份使其与其他翻译活动参与者构建着怎样的翻译伦理关系？

第三，民初翻译家的翻译价值观在其具体翻译实践中大致形成怎样的翻译伦理模式？

第四，民初翻译家的翻译伦理对中国现代文学文化的构建产生怎样的影响？

翻译研究不仅包括对翻译过程的规范性研究，而且还包括对翻译现象的描述性研究。鉴于本书主要探讨的翻译家的翻译伦理思想是动态发展的，所以主要采用描述性研究方法。因为社会生活是不断变化的，翻译家的翻译目的大相径庭，其需要面对的问题也多种多样，任何翻译规范都不可能彻底解决翻译问题或解释诸多的翻译现象。在研究翻译行为时应该根据具体的翻译事实才能得出比较准确的结论。正如西方翻译理论家安东尼·皮姆所指出的那样，"当我们撇开翻译中发生的种种现象，追问其发生的原因时，我们可以得出一些模糊的认识，用切斯特曼的话来说，就是从'是什么（is）'的翻译现实得出'应该

怎样（ought）'的翻译道德与伦理追求"。❶

　　本书将使用"文献梳理"的方法，该方法是本书使用最多、最广泛的方法，因此也是基本的方法。"文献"在本研究的范围非常广，主要包括翻译家的翻译文本及其副文本（paratext）。作为新的研究视角和模式，副文本理论运用在翻译研究上的时间虽然不长，但是使用副文本进行翻译研究的学者越来越多。根据杰拉德·热内特（Gerard Genette）的观点，副文本可以包括译文本的封面、标题、序言、后记、注释、插图、献辞等任何有意义的部分。它是沟通文本与读者关系的桥梁。国内外研究者的关注焦点主要集中在以下几个方面：①为了更全面理解译文或了解翻译家的翻译思想，学者们逐渐把副文本作为辅助研究工具，用于翻译家研究或者译本对比研究；②为了研究翻译主体参与者之间的关系，或者研究译文与原文的关系，学者们使用副文本了解特定时代的翻译家是否遵从作者的思想、读者是否接受译本、赞助人是否控制翻译家以及当时社会主流的诗学观念是怎样的，等等；③为了更好地了解翻译家的内部环境以及外部环境，学者们使用副文本来分析译本所产生的特定时代背景，翻译家在此社会背景下的社会伦理规范以及翻译职业伦理，翻译家出于自身的需要与社会外部环境的需要是如何相互作用而形成翻译家的翻译思想以及翻译目的、翻译策略等。可见，对于副文本的梳理和重视，能够在很大程度上厘清翻译史上的诸多翻译现象。

　　与清末比较，民初翻译小说前后的译序、跋的内容更为丰富多彩。这些译序、跋或介绍原作者的姓名、生平、写作特点，或阐述翻译家的翻译方法和体例及其选择理由，或是对比中外文学的异同，也有些

---

❶　Anthony Pym. The Return to Ethics：Special Issue of the Translator［C］. Manchester：St. Jerome Publishing, 2001：135.

翻译家借译序、跋阐述自己的翻译目的。可见，该时期翻译小说的译序、跋明显不同于现当代翻译文学的译序、后记。通过译本序、跋之类的副文本能够帮助研究者全面审视译本。通过它们，研究者可以更深入地理解原文，了解原作者的写作风格和写作特点，从而更好地理解译文的"好"与"坏"、"正确"与"错误"等。副文本还是翻译家和各翻译主体相互交流沟通的场所。通过它们，研究者可以还原历史，更真切地体会翻译家思想的形成、发展、演变过程以及译本在当时语境下的消费与接受。当然，这些材料都不是静态的，相反，它们可以与译文本互为印证，形成一种对话关系。因此，对于研究民初翻译家来说，丰富多样、出现在文本内外的副文本就显得尤为重要。

此外，本书还将使用文本阅读与对比的形式。与清末翻译家比较单一的翻译策略不同，民初翻译方法灵活多样。在这些新旧杂陈的翻译方法背后，很容易追踪翻译家的思想演变的足迹。通过对文本的阅读与对比，了解翻译家的翻译实践，并与评论家的批评进行验证，可以分析其翻译思想与社会政治文化的关系，认识其翻译价值所在。

第 2 章　民初翻译家的社会伦理

根据规范伦理学理论，社会伦理是以作为共同体的社会本身为对象，专门研究社会应当具有的内在结构、交往秩序与运行法则，其主旨为社会公正。❶ 也就是说，社会伦理研究的内容至少应该包括一个社会的政治、经济、文化内在结构和运行规则。因为人是作为群体、作为类来到这个社会上的，社会性及其存在的共同体性，是人无法摆脱的存在样式与特质。❷ 人作为类群共同体的存在，在共同的日常生活中会形成基本的交往规则、行为习惯。任何生活在一定社会历史中的个体必然要遵守这些交往规则、社会规范，顺应社会与事物发展的规律。

作为社会中的一员，翻译家翻译活动是在一定的社会历史情境中展开的，社会规定了翻译家个人"应当"要做的内容，也就是说，他们在社会实践中必须遵守一定的规范和准则。对他们来说，翻译是在一定规范下的一种自觉而有目的的社会实践性行为。汉斯·弗米尔指出，人的行为是在特定情况下发生的有目的的行为，它既是构成具体情境的一部分，又对情境有一定的影响，而且，情境根植于文化背景之中，对任何一个特定的情境以及在特定情境中的语言和非语言因素的判断，都取决于情境以及情境中具体因素在特定的文化体系中的地

---

❶❷　高兆明.伦理学理论与方法［M］.北京：人民出版社，2005：130.

位。❶ 要从事翻译研究，应该考虑两大范畴：第一是主体文化的规范和环境，第二是翻译活动与主体文化在很长一段时间里产生的相互影响。❷ 因此，对于一个译者译本及其翻译伦理的判断一定要基于一定的社会规范的理解，一个译者只有在一定情境下进行自主翻译实践才有一定的价值，反之，要探讨其翻译价值、翻译伦理则一定要回归到其所生活的社会环境中。

从晚清向民初社会过渡的过程中，中国传统社会伦理思想发生了翻天覆地的变化，主要表现在政治思想、经济、职业等方面。

2.1 政治思想伦理

晚清以来，为了挽救国家民族危机，很多有识之士开始自觉地向内引进西学以求改良民智。传统的儒家思想在西学的影响下发生了很大变化。主要体现在以下几个方面。

（1）传统伦理思想内涵已经发生了很大变化，人们更多地把矛头指向个性自由和个性解放。"忠"是中国传统道德的重要规范。在封建社会里，它是封建政治伦理的核心。古人所言："天之所覆，地之所载，人之所履，莫大于忠。"具有忠君与爱国双重内涵的伦理思想，成为维护君主专制的工具。它常与"孝"并称，影响既深且广。以此为基础，传统伦理建构了"三纲五常"等级体制，以规范社会中的人际关系。"三纲"者，君为臣纲，父为子纲，夫为妻纲。在人伦关系中，

---

❶ 参见：Christiane Nord. Translating as a Purposeful Activity: Functionalist Approaches Explained [M]. Shanghai: Shanghai Foreign Language Education Press，2001: 12.

❷ 孔慧怡. 翻译·文学·文化 [M]. 北京：北京大学出版社，1999: 3.

君臣、父子、夫妻存在着天定的、永恒不变的主从关系。"仁、义、礼、智、信"五常之道则是处理君臣、父子、夫妻、上下、尊卑关系的基本法则。无论是"三纲"还是"五常",其核心就是确立和维护封建社会尊卑贵贱的等级序列,以规范人伦。长期以来,"三纲五常"成为封建统治者用于奴化人民的工具,他们利用其重要思想教化作用来维护社会的伦理道德、政治制度,并将其作为中国宗法社会最基本的伦理道德。"五四"时期,由于新思想的启蒙,国人第一次发现了个人,认识了人的个体价值,其所提倡的个性自由和个性发展无疑是对传统儒家思想伦理的颠覆和反叛。所谓"个性自由",主要指意志自由,体现为人格独立、人格平等、人格尊严,也包括志趣、爱好、才能、性格的自由发展。个性解放和个性自由是商品交换关系普遍发展的产物。社会只有发展到一定阶段,"个性自由"的呼声才会越来越强烈。民初资本主义经济逐渐发展,商品交换越来越频繁,新型的资本主义生产关系要求人们获得个性解放和个性自由。

马克思在《经济学手稿(1857—1858)》中曾经指出:"如果说经济形式,即交换,确立了主体之间的全面平等,那么内容,即促使人们进行交换的个人材料和物质材料,则确立了自由。可见,平等和自由不仅在以交换为基础的交换中受到尊重,而且交换价值的交换是一切平等和自由的生产的、现实的基础。"❶ 因此,一旦社会发展到一定阶段,出现了商品经济,那就意味着平等交换的意识已经渗透人们的日常生活,在思想领域可能会出现要求"个性自由"的心声。很显然,"个性自由"的内涵是跟具有等级观念的"三纲五常"等传统儒家伦理观念相违背的。从某种层面上来说,民初新文化运动倡导的新道德、新思想在本质上就是一场要求个性自由、个性解放的运动。

---

❶　参见:朱贻庭.中国传统伦理思想史[M].上海:华东师范大学出版社,2005:512.

在当时的很多仁人志士看来，个性自由和个性解放首先体现为言论自由。中华民国成立以后，首先从法律上规定了人们的言论自由。比如 1912 年 3 月公布的《中华民国临时约法》中明确规定了人民不但有言论著作的自由，而且还享有集会结社的权利。正因为有这样的规定，很多报刊大胆地登载一些名人志士对时局的看法，表明爱国人士对国内局势的态度。如《申报》的副刊经常登载一些学者或者评论员发表的文章，这些文章大胆评论了政府的相关政策以及管理办法。比如讨论法律的适用性，对政府的法律政策提出意见和建议，对一些时政性问题提出自己的观点，甚至还公开讽刺政府的虚伪、狡诈等。

胡适、陈独秀等人经常在《申报·自由谈》上发表针砭时事的文章，内容大到民生政策、国家局势，小到戏剧表演等不一而足，这些批评性文字刊登于正式的报刊之上，广泛传播，对时局还是产生了一定的影响，表明此时的新闻出版已经有一定的言论自由。针对当时军阀割据、政治腐败的现象，周瘦鹃就曾公开批评："武人脑筋之简单，可笑亦复可怜。其目光所注，但在金钱与禄位，与言世界潮流，彼不知也；与言文化运动，彼不解也。"❶民初军阀混战让黎民百姓遭受了苦难，周瘦鹃利用报人的身份在杂志上大胆地嘲讽那些军阀目光短浅，头脑简单，只知道物质享受以及权势滥用，对国内外政治文化却一无所知，可怜之至。

由于民论自由空间的扩大，很多仁人志士充分利用法律对于言论自由的保障，向一切封建的、腐朽的专制制度以及陈年陋习发起进攻，一些社会精英借助当时具有影响的报刊公开批评国家所谓的选举、民主、自由等。李大钊指出，民主共和的基本标准是全民普选："没有全民普选，还配叫共和国么？……我有一个疑问，到了今日，没有普通

---

❶ 范伯群.周瘦鹃文集（第4卷）[M].上海：文汇出版社，2011：3.

选举，还称得起是个共和国么？"❶陈独秀发文说争取民主必须反对"恶国家"："恶国家甚于无国家……我们爱的是国家为人民谋幸福的国家，不是人民为国家做牺牲的国家。"❷胡适则号召广大青年摆脱奴隶状态，负起公民责任，做一个为民主而奋斗的真正爱国者："凡在变态的社会与国家内，政治太腐败了，而无代表民意机关存在着；那么，干涉政治的责任，必定落在青年学生身上了。……争你自己的自由就是争国家的自由，争你自己的权利就是争国家的权利。因为自由平等的国家不是一群奴才建造得起来的！"❸正是言论自由得到一定保障，才出现了百家争鸣的新文化运动。

不仅如此，1914 年 12 月，北京政府又颁布《出版法》。该法规定所有印刷物都应注明出版人、著作人等，该规定体现了对著作人的尊重，对规范出版市场起到一定的导向作用。1915 年 11 月，袁世凯公布参议院议决的《著作权法》，该法进一步厘清了著作权物的概念，规定了哪些行为属于侵害著作权，并相应地提出了处罚措施。该法律还特别提出了保护文学创作版权。以上两大法规的颁布不但保障了出版物的良性发展，而且从法律上规范了文学作品的传播，保障了新闻出版从业人员的权益。由此可以看出，民初知识分子言论著作自由已经逐步得到了法律的保障。同时，民国政府在新闻出版政策上也向西方学习，从一定程度上尊重新闻出版自由，给了民初翻译家出版自由的空间，也为他们讨论时政、实现理想、建设中国现代文学提供了一个自由的公共平台，从根本上改变了封建统治者对民众长期以来的言论与出版钳制政策。

（2）儒家思想已经不只是精英阶层的思想，而是逐渐走向大众化。

---

❶　参见：《每周评论》1919 年 2 月 23 日第 10 号。
❷❸　王铁群．近代中国宪政民主的轨迹［J］．炎黄春秋，2012（7）．

儒家所创立的伦理思想，本是针对士大夫阶层，为他们树立儒家人生观和价值观。它本属于精英文化层面，是封建士大夫"修身、齐家、治国、平天下"共同遵守的准则和规范，也是历代儒家仁人志士以及知识分子安身立命的典范。然而，清末以来，儒家学说通过维新人士的改造和发展、新小说家的宣扬和教化、民初翻译家有意识的译介而传之于后世，成为近代社会伦理的主流。这些儒家伦理思想如"忠孝""仁义""人和"等通过民初报刊、小说等各种渠道，影响了世俗生活，深入民众饮食日常，并经过世俗的消化，逐渐转换成大众伦理文化。在这方面，以周瘦鹃为代表的一群通俗文学翻译家做出了很大的努力。他们摆脱了官、绅、士的身份，以商业社会雇佣者的身份从事满足大众需要的文化活动。他们更多地站在市民生活角度，自然地接受了职业写作的角色和身份，在市场的制约下以满足大众的娱乐和"求知"的需要为宗旨。在他们编辑翻译的《礼拜六》《游戏杂志》《小说大观》《小说时报》等通俗文学报刊中，忠实地反映着当时普通民众的普遍诉求。他们置身于文化市场中以卖文为生，本能地认同商品经济、亲和市民社会，从而对于市民实用的、经济的、自利的日常生活意识和人的性质都有更多的体认，因而能获得更多的认同。

（3）民主与科学思想逐渐深入人心。从晚清到民初，民主与科学的观念逐渐深入人心。1840 年鸦片战争失败以后，有识之士为了国家的富强试图把目光投向国外，希望能找到国家富强的路径，因此本阶段主要是翻译自然科学，文学翻译在此阶段是很少的，几乎很少有人提及，翻译家主要的翻译目的是引进西方先进的科学技术。从 1894 年甲午战争到 1911 年辛亥革命爆发，这一阶段翻译家主要的翻译目的是引进西方先进的思想，以教育民众。因此，本阶段以翻译社会科学为主，自然科学读物已经退居次要地位。翻译家翻译选目的这些变化，可以从《西学书目表》(1896)、《东西学书录》(1899)和《译书经眼录》(1904)所收的书目看出。民初,西学东渐的势头更猛,翻译西书、著书介绍以及邀请西方学者来华讲学,仍然是西学东渐的几种方式,但传播途径有了很大变化,传播工具更为先进。晚清时,传播工具主要是书和报刊。到了民国,由于科学技术的发展,广播、电影也成为西学东渐的重要工具。西学借助这些先进的传播工具,在新文化运动倡导者的推动下,民主和科学的思想如火如荼地发展起来,很多青年志士已经把它们奉为人生目标。此时,国人经过无数次的失败,从文化的深层结构进行反思,认为造成中国失败的主要原因是中国文化的思维方式和价值系统与当时生活格格不入。因此他们努力引进西方文化的民主与科学精神,以此彻底改造中国传统思想,从而促使五四新文化运动的发生。在这一过程中,人们对西方文化总体上体现出逐渐认同、接受的态度,从最初认同、肯定西方的物质文化,到认同、肯定其制度文化,再到认同、肯定其精神文化。到新文化运动时期,翻译西方文化已经成为国人学习西方的最重要方式,成为促进思想解放、社会变革的有力武器。

翻译家们在这之中发挥着摧毁和重建的作用,陈独秀就是其中一个重要的代表。他是新文化运动的倡导者,他认识到,要挽救当时的中国就要对民众进行思想上的启蒙,而青年是最先要考虑的对象。出于这种考虑,1915 年,陈独秀在上海创办《青年杂志》,并在创刊号上发表了《敬告青年》一文,提出了"人权"和"科学"的口号,号召青年接受平等、进化、自由、科学等思想,大家努力共同建设一个自由、进步、开放、先进、务实而又科学民主的国家。他还大声疾呼:"国人而欲脱蒙昧时代,羞为浅化之民也,则急起直追,当以科学与人权并重。"1916 年《青年杂志》改名为《新青年》,鲜明地竖起了"民主"与"科学"的大旗。

此后在陈独秀的主张和推动下，民主和科学的思想通过各种翻译小说、报刊等媒介走进了人民大众的内心。刘文典连续翻译了饱含"民主"与"科学"思想的作品，比如赫胥黎的《近世思想中之科学精神》《美国人之自由精神》等，此举得到了北京大学的支持，学生深受科学民主理念的影响，积极宣扬文学革命精神，逐步建立了以自由民主逻辑而运转的文化体系。

2.2 经济伦理

义利问题是探讨伦理的核心问题，它着重于个人与社会的经济伦理。从一般意义上来说，"义"泛指特定社会的道德伦理规范，"利"主要是指人们的物质利益及获取物质利益的行为。传统儒家思想关注义利思想、公私之别和理欲之辩，有重义轻利、扬公抑私、以理节欲的特点。这是因为中国古代社会以家族和社群为本位，有强烈的集体主义观念，强调个体服从集体。因此，在义利关系上，强调义在利前；在公私关系上，反对损公肥私，主张扬公抑私；在理欲关系方面，强调以理节欲，以理导欲。在两千多年的封建社会中，重"义"轻"利"的思想一直占据主导地位。但是，随着我国民族工商业的发展、阶级的进一步分化以及资本主义经济的萌芽，人们的经济思想发生了较大的改变，反对把"义"放在"利"之上，主张把"重义"转换成"重利"。民初社会逐渐出现了由重义轻利向义利并重发展的趋势，主要表现在以下几方面。

（1）"义利并重"的思想逐渐占主导地位。思想家颜元就竭力主张"正其谊以谋其利，明其道而计其功"，以反对一直占据主导地位的、由董仲舒所提出的"正其谊不谋其利，明其道不计其功"。这是功利主义反对道义论斗争的总结，充分反映了大多数民众的道德选择和道德要求。在儒家的传统观念中，士人应该尚"义"，因为其可以帮助修身、养性、培养德行。孟子也大力弘扬舍生取义的高尚情操。"义"成为人们的道德信仰，并在潜意识中支配着人们的言行，成为规范社会行为的思想工具。但是人存在的二重性决定了人既是个体的存在物，也是社会的存在物。人的二重性存在又决定了人的利益的二重性。人首先是个体的存在，所以个人利益是无法否认的事实。同时，又因为人是社会的存在物，有维持社会整体利益发展的需要。因此，从人存在的二重性出发，个人利益与社会整体利益都是人的本质需要，片面强调哪一方面都是不正确的。

尤其到了近代，科举制度废除以后，士人们上升的渠道被堵塞，不得不另谋生路。形势的变化使得"重义轻利"观在现实面前显得苍白无力。一些有名的士大夫，比如严复公开表示对个人应得利益的追求，并将"国家之利"与"个人之利"有机地统一起来。严复述论证了追求自身利益的必要性和合理性："惟公乃有以存私，惟义乃有以为利……古人以言利为耻，而生又不能无以养，则何若取其物而深之，使各得其分而无不平乎？"❶他认为传统社会占主流的重义轻利说对于中国历史的发展造成了相当大的危害："于化于道皆浅，几率天下祸仁义矣。"❷他的言论对中国知识、工商等各界都具有重要的启蒙意义。

事实上，追逐经济利益是人类的基本欲望之一，在资本主义经济

---

❶ 杨正典.严复评传［M］.北京：中国社会科学出版社，1997：267.
❷ 杨正典.严复评传［M］.北京：中国社会科学出版社，1997：275.

逐渐萌芽的阶段，市场竞争的出现与常态化使得人们在世俗生活中逐渐强化了这种欲望，并为他们在社会生存、立足甚至获取社会名望提供了一种保障。作为社会中的人，只有使自身社会化才能不至于被淘汰。从本质上讲，"功利"并不等同于"私"，"私"也并不一定具有"恶"的属性，"私"既是人类保护自身的一种本能，也是为"公"的基础。因此，人们应该承认功利、私心的客观现实性和合理性。如果一种道德观念或道德要求不能给道德主体以利益上的满足，无论它多么高尚、完美，它永远只可能是海市蜃楼，而不能在现实生活中得到践履。巴斯奈特（Susan Bassnett）曾说，译者不是生活在真空里。他不是一件工具或机器，而是现实的、活生生的人，有自己的情感、品性，带有自身的目的效用性，有自身的欲望和追求。❶作为社会中的一员，译者需要通过自己的物质生产劳动来获得自己及家庭成员的生产和生活资料。因此，在翻译过程中译者并不是机械地把一种语言转换成另一种语言，而是对原文有意识地"改写"，从而满足自己或社会的需要。

正因如此，在民初现实生活中，有的士人为生计所迫，不惜"污身商贾"，成为经商人员。有的士人虽坚决不肯经商，却以另外的方式谋"利"，比如民初新兴出版业人员。如此就把民初士人置于一种两难的境地，即从传统上而言，他们接受了"以义为先，义在利上"的儒家思想；然而现实的残酷，又让他们不得不有了"以利为先，利在义上"的世俗追求。这两种矛盾的心理在士人身上共同存在，构成近代知识分子的人格特征。对传统义利关系的突破，正是民初价值观念改变的一个重要内容。清末以来逐渐形成的"两利为利，独利必不利"

---

❶ Susan Bassnett. Translation Studies［M］.Shanghai: Shanghai Foreign Language Education Press, 2004: 22.

更是公开地表明追求个人应得的利益是正当的，是与"国家之利"有机统一的整体。

（2）传统士农工商阶层发生改变。近代中国的重商思想不仅是发展自身经济的需要，而且与反对帝国主义的经济侵略有关。清政府已经意识到"振兴商务，为目前切要之图"，并通过实行一系列的政策支持和帮助发展商业。

首先，清政府采取了一些措施促进国民商业的发展。清政府于1903 年设立商部，鼓励绅商创办工商企业，紧接着又颁布《商律》《公司律》《奖励公司章程》《试办银行章程》《铁路简明章程》等一系列法律章程，为经济发展提供有利环境。"奖励工商"成为清末各级政府的重要政策措施。1904 年，清商部上奏请求在全国各地劝办商会，来引导商业发展，得到清政府的肯定和支持。其奏折曰：

> 中国历来商务素未讲求，不特官与商隔阂，即商与商亦不相闻问。不特彼业与此业隔阂，即同业之商亦不相闻问。计近数十年间，开辟商埠至 30 余处。各国群趋争利，而华商势涣力微，相形见绌，坐使利权旁落，浸成绝大漏卮。则今日当务之急，非设立商会不为功。❶

在此社会影响下，商人在很大程度上摆脱了以往遭受鄙视的自卑情结，他们不再以四民之末自居，而以商人身份为荣。清末的上海商人就曾公开表示："论人数以商界为至重，论势力以商界为最优。"特别是商会这一近代新式商人团体的出现，使得以往分散的商人走向联合，更显示了其凝聚力和爆发力。

---

❶　参见：天津市档案馆 . 袁世凯天津档案史料选编［M］. 天津：天津古籍出版社，1990：93–94.

1906 年，商部奏订《奖给商勋章程》，提倡商人投资办厂，鼓励制造新器械。同年，学部开始考察游学学生，设立工商科进士学位。1907 年，商部制定《华商办理实业爵赏章程》，得到清廷的批准，对投资办实业的民族资本家和华侨资本家实行奖励，规定办 1000 万元以上之实业者赏男爵，2000 万元以上者赏子爵。

其次，清政府在社会政策方面也出现了许多变化。清政府开始对侨商采取保护政策，废除了禁止海外移民的传统法令。1903 年 3 月，清政府发布上谕："沿海各省为流寓华商回籍时，设法保护。"❶

最后，明清以来出现了资本主义萌芽，城镇经济得以进一步发展，使得绅、商的社会地位逐渐发生了变化。在城市中，商人的地位有了很大提高，人们的从商和重商意识日益浓厚，许多市民热衷逐利，注重实惠。有些商人还选择投资慈善、公益事业，于无形中提高了商人的社会地位，这也是商人调和自身心理矛盾的一种体现。此外，捐官为绅也成为商人社会地位上升的另一条途径。民初很多商人通过各种渠道跻身社会政界，这不仅提高了他们在社会上的地位，更有利于他们的商业经营。由于商人身份与士绅身份的重叠交叉，近代社会出现了一种新的社会阶层——绅商阶层。

与此同时，仕途拥挤，士人生活贫困，现实生活的压力改变着他们内心深处根深蒂固的传统义利观。许多士人弃学经商，使得商人在市民中所占比例越来越高。"商人渐有势力，而绅士渐退。商与官近，致以官商并称。通常言保护商民，殆渐打破从来之习惯，而以商居四民之首。"❷ 传统社会等级秩序被打破，商人的地位稳步上扬，居四民之首。士人在社会公共事务中逐渐退居次位。

---

❶　参见：沈桐生 . 命保护出洋回国华商［A］// 光绪政要（卷 29）. 石印本，1909.

❷　胡汉民 . 胡汉民自传［A］// 辛亥革命史料选辑（上）. 长沙：湖南人民出版社，1981：205.

当商品经济开始在城市中萌芽的时候，士人追求经济利益不再被社会所耻笑，经济利益逐渐在人们生活中占的比重越来越大，获取经济利益已然成为衡量一个人为社会作贡献大小的标准，追求经济利益成为刺激知识阶层不断进取的强心剂。当时最有名的"鸳鸯蝴蝶派"等通俗文学翻译家，以《礼拜六》为阵地翻译了大量以才子佳人为主的市民小说，一时之间，广受欢迎，市民争相阅读。当时流传着这样一句话："宁可不娶小老婆，也不要不买《礼拜六》"，可见他们的翻译在当时市场上的受欢迎程度。蜂拥而至的读者意味着巨大的经济利益。在这些人当中，周瘦鹃算是佼佼者。他不但改善了一家人的生活，而且还在老家苏州买了带花园的房子，一家几代同住一起，甚是阔绰，后来还将富余的房产对外招租。周瘦鹃的老乡以及知遇之恩人、翻译家包天笑，经常翻译、写作，赚取稿费，也过上了很不错的生活。这些文人在翻译、写作、办报过程中彰显出浓厚的经济意识，带上了商人的特质。由此可以看到，民初士绅阶层与商人阶层间的双向流动，呈现了各自不同的特点，其背后都隐藏着强烈的经济动机。

（3）经济增长促使人口流动。民初，由于经济的发展，除少数内地城市出现人口下降外，各个地方都出现了人口增长的趋势，尤其是一些经济发达的城市，外地人口不断涌入，导致城市不断向周边地区扩张，各项基础设施建设不断加快步伐，才能跟上城市增长的节奏。

上海是城市中发展最快的一座，由于地理位置极其重要，上海很快成为近代对外贸易的枢纽和集散地，也是外商投资的首选之地。在各方面经济力量的带动下，上海逐步从商贸中心向工业城市转变。随着城市人口的不断增长以及经济发展的加快，上海的城市边界不断扩大，直接带动了周边新城镇的兴起，特别是工商业的兴盛，产生了新的城市化运动。

　　和世界上其他城市的发展一样，上海城市的发展也表现为人口在空间上的流动。城市人口增加到一定程度，对于该城市的各项需求如社会、经济、文化、公共教育等会进一步增加，无形中又推动了城市进一步发展，相应地，城市的发展也对外面的人口产生一定的吸引力，引起农村人口向城市的移动。清末以来，中国沿海沿江城市也出现了不同程度的"移民潮"。由于城市工商业繁荣，百业振兴，外来移民进入城市后往往能够找到谋生的机会，当他们在城市找到职业后，许多人就最终定居在城市里生活。上海的城市化发展尤为突出，有利可图的工商业和多种职业门路吸引着形形色色的移民流入城市。他们都希望在一块新的土地上、新的环境中获得更多的生存机会，改善家人的生活条件，因此，城市的各种优势比如地理位置、生活条件、生存环境无一不吸引着外面各类人群涌入城市。

　　民初都市给外来人口提供了良好的教育机会。1911 年，上海已成长为全国最大的商业贸易中心，更重要的是，上海已经成为民初最重要的政治文化教育中心。随着城市化的发展，城市的各个方面也发生改变。对于大多数城镇而言，城镇经济的繁荣，吸引着大量人口聚集，进而对于社会的各种需求也日益增多，各种人才的涌入和职业的不断分化加大了市场对于文化教育的需求，但是传统的文化教育方式、制度等都无法满足这种需要，于是出现了新式学堂和私塾并行的现象。新式学堂的建立改变了传统私塾体系的单一功能，使更多的城市人口有了获取知识和接受教育的机会，也加快了人口的流动。到民国初年，很多大城市的教育设施、体系得到了很大发展。学校的形式门类比较齐全，既有私塾，又有新式学堂；既有公立学校，又有私立学校；既有普通学校，又有专门技能学校；既有教会学校，又有世俗学校。随着城市文化教育的变迁，出洋留学也成为城市最时髦的事物。

不仅如此，民初都市的生活方式也吸引着大量乡镇居民来到城市。现代都市中的绝大多数设施在 19 世纪中叶就开始传入上海，比如银行于 1848 年传入，西式街道于 1856 年传入，煤气灯于 1865 年传入，电话于 1881 年传入，电于 1882 年传入，自来水于 1884 年传入，汽车于 1901 年传入，电车于 1908 年传入。旧时上海人的日常生活和消闲方式也通过广告、书刊等媒介传播手段影响着全国的青年男女。翻译家、作家等文人还经常去文化娱乐场所消遣，一些现代化的休闲场所同样引起不同阶层民众的兴趣，尤其是电影院、咖啡馆、戏院、舞厅、公园和跑马场等。所有这一切吸引着越来越多的民众向城市迁移。

2.3 翻译职业伦理

社会学认为，任何职业都需要经历一个从非职业到职业的发展过程，而作为一种正式职业，一般要具备以下几个属性：从业人员应具备专门化的知识和技能，并具有该职业在本领域里的权威地位；该职业有相对独立于外部社会控制的自治和自律；从业人员获得一定的社会名望和经济利益等。由此可见，要成为职业翻译人员，民初翻译家必须满足以下条件：翻译家必须通过相应的教育或其他训练而获得翻译知识，并在以后的翻译工作过程中具有比较明显的翻译职业意识；翻译团体内部具有一定的职业规范来约束其成员的行为，同时相对独立于外部社会控制；翻译组织或翻译专业协会能为译者提供行业准则，同时保护译者的权益。

晚清以来，随着国家危机的加深，向外寻求民族发展、改变民智的愿望成为时代的主题，翻译西学已然成为文学文化主流。随着报纸、杂志的兴盛，介绍西学的刊物日益增加，翻译队伍日益扩大。很多士人凭借自身的知识在各编辑部或者杂志社找到了翻译工作，他们逐渐取代明清以来的传教士成为西学东渐的主体。以翻译书籍为例，根据梁启超的《西学书目表》（1896）所收1896年前西学译书书目统计，传教士译书或与中国学者合译书占总译书的76%，中国学者译书只占总译书的11%。而根据顾燮光的《译书经眼录》（1904）所收1900—1904年西文和日文的译书统计，外国人译35种，中外合译33种，中国学者译415种，不署姓名的3种，外国人翻译书籍和外国人与中国人合译书籍占总译书的1%，中国人译书占总译书的85%。比较《西学书目表》和《译书经眼录》，外国人翻译、外国人与中国学者合译、中国本土译者翻译的比例正好相反。进入民国初期，随着留学生的大量回国，西学东渐的主体更是以本土译者为主。

随着翻译职业获得社会的认可，有些士人专门以此为业。事实上，清末以来此类现象就时有发生。比如，古文家林纾经常为商务印书馆翻译，并赚取相对高额的稿费。严复曾数次在给别人的信件中谈到愿意摒弃其他一切事物，专事翻译。1898年在给汪康年的信中，严复提到："《劝学篇》不比寻常记论之书，颇为难译；……今其书求得时姑寄去；如一时难得译手，则鄙人愿终其业。"❶

与以往翻译家不同，民初翻译家有些是清末以来知名的士人、翻译家；有些是受到过良好教育的留学归国者；有些是经过自己刻苦努力功成名就的文学作家。无论属于哪一种，此时的翻译家基本都具备一个译者所具有的知识结构。他们因种种原因成为翻译家，依靠较为丰厚的稿酬谋取生活资料，形成了中国职业翻译家群体。这个群体的

---

❶ 严复.严复集（第三册）[M].北京：中华书局，1986：507.

形成和发展，奠定了民初小说翻译的人才基础，也为翻译出版业带来了智力资源。

民初各项法律制度以及科技的发展为翻译职业提供了制度与技术支持。版权法的制定为翻译职业的发展提供了法律上的保障，这对于翻译家来说是一个翻天覆地的变化。在封建社会，中国传统知识的载体主要是书籍。书籍的成本比较高，因而购买书籍是少数人的专利，有钱人经常把买书当成一种炫耀的资本，比如清末的孙宝瑄，他家里藏书很多，但真正读书的人并不多。因此，在传统社会，文人写作不为赚钱，更谈不上有法律保护。民初，社会发生了很大变化，报刊的机器化生产使其复制更为方便、发行更为迅速，导致翻印书本的成本大幅降低，其价格也相应地降低。大多数报刊还卖不到一毛钱，这个价格使很多民众能够负担得起，因而报纸杂志的销量也在成倍地增加。可以说，民初的书籍和报刊的快速发行不仅催生了大众化的读者群体，更重要的是催生了近代第一批职业译者。

出版业的兴盛使翻译行业迅猛发展。民营出版业是民族资本主义发展壮大的结果，更是促进翻译行业迅猛发展的主要力量。1897 年在日本商人的帮助下，夏瑞芳创立了商务印书馆，这是清末第一家影响较大的民营出版商。此后，这家出版商在文学翻译与创作、教育普及等方面作出了巨大的贡献。可以说，民初新文化运动者的很多理念和设想，甚至中国新文化和教育的建构和发展无不借助于这个出版社得以实现。在商务印书馆开办之后，民营出版机构如雨后春笋般出现，如北新书局、未名社、创造社、上海金屋书店、上海光华书局、上海开明书店、上海朝花社等。仅辛亥革命之后到袁世凯称帝以前，民间办的报纸就达到 500 多种。据周策纵估计，"五四"时期，即 1917—1921 年，全国新出的报刊有 1000 种以上，单五四运动后的半年中，中国新创刊的白话文刊物就有 400 种之多，包括了现代知识和生活的几乎所有重要方面。仅以《申报》为例，1912 年发行量约 7000 份，1928年达到 14 万份。创办的杂志有《新青年》《新潮》《少年中国》等综合性刊物，也有《晨报副刊》《文学周报》《京报副刊》《诗》等各种文艺性杂志与报纸副刊。❶

这些新闻媒介都是翻译小说的载体，对翻译小说的传播发挥着巨大的作用。上海已经成为新文化生产与传播的中心，新书和翻译著作的出版成倍增长，商务印书馆 1912 年出书 407 种，1915 年出书 552种，1919 年出书 602 种，到 1920 年出书量猛增至 1284 种。当时全国至少有 48 家出版社竞相出版中译西书，其中绝大多数是西方社会科学著作。与此相对应，纸张的进口，从 1918 年到 1921 年几乎翻了一番。❷ 比如上海商务印书馆创办的《小说月报》，从 1910 年开始创办到1932 年停刊，大约登载 400 多篇翻译小说，它不仅给民初的民众提供了智力上的支持，滋养了当时民众的思想和灵魂，而且还在翻译小说的传播过程中吸收了西方小说的表现手段和方法，对中国文学的现代转型发挥着巨大的作用。

翻译小说的出版有赖于其所生存的环境。首先，印刷技术的改良使小说翻译传播成为可能。晚清以来，铅字印刷利用新式机器开始在一些大城市出现，并逐步应用到印刷行业。19 世纪末期，人们开始利用平版印刷，这使得报刊的印刷质量得到进一步提升，其印行速度也得到进一步加强。随后，出版行业又改进印刷技术，开始使用铅印技术，这使得出版物印刷更加精美，再加上雕刻铜版印刷制品图画精细，

❶ ［美］周策纵. 五四运动史：现代中国的知识革命［M］. 陈永明，张静，等译. 北京：世界图书出版公司，2016：34.

❷ 童世骏. 西学在中国：五四运动 90 周年的思考［M］. 北京：生活·读书·新知三联书店，2010：133–134.

文字清晰，更进一步提升了读者的阅读欣赏兴趣。为了方便读者的阅读，编辑和印刷工人改变了传统文字编排的方式，采用横排编印，并且使用新式标点。在书刊装帧方面，随着造纸术的发展和新闻纸张的传入，纸张的质量逐步提高，出现了双面图文均清晰精美的印刷品。印刷技术的发展使出版翻译读物更加方便快捷，其精美的版式使读者在欣赏域外风情的同时，获得了一种视觉上的美学体验。

其次，民初媒介的传播方式催生了翻译行业的发展。比如，《新青年》在传播模式上开创了一个独特的网络发行机制。其编辑部位于北京，发行点分别在上海的群益书社和亚东图书馆。陈独秀等以北京和上海为中心，在全国范围内设立代派处、发行所达 76 个（截至第 7 卷 1 号），几乎覆盖全国的大中城市，这使《新青年》不仅在文化底蕴深厚的湖北、湖南、浙江、山东、安徽等地获得大量读者，而且在相对闭塞的山西、甘肃、四川等区域也获得良好的传播势头。《新青年》的运行方式体现了独特的市场营销策略，依托代理商和经销商建立广泛的销售渠道，促进资源的整合和信息的传播。这一方面得益于民初报业的独立和自由。"五四"以后的 20 世纪 20 年代，中国民营新闻事业从专制束缚中解脱，获得前所未有的自由发展。他们主张报纸按商业化运作，追求经济独立的同时，希望报纸又有一定的言论自由。另一方面得益于大量翻译社团的出现。民初很多翻译家基本都属于特定的文学社团，其翻译思想也基本上与其所在的文学社团的翻译观是一致的。民初相继出现的著名文学社团有新青年社、文学研究会、创造社、新月社、未名社等。很多社团都有自己的文学期刊，也拥有自己的出版社，形成"一刊一社"的互相补充、互相扶持的局面。如文学研究会的《小说月报》《文学旬刊》，创造社的《创造》(季刊)、《创造周报》《创造月刊》，未名社的《未名丛刊》《莽原》，新月社的《晨报副刊》等。

由此可知，民初翻译家遇上了一个最好的时机。他们拥有一个良好的外部发展环境，职业意识与认同感得到了进一步加强。民初大量人口的流动给翻译职业带来新鲜的血液和活力，很多传统士人在翻译过程中形成了比较强烈的职业意识，逐渐向翻译职业从业者转化。职业意识是人们关于职业的观念形态，包括对所从事的工作的看法、理解、评价、满意感和愿望等。翻译职业意识除了翻译从业者发自内心产生的职业归属感、神圣感、价值感等之外，读者的肯定、市场的认可、翻译场域的认同等也帮助译者内化职业意识。对照以上职业化的标准，笔者发现，严格说来，民初的翻译并没有成为一种现代意义上的职业，但已经初具行业规模。

那么，民初的翻译职业又有怎样的翻译规范呢？虽然民初译坛并没有形成一个正式统一的翻译职业规范，但这并不意味着民初翻译家在从业中完全没有规约。规范可以是明文规定或者约定俗成的东西。它有时是隐形的，不是明白无误地写出来的，可以从译者的行为或者语言中推断出来。西奥·赫曼斯（Theo Hermans）认为，无论是个人还是群体，他们都会因自己的社会处境或奋斗目标的不同，采取遵循或抵抗甚至颠覆主流"规范"的不同策略。❶翻译亦是如此，在观察民初译者的翻译规范时也应该关注其生存的社会处境，包括政治、经济、文化、象征权力结构等复杂关系。翻译是各种关系进行交流交际的行为，而各种社会关系则在不同程度上决定着译者的社会、语言、心理、文化等方面的选择。所有这些因素的相关性和互动性对于理解翻译功能都是至关重要的，构成了这样一种观点：翻译是社会规范的行为。

---

❶ Theo Hermans. Translation in System：Descriptive and System-Oriented Approaches Explained［M］.Manchester：St. Jerome Publishing，1999：8.

任何抛开社会文化环境来谈翻译都是对翻译本身的伤害。

阅读民初译者的有关言论或者浏览民初一些报刊广告，笔者发现，民初译者、读者以及出版社在翻译活动过程中已经约定俗成地遵守着一些翻译规范，而这些规范也制约着翻译文本的生成。

（1）民初规范了译者的翻译职责。1918 年傅斯年在《新潮》上发表《译书感言》，提出译书"第一要对原作者负责任，求不失原意"。胡适将译者的职责规定得更具体，1923 年胡适提出翻译还应对自己负责任，不自欺欺人。鲁迅则认为自己在翻译中对于作者和读者，背负着很大的债务。如因为他自己爱看《小约翰》，也希望别人能够看到，所以想把它翻译成中文，但直到现在还没翻译成书，所以像是在欠着别人的"债"。其实，鲁迅所谓的"债"，谈的仍然是译者对原文和原作者的责任。那么如何对原文作者与译文读者负责呢？1912 年《小说月报》第三卷第五、第七至第十一号中作者提出：

> 译著小说者，非复借是以牟私利，而将借以睿发民智，启迪愚蒙，则如左所列诸端，诚不可不注意也。翻译者应该：一、道德心充足也；二、智识宜求完备也；三、阅历宜求广博也；四、文学宜求高尚也。故作小说犹筑室焉，道德心其基础，阅历知识其材料，文学则运斧斤之匠人也。❶

从这里可以看出，译者对原文作者与读者负责，必须做到以下几个方面。首先，译者应该有道德心，不能借翻译以谋求私利，不应只知道迎合社会，更要懂得以自己的翻译文本去矫正社会、启迪民智、

---

❶　参见：陈平原，夏晓虹 . 二十世纪中国小说理论资料［M］. 北京：北京大学出版社，1997：411–412.

改良社会。译者应该具备一定的向上、向善、向美的公德心，而不能有任何偏见或者浅俗之见，以致祸害读者。其次，译者应该掌握比较完备的知识，应该对原文语言有一定的了解，尤其应该掌握丰富的译文语言知识。再次，译者必须拥有广博的知识，必须对翻译的主要事项足够了解，避免将翻译局限于狭小的范围内。译者还应有一定的社会阅历。虽然译者专注于描写一种社会，但也应该熟悉其他社会情状。最后，高贵是社会价值的重要标准，译者应翻译高尚的文学，实现文学的社会功能，给社会弘扬正气，增添生气。《小说月报》把翻译的目的、翻译的社会功能以及对于译者的要求非常详尽地表达出来。

早在 20 世纪 20 年代初，郭沫若在《讨论注译运动及其他》一文中也指出，要在翻译方面有所作为，翻译家应具备以下条件："一、译者的语学智识要丰富；二、对于原书要有理解；三、对于作者要有研究；四、对于本国文字要有自由操纵的能力。"❶ 此外，翻译家应该慎重选择原著，对世界上有价值的东西应该赶快设法接受；对于外来文化中的消极落后的东西，则应加以摒弃。既要"善于利用科学文明"，又要注意"不受资本主义的毒害"。

（2）民初规范了译者的翻译选材及翻译体例。比如郑振铎在文学研究会会刊《小说月报》改革后的第一期上，把"介绍世界的文学"作为"现代中国的文学家"的"两重的重大责任"之一提出来。在创刊号《文学旬刊宣言》(1921) 声明该刊"为中国文学的再生而奋斗，一面努力介绍世界文学到中国，一面努力创造中国的文学，以贡献于世界的文学界中"。❷ 可见郑氏极其重视翻译文本的选择，认为应该选择翻译直面人生的文学，提倡现实主义，传播进步文学思想，批判封

---

❶ 参见：《创造季刊》1923 年 5 月 1 日第 2 卷第 1 期。
❷ 参见：六逸 . 平民诗人惠特曼［N］. 文学周报，1922–02–11.

建复古思想和唯美主义文学思想。郑振铎在批评郭沫若的"翻译是媒婆"论时再次体现其观点："现在的介绍，最好是能有两层的作用：一是能改变中国传统的文学观念；二是能引导中国人到现代的人生问题，与现代的思想相接触。"❶

任何一种翻译，不管是作为法律法规还是产品，都处于一定的社会语境中。一方面，翻译行为不管在哪个阶段，不可否认，都是属于社会系统中个人的行为；另一方面，翻译现象不可避免地隐含在社会制度中。这些社会制度在很大程度上决定了翻译的选择、翻译生产以及翻译作品的销售，当然也包括翻译所采用的策略。因此，最关键的是，在任何一个翻译步骤中均涉及赞助机构或代理人以及一些更具体的文本因素。比如民初读者许与澄就翻译书本体例选择问题，曾经大胆提出："宜择短篇小说之优者略附评注。"翻译西书应以优秀的短篇小说为主，并且适当地加以注释、评论等。他认为，小说能改造社会，而《小说月报》之短篇小说，尤能为学校国文之助手……今择简短而有味者，加之评以解其文，为之注以明其义，其获益必胜教科书十倍"。❷

为了颠覆旧有的封建文化和思想道德，建设新时期的新文化和新文学，以胡适、陈独秀、傅斯年为代表的翻译家提出了翻译名著的主张。胡适提出只翻译名家名著的想法，他还草拟了翻译的纲要和计划，规定了翻译第一流文学名著，如诗歌、戏剧、长短篇小说、散文等。傅斯年从胡适的言论中受到启发，并提出选择翻译材料时，最好翻译欧洲近代小说，这些小说，无论从思想到内容都比较高妙，而且他还强调翻译小说不必局限于英美国家作品，还可以翻译俄国、法国等国

---

❶　参见：陈福康.中国译学理论史稿［M］.上海：上海外语教育出版社，2000：221.
❷　参见：陈平原，夏晓虹.二十世纪中国小说理论资料［M］.北京：北京大学出版社，1997：535.

家的作品。胡适提出的诸多翻译主张，尤其是编译一流文学丛书的想法，后来主要由文学研究会成员兼《小说月报》主编的茅盾和郑振铎等实现。

（3）民初规范了翻译的标准。民初以来，清末的翻译规范便受到普遍质疑。为了适应新的社会语境，民初新文学翻译家首先想要建立一套翻译规范。赫曼斯认为，在一定的改革阶段，尤其是在社会转型时期，有特定目标和要求的社团和群体，就会采用自己的一套规范，试图打破原有的翻译规范，树立自己的一套规范。首先要在理论上获得一定的支持或者同盟。这种支持和同盟必须在社会中占有一定的地位，有一定的影响力量，这样，创新的规范才容易取代原有的规范而成为主流规范。所选择的文本必须与社会具有一定的相关性，这样才能深入社会内部，从根本上打破原有的规范，树立自己的规范。❶因此，民初翻译家开始有意识地批判原有的翻译规范。他们的策略是首先批判清末的翻译权威林纾和严复的译作，并在此过程中结成自己的联盟以树立自己的规范。比如刘半农于 1918 年在《新青年》上发表文章，对林纾展开批评，认为他的翻译错误百出，如果把译文与原文对照，会发现他的译本删改的部分太多，很多地方已经失去了原文的韵味。不久之后，罗家伦在《新潮》杂志创刊号上发文，与刘半农遥相呼应。刘半农认为，翻译和写作是完全不同的。著作应该以作者为主体，而翻译则应以原文本为主体。刘半农此处已经谈及翻译的本质，翻译必须实事求是，原文如何，译文也应如何。也就是说，"信"必须是在意义、语言形式和情感上忠实于原文。多年之后，对于林纾翻译的批评仍然没有停歇。郑振铎在 1924 年 11 月撰文批评林纾翻译时在

---

❶　Theo Hermans. Translation in System: Descriptive and System-Oriented Approaches Explained [M].Manchester: St. Jerome Publishing, 1999: 84.

选目上的随性和任意，作为一个作家，甚至连西洋文学作品的文类都不清楚。现在很多译者比林纾的翻译实践更加恶劣。有的人甚至不知道原作者姓名，更别说原作者的写作风格了。还有的虽然知道原作者姓名，但对原文大肆篡改，致其面目全非。因此，一个优秀的译者应该让读者看到原作者本来的面目，而不是译者认为他应当具有的面目。译者应该是无任何保留地向读者展示原作，而不能以任何理由给原作乔装打扮、涂脂抹粉。译者不拘泥于字眼，但也不应自作主张地赶时髦，改变原作，偏离原意。译者应该不删减削弱，不增添扩充，使之完整无缺。

翻译家除了质疑和否定清末以来的翻译规范外，还试图在翻译实践中建立新的翻译规范，并利用社团机构推广新的翻译范例。《新青年》在此方面作出了重大贡献，其翻译实践是当时的翻译风尚，其翻译标准堪称同时代的典范。胡适认为《新青年》创造了一个时代。陈平原则认为，《新青年》是一个时代的象征，它影响时代思潮的走向。因为民初的《新青年》以强大的高等学府北京大学为主要力量，把翻译家的翻译思想和翻译理念通过各种方式传播出去，并在翻译实践中身体力行。《新青年》及其他知名刊物对于翻译理论的探讨以及其刊物译作翻译的方法和原则逐渐演变为翻译家普遍认可的行为准则，因此说这些刊物在某种程度上成为树立和推行新的翻译规范的重要力量。

首先，《新青年》在翻译稿件的选择上就要求一个"信"字。为了保证翻译稿件的忠实性，《新青年》从创刊开始，连续多次刊登投稿简章，明确要求翻译稿件必须将原文一起寄来，这就有效地杜绝了杜撰以及伪译的现象，同时也避免了译者由于某种目的而对原文进行各种删节、篡改、错译或漏译行为，有助于规范翻译市场运行机制，提高译文质量。此后，很多杂志、出版社纷纷仿效。翻译投稿"附寄原文"，不仅规范了翻译行为和翻译市场，同时也说明清末的翻译规范已经过时，新的翻译规范已经逐步建立。很多杂志与出版社已经采用新的投稿要求，用稿的质量也稳步提升。对于一些习惯于旧有的翻译规范的翻译家来说，这是一个阵痛的时期，他们习以为常的翻译惯习也将随着时代的要求而改变。比如《小说月报》，林纾曾经在此杂志上经常发表翻译作品，红极一时。但是，民初选稿"忠实于原文"的标准使得林纾的翻译走入了困境。林纾很多曾经风行于市场的翻译作品，此时不断遭到《小说月报》的否定和拒绝。商务印书馆总经理张元济在日记中就记录下对林纾翻译的不满："竹庄昨日来信，言琴南近来小说译稿多草率，又多错误，且来稿太多。余复言稿多只可接受，惟草率错误应令改良。"❶虽然张元济和林纾是多年的老交情，但是在译文质量上张氏决不退让。忠实于原文（著）的翻译规范，在很大程度上确保了翻译质量，使清末非常流行的翻译手法成为过去式，为今后翻译规范的订立打下坚实的基础，也促进了民初翻译水平的快速提高，由此开始了翻译现代性的进程。

除了附寄原文之外，很多出版社还采用英汉对照的方式，《新青年》登载了很多有原文对照的翻译作品，如《新青年》第1卷有14篇英汉对照的作品，陈独秀的译诗《赞歌》《美国国歌亚美利加》就以英汉对照的形式刊登，甚至一些长篇剧本或小说都附有英文原文。

此外，民初翻译家确立规范还需要依赖一些翻译范本的建构。当时很多报刊上经常刊登畅销的不同译本对比，或者共同讨论优秀译作。比如苏曼殊、马君武、胡适翻译的英国诗人拜伦的《哀希腊》，胡适、马君武和刘半农翻译的《缝衣曲》等，通过这些活动，让读者和批评

---

❶ 参见：王建开. 五四以来我国英美文学作品译介史（1919—1949）[M]. 上海：上海外语教育出版社，2003：119.

家评判翻译的好坏和优劣，这样也有利于提高读者对文学的欣赏水平，帮助翻译家真正理解"信"的含义和标准，从中逐渐建构翻译的标准。这些被讨论的原作都是当时第一流的文学作品，参与讨论的大多是北京大学的教授或者知名度较高的译者，因此，这些讨论自然会引起很多人的注意，所发表的言论都具有某种权威性，这对于建构新的翻译标准具有先锋模范作用。周作人翻译的《卖火柴的女儿》、胡适翻译的《短篇小说集》、赵元任翻译的《爱丽丝漫游奇境记》等当时备受追捧的译著被收入学校课本而成为建构和传播"信"的范例标杆。

　　客观说来，译者对作者忠实与否、译者对读者诚实与否，这些并不取决于其所传达的信息实际上的真假，而取决于其传达信息时所具有的动机和目的的真假。因此，判断一个译本忠实与否和行为中的主观意识，也就是在于译者的动机。譬如译者自己以为真的也让别人信以为真、自己以为假的也让别人信以为假的行为，那该行为就不应该属于欺骗。因为欺骗是动机在于传达假信息的行为，是自己以为真却让别人信以为假、自己以为假却让别人信以为真的行为。照这样说来，大部分译者在翻译过程中的动机是传达自己以为真的内容，他们并没有刻意去隐瞒或者篡改原文中的真实信息。尽管经过了几次信息过滤，以及"二次创作"，他们在主观上仍然认为自己所翻译的原文版本是真实的，据此传达真实的信息给读者。

　　其次，民初翻译家对于"信"和"达"的辩证关系进行了论证。1920 年 7 月，郑振铎在《我对于编译丛书底几个意见》中表达了关于直译、意译的看法。"译书自以能存真为第一要义。然若字字比而译之，于中文不可解，则亦不好。而过于意译，随意解释原文，则略有误会，大错随之，更为不对。最好一面极力求不失原意，一面要译文流畅。"❶ 由此看出，在忠实与流畅的辩证关系中，郑氏认为，忠实是首要的，译者应把原作者的风格表现在译文里，如果没有办法表现风格，则应牺牲风格，而保留原文的内容和意义。好的译文应该是流畅的，而不是放纵译者去阐发原文没有的意义。郑氏的主张也是对清末魏象乾提出的"善译"的进一步解释，魏氏曾经提出，"了其意，完其辞，顺其气，传其神；不增不减，不颠不倒，不恃取意"。而这正是"信"的核心。

对于"信"与"顺"的关系，鲁迅曾经有过"宁信而不顺"的主张，他的目的是推动一些进步文艺作品的翻译，并希望能从这些翻译中学习西方写作的方法和技巧。郭沫若提倡"风韵"译，因此觉得应该在信、达之外，愈雅愈好。而他的主张是为了摆脱民初很多作家作品缺乏生机和活力，描摹物件缺乏艺术性等缺点。当时很多翻译家，比如瞿秋白、郑振铎等在论及翻译标准时大多强调"信"与"顺"的关系，很少提及"雅"的作用。事实上，文学翻译必须重视其文学性，而文学性的体现恰恰在于文章的"雅"。从这一角度说来，文学翻译的标准只有一个广义的"信"，"信"的标准中必须强调"达、雅"。对于原文读者来说，原文作品必定是通达顺畅的，因为译文要传达原文的思想和意境，使用晦涩生硬的语言是办不到的。为了忠实地传达原作的思想和意境，译文语言必须如同原文一样通顺和具有文采。如果译文做不到这一点，那么译文能说是"信"的吗？这就是说，"信"与"达、雅"密不可分，原文基本都是通顺、流畅、雅致的，但如果译文不顺畅、不美好，那就无所谓"信"。"信"的含义中包含有"达、雅"的成分。清末严复在其《天演论·译例言》中提出翻译"三字标准"，其中也谈到了"信、达、雅"之间的关系，认为"顾信矣不达，虽译

---

❶ 参见：陈福康. 中国译学理论史稿［M］. 上海：上海外语教育出版社，2000：222.

犹不译也，则达尚焉"，"为达即所以为信也"。他把译文的流畅与通顺与否看作译文"信"的一个标准，可见他非常重视译文的通达流畅。伍光建早年也曾明确提出，"信"应该奉为翻译标准，但至于译文是否达、雅，还须先看原文是否达、雅。

就翻译方法直译、意译来说，传统上一直把它们置于对立的状态。事实上，它们是互相依赖、互相补充的。在这一点上，茅盾认为既应提倡"直译"，又该提倡"意译"。茅盾在 1921 年 4 月 10 日《小说月报》第 12 卷第 4 期上发表《译文学书方法的讨论》一文，就"直译"发表了自己的观点。茅盾认为文学翻译使用"直译"的方法是必须的，但是，因为中西文字的不同，又如何同时保留原作的"形貌"与"神韵"呢？茅盾说："就我的私见下个判断，觉得与其失'神韵'而留'形貌'，还不如'形貌'上有些诧异而保留了'神韵。'"❶但是他又认为，形貌和神韵是相辅相成、互相依赖、互相补充的；构成形貌的要素是实实在在的字句与语法规范，但这两者又恰恰是神韵的要素，一篇有"神韵"的文章离不开词语句子的生动，脱不了语法上的变换。同时，直译并不等于"硬译""死译"，直译不能随意更改原文的字句，必须保留原文的情调和风格，所以，文学翻译家毫无疑义地应该采用直译的方法，力求首先做到"（一）单字的翻译正确。（二）句调的精神相仿"。❷然后，他才能真正地做到保留原作的"神韵"。

在巴金看来，直译和意译很难有主次之分，翻译的方法其实只有一种，并没有严格区分直译和意译。优秀的译作应该既是直译，也是意译。因此，译者不应该纠结于直译意译之分，两者都服务于好的译文。采取哪种翻译方法应该看翻译字句的需要，看哪种翻译方法能够

---

❶　参见：陈福康.中国译学理论史稿［M］.上海：上海外语教育出版社，2000：237.
❷　参见：陈福康.中国译学理论史稿［M］.上海：上海外语教育出版社，2000：238.

更好地帮助译者再现原作。通常而言，在翻译理论性著作时，译者往往强调原作的内容和思想，会更倾向于使用直译的翻译方法，甚至会一字一句地翻译以求更直接地表达原作。而在翻译文学性很强的作品时，译者会对原作有所创造，有时为了传达原作的意象而常常加入或者删减自己认为不损害原著的字句。事实上，对于一部作品来说，尤其是在翻译一段长句或段落时，同时使用直译和意译是必不可少的，一部优秀的译本既没有绝对的直译，也没有绝对的意译。译者如果总在纠结直译与意译之区别，则可能导致晦涩难懂；但如果过于自由使用直译、意译，就会走向胡译、乱译。

实际上，民初翻译规约不仅可以从以上一些讨论中窥见，也可以从文学社团的章程或其代表人物的言论中推断出来。规范是对翻译现象描述性分析的一种分类。更确切地说，规范是翻译一定社区内共享的普遍价值和观点，比如在具体的行为中什么是对的，什么是错的，什么是合适的，什么是不合适的。它是在特定情景中合适的指导性的观点。❶ 不同于以往任何时期的翻译家的是，民初翻译家基本以群体或者社团为组织单位，基本都不是单打独斗，各个成员明显自觉地遵守本社团的规约。但是在具体的翻译规范上各文学社团仍然是各有千秋。

仔细研读文学研究会成员的翻译评论，可以发现其在翻译目的、翻译语言、翻译选目以及翻译方法上，有着非常惊人的相似性。比如罗家伦对翻译工作者所提出的"四条意见"：一是最重要的是选好翻译材料；二是目前白话的用处很大，因为欧洲优秀的小说全用白话；三是翻译过程中一旦遇到难解的问题一定要请教专家，翻译困难的地方往往就是作者极力表现的地方；四是翻译过程中不得有任何更改的地方，既然中西方文化思想不同，那就保留原文的文化思想。

---

❶ Christina Schaffner. Translation and Norms［M］.Clevedon：Multilingual Matters Ltd.，1999：2.

　　其实这四条是对胡适、陈独秀、刘半农等翻译主张的回应。还比如傅斯年《译书感言》中所列举的 8 条原则：①先译门径书。②先译通论书。③先译实证的书，不译空理的书。④先译和人生密切相关的书；关系越切越要先译。⑤先译最近的书。⑥同类书中，先译最易发生效力的一种。⑦同类著作者中，先译第一流的一个人。⑧文学翻译中，只译名家名著。这也是对胡适在《建设的文学革命论》中所阐发的观点的回应。

　　创造社成立以后，他们开始着手酝酿编辑创办《创造》季刊。郭沫若与张资平在日本福冈求学时，就曾针对国内杂志不分性质的现状进行了批评，他们希望在此基础上创办出一份纯粹的文学杂志，只刊登文学作品，并且在语言的使用上也达成一致，不用文言，用白话。所有这些设想都囊括在了 1922 年 9 月 29 日上海《时事新报》郁达夫起草的《创造》季刊《出版预告》中。创造社的全体成员公开宣称其诗学主张为"为艺术而艺术""艺术独立"等。此后，创造社同仁翻译了英国作家王尔德的《杜蓬格来》的序文，出版了张资平翻译的《上帝的女儿们》（小说）、《海外归鸿》（三封信）以及《少年维特之烦恼·序引》等作品，大多充满浪漫主义色彩并流露出对黑暗现实的不满，文笔清新自然，充满着无限的想象力。正如郁达夫撰写《创造日宣言》（1923 年 7 月 21 日）时所宣称的那样，创造社更愿意以纯粹的学理和严正的言论来批评文艺，以唯真唯美的精神来创作文学和介绍文学。这些言论无疑是对当时文学过于服务于政治的一种批判与反驳，也是创造社美学主张的集体宣言，非常明确地表示了办刊态度。

　　未名社是当时另一个著名的文学社团，1925 年秋成立于北京，成员有鲁迅、韦素园、曹靖华、李霁野、台静农、韦丛芜等。该社实际上由鲁迅领导，注重介绍外国现实主义文学，特别是俄国和东欧文学，其所经营的刊物有《莽原》半月刊,《未名》半月刊和《未名丛刊》《未名新集》等。新潮社是由北京大学部分师生组成的文学团体,1918 年底成立,主要成员有傅斯年、罗家伦、杨振声等。该社编辑的刊物提倡"批评的精神""科学的主义"和"革新的文字"。

最后,民初翻译规范保证了译者的经济和社会地位。民初社会里,译者的生存意识逐渐由注重整体转移到了个体。译者个体的差异性与丰富性必然导致主体由单一的需要层次向丰富的需要层次转化。其生存方式也由被动依赖型逐渐转换到主动自立型。随着士人阶层的分流,他们在不同时期上升和下行,译者对个人人生道路的选择性意识不断加强,其多种多样的生存方式也得到越来越充分的体现。译者主体存在的多样化促成了主体存在价值由政治伦理本位向多元化转变。在对生存的不同价值理解中,也出现了生存价值模式多样化。在价值观念方面,个体主义价值观、功利主义价值观日益突出,道德理想价值观念以及集体主义价值观念逐渐削弱。道德本位这一审美价值尺度逐渐让位于多元化的审美价值取向。译者对这些价值的实现方式和实现程度也是多样化的。可以看到,与佛经翻译的译者以及科技翻译的译者相比,他们无论是在翻译选目上还是在翻译技巧上都不是千篇一律的,而是百花齐放、百家争鸣。因为在资本主义商业运行机制的文学场中,文本成了可以交换的商品,写作和翻译成了可以谋生的职业。这一点随着民初经济意识的萌芽以及社会各种制度的建立得到提倡,很多翻译家依靠翻译谋取生活资料。大量报纸杂志如《小说月报》《月月小说》《莽原》等在征稿的时候已经明码标价。很多译作在出版发行时也都明码标价。比如徐志摩所翻译的《曼殊菲尔小说集》《赣第德》《玛丽玛丽》三本小说均于 1927 年由不同的出版社发行。《曼殊菲尔小说集》和《赣第德》均由位于北京和上海的北新书局同时发行,标价六角。

《玛丽玛丽》则是由徐志摩和沈性仁合译的，由上海的新月书店发行，标价六角。

更重要的是，民初小说市场的发展与日渐繁荣为翻译的职业化提供了关键条件。西方版权观念的输入与中国近代出版业的形成，同样构成了翻译职业化的另一条件。但是倘若不是因为小说读者急剧增加引起的小说市场的迅速发展，译者的职业化也无法落到实处。

翻印书籍，宋代以来即有禁例，到了清末，版权观念已经相当普及。1910 年清政府公布的《大清著作权律》中就规定：“著作权归著作者终身有之；又著作者身故，得由其承继人继续至三十年。”在此期限内，“他人不得翻印仿制，及用各种假冒方法以侵损其著作权”。因此，绝大多数清末民初的译作都注有“版权所有，翻印（刻）必究”的字样。不管其译作是单行本还是连载的译本，都在版权保护之列。1907年《小说林》杂志第三期上就曾刊出一个特别的广告。

> 本社所有小说，无论长篇短著，皆购有版权，早经存案，不许翻印转载。乃有某某报馆，将本社所出《小说林》日（月）报第二期《地方自治》短篇，改名《二十文》，更换排登；近又见某某报馆，将第一期《媛香楼传奇》直钞登载，于本社版权大有妨碍。除由本社派人直接交涉外，如有不顾体面，再行转载者，定行送官，照章罚办，毋得自取其辱。特此广告。

从本广告的刊登可以看出，当时的版权观念已经深入人心。这些关于翻印、抄袭的指责，一方面直指译者，另一方面指向各个出版社。它旨在提醒翻译过程中各个参与主体一定要遵守法律伦理。版权所有并不仅仅只是名誉受损的问题，更关涉到译者和出版社的经济利益。

对译者和出版社版权的保护，既促进了中国近代出版业的发展，又直接促成了译者队伍的专业化，保护了专业市场。

鲁迅和北新书局的总经理李小峰之间的版权诉讼曾经轰动一时，充分体现了翻译家版权意识的觉醒与加强。事情的缘由是这样的：20世纪20年代的鲁迅依靠自己的写作与翻译已经在文学场域取得了一定的社会地位，在教育部任职的同时，他经常在杂志上发表文章和译作，但鲁迅并没有把主要著作如《中国小说史略》《彷徨》《呐喊》等交给商务印书馆、中华书局等大牌出版社去出版，而是委托给自己信任并一直扶持的北新书局。因为北新书局的创始人李小峰是鲁迅在北京大学任教时的学生。李小峰还是北京大学的学生的时候，鲁迅有意培养他，就请他做了自己创办的《语丝》的发行兼出版人。此后李小峰在鲁迅等人的支持和帮助下，于1925年3月在北京创办北新书局。鲁迅为了扶持北新书局，时常把稿子交给北新书局出版。北新书局起初也会按时给鲁迅支取稿费。1926年在北京时，北新书局给鲁迅送来的版税和编辑费是940元；1927年开始这个数目逐渐下降，降低到470元；1928年稿费仍在下降。但事实上，鲁迅交给北新书局出版的著作不但没有减少，而且已经增加到9部，销路也很好，同时他还为北新书局编辑《语丝》和《奔流》杂志，并为《北新》半月刊译稿。按理，鲁迅所得的报酬和稿费应有大幅度的提升，但他从北新书局拿到的版税和编辑费收入，却不到原本的1/3。这个数字开始让他有所怀疑。鲁迅开始着手自己细算账目，并且多方打听，终于了解了实际情况，原来他确实被北新书局克扣了大笔版税，数目高达2万多元。1929年8月12日他写信宣布停止编辑《奔流》杂志，并且开始积极联系律师，想要讨回自己应得之款项，并索取版权。

这场版权之争以北新书局正式向鲁迅道歉并补偿款项而结束。依据当时《著作权实施细则》的规定，鲁迅和北新书局还签署了著作权协议，规定从 1929 年 9 月起，鲁迅的著作必须贴上"印书证"，或者叫"版税印花"。这种方式，一方面杜绝了盗版，另一方面让著作者知悉自己著作的实际印数。它不仅保护了著作者的利益，而且还保护了出版社的利益。鲁迅自觉地拿起法律武器，维护自己的著作权，为同时代的翻译家树立了一个榜样，对混乱的出版市场起到了一定的规范作用。

应该说，追求商业利益，是出版社的普遍诉求。但为谋取自身的利益而不惜侵犯作者的版权，这种追求背离了出版事业的目标，也违背了版权伦理。有的出版社拒不支付稿酬，有的出版社故意拖延稿酬的支付时间，这些都属于不道德的行为，违背了稿酬伦理。稿酬伦理还表现于索赔的伦理。译者可以针对自身的情况提出比较合理的索赔要求，维护译者的利益，这有利于增强出版社的守法意识。

第3章 民初翻译家的个人伦理

规范伦理学认为，个人伦理所关注的对象是作为社会成员的个体善，是个体应当拥有何种道德责任与义务，是个体的心性修养、灵魂陶冶与人格善。❶翻译家是社会中的一个成员，具有社会属性，遵守一定的社会行为规范，履行一定的社会责任和道德义务，同时在其职业领域里遵守职业道德规范。而翻译伦理研究不仅关注翻译家成长在什么样的社会环境中，更要关注其个人的思想状态，研究其为什么翻译、翻译什么、怎样翻译等反映价值判断的问题。这种活动的意义是译者得以存在的根本。

3.1 作为"士人"的伦理

民初翻译家大多是从清末士人转化而来，他们自幼浸染于儒家经典，深受儒家传统伦理思想的影响。据包天笑回忆，他上学时，照平常的启蒙书，私塾里一般总是《三字经》《百家姓》《千字文》，读完后

---

❶ 高兆明.伦理学理论与方法［M］.北京：人民出版社，2005：129.

就读四书了，照例读四书的顺序，先读《大学》，次读《中庸》，然后读《论语》与《孟子》。❶ 周瘦鹃在母亲的"爸爸死得早，要好好读书，要争气，要立志向上"的教诲下，从小就发愤苦读。七岁的时候，母亲勉强凑够学费，把他送入私塾，攻读《三字经》《千字文》等儒家经典。

郭沫若在其父创办的"绥山书馆"里熟读传统儒家经典。母亲作为他的启蒙老师，经常教他背诵唐诗宋词，这是他早期接受的文学启蒙。他喜欢唐代诗人王维、孟浩然、李白和柳宗元等，这些诗人使他对中国古典文学产生了强烈的兴趣，也为他日后的翻译与创作奠定了基础。

巴金出生于成都一个封建大家庭。仁爱的母亲是他人生的第一个老师。他从母亲那里懂得了爱，懂得了宽容。巴金幼年时的另一位老师是轿夫老周。老周总跟他说："要好好地做人，对人要真实，不管别人待你怎样，自己总不要走错脚步。""火要空心，人要实心。"这就是仁义、真诚、忠爱。而这些恰恰正是中华民族的精神之根、为人之本，是巴金个人伦理道德之起源。

伦理学家认为，美德有两种，即知识美德和道德美德。知识美德主要通过教育得来，这需要时间和经验；道德美德即德性，不是教育能解决的，而是基于习惯。Ethics 起源于 ethos，也就是习惯的意思。通过细微的改变，日积月累而形成。因此，民初翻译家从小所受的传统教育以及家庭环境的影响，使他们很早就深受儒家传统伦理思想的影响。孔子作为儒家思想的集中代表，为士人阶层提出"士志于道"的价值规范和人生信念。"道"的本义就是道路，许慎的《说文解字》云："道，所行道也；达谓之道。"春秋时，"道"被引申为人或自然所

---

❶ 包天笑. 钏影楼回忆录［M］. 香港：大华出版社，1971：7–8.

遵循的法则，而孔子将"道"具体化为儒家士人的个体道德准则。他所提出的"内圣外王"是"道"的具体表现形式，要求士人一方面具有圣贤人才有的美德，另一方面又能帮助统治者治理国家。也就是说，"内圣"就是修身养德，要求做一个有美德的"仁人君子"；"外王"就是能够运用自己的学识辅佐君主治理天下。

孔子"内圣外王"的道德标准中，体现了道德与政治是统一的。中国传统社会就是一个德治的社会。儒家统治者没有不讲道德的，也没有不谈政治的。他们认为政治只有以道德为指导，才有正确的方向；道德只有通过政治的手段来落实，才能产生普遍的影响，所以传统士人修身养德的目的就是为了让自己的思想能够通过政治的手段得以实现。他们向来以知识学问为生存手段，以做官为人生追求的目标。他们浸染在孔子的儒家思想里，从一开始就有着强烈的历史使命感，希望自己成为正统教化伦理的传扬者和示范者，是儒家伦理规范的体行者和实践者，又是民间生活的参与者和民间伦理的代言人，也是通上下之情的中间代言人。杜维明的《道、学、政：论儒家知识分子》从道统、学统、政统三个维度综合考查了儒家知识分子，他认为，儒家知识分子在特定意义上通常被视作看家狗，不仅要看住王室，也要看住平民百姓。❶

但是在古代中国，士人并没有明确的自由地实践理想的场所。"道统是没有组织的，'道'的尊严完全要靠它的承担者——士——本身来彰显。因此，士是否能以道自任最后必然要归结到他和政统的代表者——君主——之间是否能保持一种适当的个人关系。"❷这种个人关系影响着士对于"道"的践履。一方面传统士人要借助王室的权力来为

---

❶ ［美］杜维明.道、学、政：论儒家知识分子［M］.钱文忠，盛勤，译.上海：上海人民出版社，2001：54.

❷ 余英时.士与中国文化［M］.上海：上海人民出版社，2003：91.

自己"谋道",另一方面他们又要利用自己的权力来"践道"。这就是说,"道"的实现必须要借助现实君主的"势"才能得以实现。中国士人并不像传统的西方知识分子那样有自己独立的文化阵地或道统组织,可以在"恺撒之事归恺撒,上帝之事归上帝"这种政统与道统二元抗衡的格局下,与世俗世界保持一种尊严的距离和独立性,而要以"道"辅"势",或者以"道"抗"势",介入人间事物。与西方知识分子不同的是,"中国古代知识分子一开始就管的是恺撒的事"。❶ 在中国古代,大多数情况下,"道"要实现其自身的价值,不得不投身于"势",而君主也需要士人的种种知识技能为其服务。事实上,在中国,士大夫王国与官僚王国是合一的,而非分离的。这一现象构成了中国学术政治的特征。

因此,从根本上说,传统儒家学说确立了民初翻译家一生追求的道德价值和人生目标。儒家学说中的"士人"形象在他们的心目中已然打下了很深的烙印。"士人"既是中国数千年传统文化积淀的承载者,又是社会文明的传递者。他们不同于一般的社会群体,有着清正而坚定的志向,不局限于眼前的经济利益;心怀大志,以天下为己任,具有强烈的参政意识;能以道德严格自律,修身谨慎,从而形成了具有丰富内涵的"士"的形象和以"道"自任的传统。在他们的心目中,士人应当是"以身殉道"的价值维护者,"抱道怜时"的社会批判者,"行己有耻"的道德示范者。即使是在民初这样一个风起云涌、国内各种矛盾日益突出的社会转型时期,"士"的精神依然左右着民初翻译家们的灵魂。

在传统社会中,文人写作往往不为经济利益,他们或者为自己抒发情志,或者为上层统治阶级歌功颂德,真正卖文为生的人很少,其

---

❶ 余英时.士与中国文化［M］.上海:上海人民出版社,2003:91.

需求量也极少。传统社会的经济形势以及分工方式使得文人写作求利的欲望很小，而社会道德规范无时无刻不在束缚着他们的眼界和思维，使他们的创作力受到了严重的局限。他们的身份基本是附属型的，依赖于皇权，经常充当将相帝王的军师和辅佐，由此产生了皇权文化。皇权文化是一种以士人为主体、以权威经典通行于世的垄断文化。古代手工业作坊的工作方式在某种程度上严重阻碍了文化的广泛传播，印刷技术的落后使文化的普及进一步受阻，这使得士人阶层先天地拥有了文化典籍，进而可能拥有了对其权威的解释权。民间文化则一般以话本、歌谣、戏曲、民谣等形式在民间流传，其主要功能在于供下层民众娱乐休闲，并规范社会道德秩序。在传统社会，民间文化一直游离于主流文化之外。但这种状况随着民初传播媒介的商业化与工业化而有所改变，民初科举制被废除，道统与政统被动分离，民初士人的上升性社会变动（social mobility）取向也随之而变。大批文人对于投身政治，走仕途的道路深感绝望，他们转而投身新兴出版行业，充当翻译、报人、记者、编辑，成为新文化事业践行者，从而促进了民间文化的繁荣。这就意味着四民之首的"士"这一旧的社会群体的逐渐消失和在社会上自由浮动的"知识分子"这一新的社会群体的出现。从士人过渡为知识分子，尽管他们在思想和心态上与士人有了一定的不同，但从这些知识分子身上仍然处处可见士人的余荫。

　　士人历来抱有"平天下"的雄心，把国家事务当成自己应尽的责任，并尽可能落实在"人心"和"世道"两方面，即不仅意味着做"社会的良心"，而且必然包括实际政治活动的参与。一句话，他们必须把"道"与"势"结合才能达到自己的目的，既议政又参政，有时即使不直接参政，能议政也是参政的一种方式。

　　然而，民初知识分子已经失去了原有参政议政的根基，很多学者无奈之下不得不把直接参政置于第二位，像胡适一样倾向于以文人的方式议政，继续做"社会的良心"。故更多的知识分子在民初翻译场域里往往发挥着不同于普通译者的作用，他们企望在民间建立公共领域，继续发挥"士人"的议政作用。比如20世纪20年代，若干朋友为已经享盛名的胡适规划前景：专心著书是上策，教授是中策，办报是下策。可胡适在感谢友人关怀的同时，偏偏选中了"下策"，以教授身份筹办报刊。他的理由是不能放弃发表言论的冲动，况且社会上需要独立正直的舆论。胡适因而没有成为专事著述的"纯学者"，而是身兼学者与报人两种角色。他在专业范围内从事学术研究，在专业范围外发表文章，针砭时弊。因为传统士人因子在其身上形成的习惯，又由于其自身在社会文化实践中形成的"惯习"，为了达到其"道统"与"势统"的结合，胡适借助于两种主要途径：一是学术演讲，一是筹办刊物。两者都是胡适最擅长的，也是他从事文化活动的特殊方式。

作为新文化运动的领袖、"社会的良心"，胡适在彼时的文学翻译场域多次做出大胆的决定，指导新文学文化的建设。比如全面系统地翻译国外名家名著、倡导建立中国新经典文库、在中国建立文学翻译选择规范等等。胡适作为翻译活动的策划者、组织者，大规模地组织专家、有造诣的翻译家翻译域外经典名著，这也是现代中国首次大规模地系统翻译世界名著工程。后来商务印书馆推出的大型丛书"世界文学名著""汉译世界名著"，可以说与胡适所组织的编译委员会的翻译计划不无关系。更重要的是，他在那篇影响很大的《建设的文学革命论》（1918）里，特别强调翻译文学作品的文体问题，旗帜鲜明地提出使用白话文翻译。所有这些无不昭示着他身上潜伏着的士人文化因子。

作为士人的鲁迅亦是如此。在民初社会里，生活在"道"与"势"的夹缝中，他一直以反专制、反主流的先锋、勇士的形象出现，并且一直"战斗"到去世。他在办报与翻译写作中一直把前卫、尖锐的思想放在文学创作和行为标准之中。正因为这样，他虽然遭遇了很多失败，但始终保持着先锋性，团结一大批优秀青年永远在寻找一种更前卫、更激进的力量来支持他达到自己的最终目标。

由此可以看出，尽管民初社会环境已经发生了巨变，"士"的精神依然指导着民初文人以翻译搭建了一个国际文化公共领域交流的平台。他们针对国家公共事务发表一些评论以促进国家政府进行改革，发挥着道统的作用，从而达到改良国家的目的。

3.2　作为知识分子的伦理

在新式教育体系下，一些传统士人获得了新的政治、经济、教育、工商、科技、军事、司法等适应社会结构变动需求的专门知识和技能，从而发生了历史上一次较深层次的阶层分化。这一时期中国士人阶层的分化趋向有二：一是转向近代资产者；二是自由职业者；三是走向下层社会。❶ 而士人阶层分化最突出的特点就是促成了近代新知识分子群体的形成。他们主要分为两类：一是从传统士人阶层分化出来的知识分子群体，他们拥有科举功名和新式学堂双重身份，如蔡元培。二是以新学堂出来的新知识分子群体为主体。该群体始于戊戌变法时期，后来随着科举制度的废除，新学堂和留学潮的兴起，该知识分子群体迅速扩大，既有出国游学的富家知识分子，如胡适、郭沫若、茅盾、巴金，又有上过学堂、普通人家出身的知识分子，如周瘦鹃。

---

❶　参见：田刚.鲁迅与中国士人传统［M］.北京：中国社会科学出版社，2005：18.

就社会分层而言，近代新知识分子群体属于社会的中间阶层。所谓中间阶层主要是指自由职业者群体。它之所以属于中间层次，是因为他们既非传统研究之官僚、地主及资产阶级，亦非时下正热之下层民众、边缘群体，其职业属性、知识素养及社会参与均具有自身特色，是整体把握近代社会阶层及群体变动不可或缺的环节。

自由职业，不同于现代意义上的所有自由从业者，传统上而言，类似于英语中的 professional 一词的概念，最初产生于一些西方资本主义国家，主要指那些需要接受高等教育及特殊训练，进而获得特定从业资格的专门行业。这些专门行业主要指建筑师、医生、会计师、律师、工程师等。《现代汉语词典》也将"自由职业"定义为"在资本主义社会里，知识分子凭借个人的知识技能从事的职业。如教师、医生、新闻记者、律师、作家等"。❶ 尹倩指出，近代自由职业者群体有以下特点：①近代新式知识分子，并以此身份投身某一职业。②经过系统学习，具有某一专业的专门知识，并在这一行业内不论是知识还是市场都具有垄断性。③职业生涯相对独立，可以自我聘雇（self-employed）。④经济地位和社会地位远较一般劳动者为高。对于近代自由职业群体的范围，学者们现在也基本上取得了较为一致的认识，认为主要应包括律师、会计师、医生、新闻记者、工程师、教师等。❷ 这也与西方资本主义国家所认定的 professional 的范围基本一致。上述新知识分子群体基本都符合这些特征。

传统中国并没有"知识分子"这个词，"知识分子"是从国外引进的。西方对知识分子的主流看法是：他们受过专门的训练，掌握专门的知识，以知识为谋生的手段，以脑力劳动为职业，具有强烈的社会

---

❶　现代汉语词典 [Z]. 北京：商务印书馆，1991：1523.

❷　参见：朱英. 中国近代史十讲 [M]. 北京：北京大学出版社，2011：148–149.

责任感，他们是人类基本价值，如自由、公正、理性等的维护者。余英时对知识分子的特点有过较为详细的描述：知识分子一方面根据这些基本价值来批判社会上一切不合理的现象，另一方面则努力推动这些价值的充分实现。❶ 这里所用的"知识分子"一词在西方是具有特殊含义的，并不是泛指一切有"知识"的人，这种特殊含义的"知识分子"首先必须是拥有某种专门知识技能的人；他可以是教师、新闻工作者、律师、艺术家、文学家、工程师、科学家或任何其他行业的脑力劳动者，但是如果他的全部兴趣始终限于职业范围之内，那么他仍然没有具备"知识分子"的充足条件。❷ 根据西方学术界的一般理解，所谓"知识分子"，除了献身于专业工作以外，同时还必须深切地关怀国家、社会以至世界上一切有关公共利害之事，而且这种关怀又必须是超越于个人的私利之上的。❸

由上可以看出，西方关于"知识分子"的基本含义竟然与中国"士人"非常相似。但是西方人又一致认为，具有上述内涵的"知识分子"是近代的产物，是资本主义经济下的产物。知识分子是一个特殊的群体，他们并不占有特殊的政治地位，与其他劳动者一样，以出卖自己的知识技能为生。因此，他们与传统"士人"又有所不同。"士人"渗透到社会的各个阶层，"士人"当然也有专业知识，但专业知识对他们并不重要，其根底是一种心志。他们熟读圣贤书，学哲学，掌握社会的意识形态，他们并不是某一科学技术的专业人士。但"士人"与"知识分子"有一点是共通的：都具有强烈的社会责任感。他们是社会的良心、时代的眼睛，关注社会、关注民生。

按照陈思和的说法，知识分子首先要在一定的专业领域有其专门知识或者技能，要有一个社会的民间岗位，这是一个前提。其次，光

---

❶❷❸　余英时. 士与中国文化［M］. 引言. 上海：上海人民出版社，2003.

有这个岗位还不够，知识分子还应具有一种超越职业岗位的家国情怀，即对社会、对人类的发展有所关怀。这似乎很抽象，但又是一种很本质的东西。❶实际上，民初由"士人"转化而来的知识分子从来就不缺乏"治国平天下"的理想。但是与传统"士人"不同的是，知识分子有一种独立的精神，他们通过自己的职业尊严和知识尊严，可以不依靠国家政权的力量来实现自己的价值，像陈寅恪先生说的"独立之精神，自由之思想"，而"士人"的治国平天下是通过最高政权，通过皇权、忠于朝廷而达到权力，达到治理国家。❷民初知识分子总是很自觉地把自己价值的实现与国家政治力量结合起来。在社会转型时期，传统士大夫的经国济世的抱负无以施展的时候，知识分子必然要开辟一个渠道，让他们能发挥对社会对国家的责任与热情。陈思和谈及传统"士人"与知识分子的服务对象的不同，把他们比喻为"庙堂"与"广场"。他认为，传统庙堂的对象是国君或者说统治者，"广场"里熙熙攘攘的都是老百姓。"广场"需要英雄，需要能人，需要知识分子来告诉老百姓：什么是真理，什么是中国的出路。这样一个过程就是"启蒙"。"广场"与"庙堂"在价值取向上是联系在一起的。中国现代文学史上很有成就的理论家冯雪峰曾有一个说法：知识分子实际上像一个门神。门神是贴在大门上的，门开了他是站在庙堂的门口；门关了他就面对民众，成了民众的导师。❸这个比喻很生动贴切，用来理解20世纪初士大夫阶层到知识分子形成的过程很深刻。

　　民初的很多翻译家通常就扮演了这种双重的角色。一方面，作为当时社会中的精英分子，在先辈与国外较量的经历中，他们已经感受到了自己国家与西方强国日益加大的差距，因而急切希望找到一种根除中国痼疾的办法，于是想到了吸收西方文化传统的做法。但是在民

---

❶❷❸　陈思和.知识分子转型与新文学的两种思潮［J］.社会科学，2003（1）.

国时期，绝大多数知识分子不可能通过获得政治权力实现自己的价值与梦想。另一方面，民国时期虽然已经没有了过去通过科举入仕的机会，但是时代的混乱给了这些知识分子极大的自由，给了他们站在各自立场发言的机会。民国时期的大多数军阀都表现出对民国共和政体的尊重。他们在政权上互不相让，但对民众的言论自由、学校的自治都不过分干涉，对国家律令比较尊重，甚至对公众言论或公众人物也表示尊重。借助这种空间上的自由，知识分子经常通过公共平台发表自己的看法，表达对治国平天下的情怀。他们办报、参与社会公共活动，可以说是知识分子在公共领域议政的另一种形态。

哈贝马斯认为，公共领域是体现公共理性精神的、旨在形成公共舆论、以大众传媒为主要运作工具、向所有公民开放的可以进行对话的"文化精神的寓所"。❶ 它既包括工会、政党、教会、学校等社会组织所代表的社会舆论领域，也包括新闻媒介，如报刊以及学术团体等所代表的意识形态领域。公共领域的第一个构成要素是由不受国家或其他政治权力约束、自愿组成的、超脱于个人或集团私利之上、具有一定规模的公众。在此，"公众"具有三个特征：一是公众的自愿性。即每一个成员应是自觉自愿自由地聚合，自由地表达他们想法。二是拥有普遍利益。这种普遍利益超出私人或集团利益之上。三是拥有一定的规模。这一规模应有多大取决于公众"普遍利益"的性质及普遍程度。可见，这里所说的公众并没有身份或阶层的限制，只要个人自愿、自发地关注民众的"普遍利益"，均有可能成为"公众"的一员。而这里的"普遍利益"已经不存在公众成员之间的阶级或阶层差别。很显然，哈贝马斯的"公众"是平等的、无差别的，因而也是动态的，其领域也是开放的。

---

❶ ［德］哈贝马斯.公共领域的结构转型［M］.曹卫东，等译.北京：学林出版社，1999：40.

民初以前根本不存在这样的一个公共领域。首先，政治、公共事务上的传播仅限于朝廷与官僚之间的内部循环；其次，学统关系上，在私塾、书院进行封建正统教育传播，而与民间社会联系交往最密切的士绅，是传统农村社会舆论导向的引领者，他们是上层政府官员与下层乡野民众之间的中间人。民初以来，由知识分子所开创的文学和政治"公共空间"初步形成。但这种"精英模式"首先以个人方式为人民发声，逐渐通过报刊、社团等媒体影响着民众的生活。民族救亡和国家强盛是民初知识分子参与创建公共领域的原动力，也是公共空间中的群体性意识。公共领域中的民族意识为空间成员的自我身份认同提供了价值依托和文化归属，有助于成员明确自我的历史使命与文化责任。

李欧梵通过考察近代以来知识分子与媒体的关系，认为民初的知识分子和以往的士人不同，他们不再充当上层社会的传声筒，而逐渐演变成一种传统体制外的代表民众集体的声音。❶也就是说，民初知识分子以社会先锋的角色参与建构文化公共领域，他们利用公共领域平等交流、合群互助，积极介入社会公共事务，自觉参与国家各项建设，有效地制衡了国家权力的运作，推动了民主自由社会进一步建构。比如，《新青年》从一开始就体现出"与青年共同商榷"的平等态度，北大青年可以在此公共空间中自由辩论、彼此切磋。北大学生和学者在胡适等名人性格魅力的感召下，聚集于其住所，交流感悟，畅谈理想，建构了开放型的对话空间。

总体说来，知识分子公共平台的建立主要通过以下三个渠道：一个是北大的讲台；一个是杂志《新青年》；一个是学生社团，如新青

---

❶ ［美］李欧梵.上海摩登——一种新都市文化在中国 1930—1945［M］.毛尖，译.北京：北京大学出版社，2001：34.

年社等。他们第一次以民间政治平台的形式建构民初的公共文化领域，虽没有参政的权力，但仍然通过议政来履行一个现代知识分子的职责；虽然没有政治权力或者政治背景，但其地位和影响力几乎是空前的，因为它有了高等学府这个知识分子民间政治平台。借助于这个平台，知识分子所探讨的公共话题就会在全国范围内产生巨大的影响，其中的很多思想观点就是借助于这个平台传播出去，并改变了当时整个民族的思维形态和文化心理。应该说，这是传统"士人"议政的另一种变体。

民国初期的印刷出版为知识分子的议政提供了很大便利。虽然当时大多数出版企业都是民营的，企业主必然以追逐利润为目标，翻译文本在市场上销量的好坏直接决定了其利润的多寡。但在民初，很多出版企业主是传统的士人出身，在做实业的同时，对社会强烈的责任感使他们不会完全计较个人的利益得失。比如商务印书馆创始人夏瑞芳编辑书报的主要目的在于开发民智，在这种理念指导下，其主事人物杜亚泉、张元济以及其他编辑人员无一不是从国家事务出发，因而把商务印书馆办成了为公众利益服务的"半公共事业机构"。与此相似的大同译书局，其创办者们是资产阶级改良派人物。创办之初，他们已经意识到国力衰弱，必须向西方学习以奋发图强。因此，他们认为，只有大力翻译西方书籍，才能挽救危机中的中国。事实上，商务印书馆以及大同译书局作为清末和民初的主要出版社，为当时的翻译事业作出了巨大贡献，取得了很大成绩。他们利用出版机构宣扬西方自由、平等、博爱的思想，并且大力赞助严复所翻译的英国伦理学、哲学等著作，宣扬了爱国和合群的思想。商务印书馆掌门人的思想和实践其实很能代表当时一般的知识分子，肩负反帝反封建的双重责任，传播域外文明，以实现民族的救亡图存。他们的举措带动了一大批这样的民营出版机构，以另外一种更加隐秘的方式反映当时民众的共同愿望和利益诉求。

此外，民初的革命书报是作为各党派宣传鼓动的有力工具与喉舌，其经费大多来自党派的拨款或社会的政治捐款，完全不以商业营利为目的。胡适从 17 岁开始与他人一起创办比较激进的《竞业旬报》，到晚年，他又与人一起创立了《自由中国》。胡适一辈子都与刊物打交道，刊物是否盈利他并不在乎，他更在乎的是刊物寿命的长短。在他所办的刊物中，《独立评论》的寿命是最长的，但也只不过五年。然而无论他办何种刊物，影响却极为深远。他每参与或创办一种刊物独有自己明确的目标，比如参与《新青年》是为了文学革命；支持《每周评论》是为了厘清一些混杂的观念和思想；创办《努力周报》是为了宣扬科学的思想；发起创办《新月》杂志是为了宣扬其文艺思想。民初像胡适那样办刊物以实践一个传统士人所追求的人生价值的并不是个案，大学教授办刊物，已然是"五四"以后的一种重要文化现象。这种现象自北京大学的教授开始，它既不是为了追逐利润，也不是为了宣传政见。他们基本不为编辑发放报酬，目的是尽量减少经济上带来的思想和观念上的偏颇，力求能站在比较中立的立场为民众发声。胡适力图以这样的方式办报，摒弃一切商业化的色彩，从而能够谋取思想上独立，而这恰恰是他最看重的。当然，在胡适之后，也有不少大学教授效仿。

虽然胡适办刊物的最初目的是不涉足政治，纯粹保留着一个知识分子的本分，他设想自己专门谈文学改良和思想改造，但是，主张"二十年不谈政治"的胡适在后来的治学生涯中不仅谈到了政治，而且还涉足政治。这也反映出现代中国知识分子共同的困境：想要寻一片净土却不可得。其实，既然胡适那么看重自己在中国文学文化领域内的建树，依当时的情况，恐怕办刊物无疑是最佳选择。就影响而言，写书、翻译都远不及办刊物有效。可以说，办刊物是当时抱有爱国情怀的知识分子介入社会的最好路径。在民国初期要保持独立的姿态、独立的精神是很不容易的。传统的道德价值观与现实的状况使他们不得不违背自己坚持的原则和初衷。这一点在胡适身上表现得最为明显。虽然胡适很想把实践和精力投放到做学问上，但是知识分子身上的责任感让他无法闭门不出、潜心学问，民众的疾苦和社会的现状让他不得不找到一个能够发声的地方，为民众说话，而办刊物无疑就是一种最好的方式。民初不乏这样的知识分子。他们以其"独立的精神"，"负责任"的态度，用其"高等常识"来议论政治与时事。从这个意义上说，他们是关心时事的健全的人文主义者，而不是职业政治家。

作为翻译家的周瘦鹃，和民初大多数文人一样，并不愿意涉足政界，认为做官有辱自己的名声，作为士人，应该洁身自好，但是对社会上的一切不合理、不公正的现象，他也无法做到无动于衷。他在报刊上公开讽刺："里昂通信，章行严过里昂时，曾演讲一次。吴稚晖劝他回国以后不要再入政界，说今日投身政界，直好似投身厕所，稍一逡巡，就遍体鳞伤。吴先生的意思，简直把政界比作厕所，真是个臭不可当的所在。这样说来，偌大一个北京城，差不多像上海那种公坑所，人人都要掩鼻而过。"❶"政界如同厕所"这个非常形象的比喻把士人对于政界的看法淋漓尽致地表现出来了。官场中人的腐败以及多年集聚的污垢是一时难以清除的，而当时社会的腐败程度更是触目惊心。

但是不参与政界并不等同于漠视社会现象，不等同于不关心民众疾苦。作为一个大家庭中的一员，作为一位饱读儒家诗书的士人，当

---

❶《申报·自由谈之随便说说》1922 年 9 月 25 日第 18 版 "政界与厕所"。转引自：范伯群. 周瘦鹃文集（杂俎卷）[M]. 上海：文汇出版社，2011：10.

国家民族处在危难时刻，周瘦鹃义无反顾地、不遗余力地揭露社会的阴暗面，维护传统社会道德。他借助翻译和写作为工具，在报刊上连续披露当时社会的腐败黑暗。他说："十年前我们推翻了满清，建造起这个中华民国来，就该发扬光大……哪知因循十年，种种的腐败，反比满清时代更厉害。……我们倘在各国共管之下，做各国的奴隶时，怕就要万劫不复，永没有重见天日的希望咧。"❶这些无奈的话语，痛心的疾呼，仿佛要唤醒沉睡中的国人，赶快团结起来，坚持社会正义，共同反对社会腐败，免除被迫做奴隶的后患。

知识分子普遍有的"原罪"意识以及"以天下为己任"的文化基因使得周瘦鹃时刻关注社会局势的发展。他试图立足学术，寻求"议政"而不"参政"的两全之法。为了呼吁知识分子能够更多地关心民众的疾苦，他哀叹道："时贤作品，率多抒写社会疾苦，一唱三叹，不同凡响，当兹岁暮天寒，一为展读，恍见行墨间有小民泪血之痕，与啼饥喊寒之凄态也。"❷从中可以看出，周瘦鹃摆脱不了知识分子那种忧国忧民的入世情怀，即使自己不在当权之位，也仍然心系国民，关心社会疾苦。

除了翻译和写作以外，周瘦鹃凭着自己的努力于1914年开始从事编辑工作。在民初的上海，由于报人和编辑的地位日益重要，做报人和编辑已经成了既出风头又令人羡慕的职业。一时间，文人纷纷投身报馆，颇以能跻身报界为荣。周瘦鹃由译而编，先后创办、主编或与人合编《游戏世界》《半月》《紫兰花片》《上海画报》《紫葡萄画报》《良友》画报以及《申报·自由谈》等多种报刊。其中于1914年开始主编

---

❶《申报·自由谈之随便说说》1922年9月1日第18版"若干年的亡国生活"。转引自：范伯群.周瘦鹃文集（杂俎卷）[M].上海：文汇出版社，2011：10.

❷《申报·自由谈之自由谈》1920年1月30日第14版。转引自：范伯群.周瘦鹃文集（杂俎卷）[M].上海：文汇出版社，2011：4.

的刊物《礼拜六》红极一时。每逢星期六清早，中华图书馆门前就有
一大群人在等候购买《礼拜六》，门一开，人们争先恐后购买。周瘦鹃
就是这样凭着自己的努力与执着在民初中国文学场域里找到了一块属
于自己的地方。

　　在中国近代市民社会中，很多知识分子主要依靠翻译、创作小说
和编辑报刊立足于世。他们既不像传统士人，也不像现代知识分子。
他们已经能够依靠自身所有的专业知识和技能养活自己或家人，成为
完全自食其力的社会个体，他们不用像传统士人一样依靠皇权，也不
需要通过依附他人生存，自谋生路的自由使他们在一定程度上获得了
精神与人格的独立。事实上，早在清末就有了拒绝进入官场而专门进
行创作的知识分子，比如吴趼人。还有清末翻译家林纾在自序中更是
自豪地宣称："幸自少至老，不曾为官，自谓无益于民国，而亦未尝有
害。屏居穷巷，日以卖文为生。"❶ 在当时的社会，"卖文"还没有成为
一种普遍的职业，甚至仍然受到歧视。周瘦鹃曾谈到了中西文人在选
择职业上的不同。

　　　　西方文化发达，读书者多，文艺上之需求甚广，故文艺家之
　　收获亦富，脱一书而成，而获同文之称誉，籍甚人口者，则欧美
　　两大陆之销数，已可达百万册以上，版税之收入不赀。外此则改
　　编为剧本，或演之为梨园或摄为电影，无不食报甚隆。等而上之，
　　则英国之爵位也、诺贝尔之奖金也，均可以笔尖易取而得，而名
　　且易益彰。故西方文艺家每成一得意之作，即不啻开一金矿矣。
　　他业中人鉴于文艺家之名利双收也，咸纷纷改业。如英国大小说

---

❶ 林纾.践卓翁小说·序 [M] // 薛绥之，张俊才.林纾研究资料.福州：福建人民出版社，
1982.

家哈代氏，以建筑家改业；柯南道尔氏，以医士改业；美国名著作家马克都温氏，以领港人改业。其他名流，不胜枚举。而吾国之文艺界，则荆棘满地，非如西方之为一玫瑰花林夜蛾。故一般文艺家，咸望望然去之，反投身以入他业，与西方适成一反比例。故十年以还，如叶小凤、姚剑雏投身以入政治界，天生我虚改业为牙粉与化妆品之制造家，恽铁樵改业为医士，王纯根改业为广告家……❶

周瘦鹃列举了中西方文学家在不同社会里所受到的待遇，西方文学家一旦成名，其作品将被改编为剧本，搬上荧幕，甚至可以申请爵位，作者的社会地位和经济地位随之迅速上升。这种现象致使很多西方人弃他业而从事文学，而中国文人则相反。因为中国古代文人历来是很清高的，带着点不食人间烟火的味道，他们潜意识里以卖文为耻，文章是写出来给人欣赏的，不是拿来卖的，更不能以之为维持生计的手段。因此清末以前，士大夫写作不为赚钱，也就极少有为民众写作的作家。然而，清末以来，资本主义经济的兴起，稿酬制度的建立，社会分工的出现，促使近代社会的知识分子从传统社会的边缘逐渐走向近代社会的中心，知识分子所拥有的知识不再是晋升之阶，而是谋生手段。

如果说清末只有少数作家和翻译家远离政治潜心创作，那么到了民初，已经有很多作家、翻译家走入文学市场，在市民社会中安置自己的人生。他们都远离政治，在写作和翻译之外还兼做其他事务，比如从商、当律师、办实业、当作家等。周瘦鹃、范烟桥、郑逸梅等都曾经为各种影业公司工作过。近代社会的平等、民主、自由等观念对

---

❶ 范伯群.周瘦鹃文集（杂俎卷）［M］.北京：文汇出版社，2011：32.

这一代人的影响是很明显的，思想和个性的解放意味着价值取向的不断分化。在传统社会中，一个社会的精神道德和意识形态往往也就是统治阶层的精神道德和意识形态，而在民初社会里，民主、自由、平等的观念比较流行，人们对于价值的追求也趋向多元化。

事实上，作为民初知识分子的翻译家与清末很多士人的翻译有着非常明显的区别：一是士大夫有着自己独特的身份确认，以"内圣"即追求儒家理想人格为准则，始终不渝地在翻译的各个环节实现"外王"的追求。民初翻译家却没有这样的身份认同感，他们更能认同社会经济环境的变化，亲近社会潮流。二是翻译的读者对象不同，士大夫主要是为自身这个阶层以及帝王服务的，普通老百姓从不在他们的考虑之列。民初翻译家却是面对大众的，他们并不像士大夫那样有一个明显的阶层隔阂，因而显得与普通民众距离很近。

当新文学作家们思考着国家、民族乃至人类的前途命运，将文学与如此神圣的事业联系在一起的时候，民初翻译家却在严酷的生存现实面前，已然接受了文学在现代社会商业化的处境，以及由此而来的文学性质、功能及观念的变化。职业写作的观念赋予他们写作的自主权，不会因为社会启蒙的重大任务而忽略了凡人的世俗生活。相应地，他们用一个较为平和的心态和并行于世俗生活的视角置身于卖文为生的社会，成为大众心声的代言人。比如作为知识分子的周瘦鹃本能地认同商品经济、亲和市民社会，从而对于市民实用的、经济的、自利的日常生活意识和人的性质都有更多的体认。他能坦然以商业社会雇佣者、以市民的身份从事满足大众需要的文化活动。他把职业和经济生活紧密联系在一起，并把前者作为后者的强有力的工具和保障。

正是在民初社会转型过程中以及民初新兴产业中，民初翻译家完成了由传统士人向近代知识分子的转变。他们在利用自身文化知识谋生与明志的同时，也逐渐接受了资本主义经济的萌芽，从而具有了朦胧的商业意识。从这个意义上，如果说传统士人与近代知识分子的区别何在，那就是后者更具有商业精神。

美籍华裔学者林毓生曾指出："在 19 世纪 90 年代的第一代知识分子同 20 世纪的第二代知识分子之间，尽管存在着许多差异，但这两代知识分子中大多数专心致志的却是一个有着共同特点的课题，那就是要振兴腐败没落的中国，只能从彻底转变中国人的世界观和完全重建中国人的思想意识入手。"❶ 他们有着深厚的中国传统的倾向，即一元论和唯智论思维模式，而且是决定性的。要解决中国问题、民族危机，只能从文化入手，谋求文化上的解决。

3.3　作为翻译家的伦理

虽然在民初这个社会转型时期，知识分子失去了仕途晋升的机会，但仍然继承了传统士人"内圣外王""以天下为己任"的政治传统。余英时指出："'士'的传统虽然在现代结构中消失了，'士'的幽灵却仍然以种种方式，或深或浅地缠绕在现代中国知识人的身上。"❷ 他们需要寻找新的出路，而翻译时代的到来和翻译业的繁荣为其提供了一个舞台。一些知识分子醉心于西学而成为职业翻译家，他们内心对翻译事业有一种热爱，对自己选择的职业有一种强烈的认同。除了自我认同外，社会也给予一定的认可，表现在上自中央政府、下至地方官厅都

---

❶ ［美］林毓生.中国意识的危机——"五四"时期激烈的反传统主义［M］.穆善培，译.贵阳：贵州人民出版社，1988：45.

❷ 余英时.士与中国文化［M］.上海：上海人民出版社，2003：6.

积极采取种种措施优待报人。

　　与清末以前及现代意义上译者不同的是，民初的翻译家在翻译策略上并不具有明显的个性，相反，处于同一语境中的他们在翻译文本的观念取舍上彰显出更多的一致性。观念在很大程度上与意识形态有关，社会意识形态"这只看不见的手"在历史的演变中总是通过有形无形的方式操控着翻译过程。意识形态是一切文化因素的总和，它是任何译者无法逾越的一个鸿沟。译者是生活在特定社会、政治、历史、文化环境中的人，必然受到该文化环境的影响，其所产生的翻译作品必然打上该文化的烙印。因此，可以说特定的时代产生特定的译者，特定的译者生产出特定的翻译产品。

　　意识形态从来没有像民初那样紧紧控制着译者的翻译。传统中国文化历来崇尚"文以载道"，统治阶级一般都会通过树立一定的文学典范以达到教化民众的目的。作为特定社会里的译者不考虑时代而去翻译则不可能获得大众的认可。因此，译者往往从内心里认同特定社会的意识形态，或者寻找适合该时代社会的翻译原本。比如郭沫若，他刚开始走入翻译场域的时候，特别注重文本的思想意识形态是否与当时的中国现状相契合。他在《浮士德》第二部译后记中说："我开始翻译《浮士德》已经是一九一九年的事了。那年就是五四运动发生的一年，我是在五四运动的高潮期中着手翻译的。我们的五四运动很有点像青年歌德时代的'狂飙突起运动'，同是由封建社会蜕变到现代的一个划时代的历史时期。因为有这样的相同，所以和青年歌德的心弦起了共鸣，差不多是在一种类似崇拜的心情中，我把第一部翻译了。"❶ 后来他又翻译《少年维特之烦恼》，只是因为在当时封建社会压抑的生活里，维特代表着当时德国社会中觉醒的一代，他希望能够冲破重重封

---

❶　郭沫若.郭沫若集外序跋集［M］.成都：四川人民出版社，1983：283.

建枷锁，找到一条光明的道路。这与当时中国的时代环境相吻合，因而受到了青年读者的热烈欢迎。

巴金从来就认为，文学应该为国家政治服务。无论是翻译还是写作都只是作为武器和工具而存在。因此，他在翻译自己所崇尚的普希金的作品的时候，只翻译了他的《寄西伯利亚的音信》。这封信是普希金写给流放在西伯利亚的十二月党人的一首诗，整首诗歌充满了激昂的斗志、奋进的力量。尽管对巴金来说，普希金是俄国最优秀的抒情诗人，他的诗歌描写生动流畅，节奏明快。在巴金看来，欣赏诗人和翻译他的诗歌是两回事，它们应该分属不同的领域。巴金还很喜欢英国作家王尔德的作品，尤其看重他的戏剧，但巴金只翻译了王尔德揭露统治阶级贪婪、腐败的童话。他在《巴金译文选集》序中坦白，他之所以翻译外国前辈的作品，只不过是借别人的口讲自己的心里话，所以他选择适合自己风格类型的作品。❶

瞿秋白也是如此，他翻译了大量的马列主义经典著作。这并不是因为他特别喜欢此类作品，而是由于社会和时代的需要。他每翻译一部作品都有他的意图，具有明显的倾向性。比如他翻译托尔斯泰的短篇小说《闲谈》，果戈理的戏剧《仆御室》，都德的小说《付过工钱之后》等无不表现出他翻译的用心。处于社会转型时期的瞿秋白已经充分认识到文学能反映社会生活，文学能改造社会。在当时中国黑暗悲惨的社会里，知识分子大都想开辟一条新道路，俄罗斯文学正好让他们看到了世界的光明，他们想让中国民众了解俄国，希望能从中学到什么。瞿秋白因此翻译了《俄罗斯短篇小说集》。

此外，一个非常引人注目的现象便是民初译者翻译了大量弱小民族的文学。以鲁迅为首的很多翻译家认为，弱小民族文学有一个共同

---

❶   巴金.巴金译文选集［M］.序.北京：生活·读书·新知三联书店，1991.

点：它们都描写了民众的疾苦以及对个人贫苦命运的抗争。周作人认为："中国革命运动正在发达，我们也受了民族思想的影响，对于所谓被损害与被侮辱的国民的文学更比强国的表示尊重与亲近。"❶ 他的思想代表了民初翻译家的普遍倾向。主持《小说月报》的茅盾后来沿袭了这种思想，并把它贯穿到刊物的编辑出版中。茅盾在编辑刊物时有意识地选择翻译介绍弱小民族的文学作品。他认为这些作品给民众带来了光明和希望，指引他们争取民主、自由和民族解放。郑振铎也不遗余力地介绍被损害民族的文学，希望能够翻译出各个弱小民族民众共同的命运，了解他们共同的心声，借助他们共同的不屈不挠的精神，以激励身边的普通人。可见，民国初期的翻译家总是将文学、翻译与政治糅合在一起，发挥着"文以载道"的功能。

赫曼斯在论述翻译与译者的关系时指出，"翻译告诉我们更多的是译者的情况而不是译本的情况"。❷ 民初翻译的确如此，茅盾于 1922 年 8 月在《介绍外国文学作品的目的》中指出，如果一个翻译家能够挖掘社会苦痛的根源，并能够利用外国作品来医治这痛苦，这样的作品肯定是有益的。正是因为带有这种目的，茅盾才翻译了大量充满叫喊和苦痛的文学，而放弃了那些充满浪漫遐想的作品。根据粗略统计，他主编的《小说月报》后期翻译介绍了约 130 篇俄国短篇小说。这正表明茅盾利用当时影响力最大的刊物，来实现他的政治目的。

由此可见，和其他任何一个时代的翻译家一样，此时的翻译家也都以自己的意识形态和诗学准则来选择翻译文本。但相比较而言，民初的翻译家对意识形态的关注比诗学更大。民初的翻译更多地在于吸收外国文本中不同的思想观念，并试图改造旧有的传统思想观念；更

---

❶　周作人. 周作人回忆录［M］. 长沙：湖南人民出版社，1982：112.

❷　Theo Hermans.Translation in System：Descriptive and System-Oriented Approaches Explained ［M］.Manchester：St. Jerome Publishing，1999：13.

多地在于引进中国文本中没有的艺术手法，以改造传统文学，建构新文学。因此，他们的翻译文本在社会上引起了极大的思想文化变动，主要包括：①进化论受到批评，互助论受到欢迎，并成为一种有影响的社会思潮。因为进化论宣扬一种弱肉强食的道理，它为帝国主义侵略弱小国家提供了理论依据，同时也给同一社会中统治阶级压迫民众找到了一个借口。互助论则由于其宣扬的民主、自由、平等的观念而受到大家的欢迎。当时宣扬互助论的无政府主义者克鲁泡特金在中国得到了前所未有的关注。克氏的《互助论》翻译出版不久就销售一空，并于 1922 年、1923 年连续再版。更有意思的是，当时发表宣传、翻译介绍互助论文章的主要作者，大多是"五四"前后涌现的报刊主编和主笔，是舆论界的领军人物。②批评科学万能论，重新审视科学功用和价值的呼声日益高涨。此前唯科学论让民众忽视了社会的实践性和民众的主观能动性，缺乏应有的主动意识。③文化取代论受到冷落，经过曾经一度对外国文化的抵制、狂热之后，有识之士开始慢慢地冷静下来，理性地看待中西文化的差异，中西文化调和或互助论为人们所倡导。

　　民初翻译家在意识形态之外，也特别关注民族文学的改造和建设。新文化运动率先在文学领域里展开，以胡适、陈独秀为代表的先进知识分子倡导文学革命，发动白话文运动，成为推进民族文学建设的先锋。当时的新文学还处于建设的初期，亟须从他处汲取营养，于是，翻译外国作品就成为推动文学革命的一项重要工作，也是他们的一个重要的工具。此外，新文化运动者还希望能够改造传统语言。在胡适看来，中国文字太过于死板，不能很好地表现事物。1916 年 2 月 3 日在《论译书寄陈独秀》一文中，胡适坦言："今日欲为祖国造新文学，宜从输入西欧名著入手，使国中人士有所取法，有所观摩，然后乃有自己创造之新文学可言也。"1918 年胡适在《新青年》上撰文《建设的文学革命论》，认为西方的文学方法和技巧已经趋于成熟，可以多多学习。根据他的想法，建构新文学只有一个办法，那就是大量翻译一流的西洋文学作为典范。

和胡适一起并肩作战的陈独秀从心底里明确反对传统的"文以载道"的文学观念。他认为，作为艺术的文学，应该有其独立的价值。文学终究不是政治思想的传声筒，它虽然会产生宣传的效果，却不以此为唯一目的。文学创作是一项艺术活动，要创造出具有审美价值的艺术形象。功利主义只会损害文学，使它因失去艺术性而减弱了感染力，结果反而离本来的目标更远。陈独秀不顾别人的反对，在《青年杂志》（后改名为《新青年》）上坚持翻译唯美主义大师王尔德作品就充分说明了这一点。1916 年胡适写信坦率地批评了《青年杂志》上面所登载的薛琪瑛译英国作家王尔德的作品《意中人》，认为译者薛琪瑛并没有把原作者的本来意思翻译出来，尤其是作者写得比较好的地方，译者更未将其特点翻译出来，这对作者王尔德来说也是极其不公平的。陈独秀在和胡适的通信中很赞成胡适关于改造新文学的言论，尤其希望胡适能够多多翻译如《决斗》之类的名著名篇，作为改良文学的典范。同胡适一样，陈独秀也认识到，要进行思想启蒙，就必须翻译介绍西方名家名著。为此，1915 年陈独秀在《青年杂志》上发表《现代欧洲文艺史谭》一文，在文中介绍了"世界三大文豪"，并提出易卜生、屠格涅夫、王尔德和梅特林克为"近世四大代表作家"。在他的号召下，很多翻译家寻找这些作家的作品进行翻译，比如他的侄子陈嘏就翻译了屠格涅夫的诸多作品，包括《春潮》《初恋》等，还有龚古尔兄弟的《基尔米里》。陈独秀甚至主张当时的人们只翻译不创作，对翻译强调到了无以复加的地步。

　　理论之外，翻译家们还对诗歌、小说、戏剧等诸多文学题材进行全方位的试验。胡愈之在《近代文学上的写实主义》中指出："翻译文艺，和本国文艺思潮的发展，关系最大。""新兴的象征主义神秘主义，和我国文艺思想，隔离尚远，惟有写实文学，可以救正从前形式文学，空想文学，'非人'的文学的弊病。"❶民初各文学社团积极引进写实主义，现实主义作品中个性主义和人道主义的光芒，将文学的严肃性提升到了另一个高度，使文学的消闲与游戏功能下降。1918年6月，胡适和罗家伦合作翻译了易卜生的戏剧《娜拉》，该剧作反映了妇女在家庭中的地位问题，同时凸显了妇女解放问题、个性解放问题以及婚姻家庭问题，等等。随后，茅盾也翻译了戏剧《求幸福》，众多的现实主义作品引发了更多民众，尤其是青年人的共鸣和热烈的讨论。

　　此外，为了建设和丰富中国新文学，翻译家刻意从西方引进不同的文艺思潮，他们翻译了大量现实主义作家作品，如易卜生、屠格涅夫、契诃夫、托尔斯泰等。对其他文艺思潮亦有汲取，比如创造社翻译了大量浪漫主义作家如歌德、席勒、惠特曼、雨果、拜伦等，自然主义作家如福楼拜、莫泊桑、左拉等，以及唯美主义作家如波德莱尔、王尔德、罗塞蒂等的作品。他们还翻译了各种不同的文学文体，比如小说、诗歌、散文、随笔、戏剧、儿童文学等。从写作风格来看，有典雅华丽的，也有质朴自然的；有庄严神圣的，也有讽刺幽默的；有深沉雄浑、委婉曲折的，也有轻盈飘逸、爽直明快的，等等。所有这些文艺流派或文学门类在近代文学中或缺位，或还不成熟，可见，民初翻译家为了建设新文学而从事译介，并为之付出不少努力。

　　最后，考察民初翻译家的个人伦理，尤其不能忽视的一点，就是经济因素在翻译活动中的作用。人之所以能生活在这个世界上，首先

---

❶　参见：《东方杂志》1920年1月10日第17卷第1号。

要做的就是让自己生存下来。清末以来，上海各大报纸均把争夺广告作为报纸生存与发展的首要任务，广告费的收入在很大程度上决定了报纸生存的可能性。然而到了民初，报纸使用大量的版面来登载小说，并不是商家没有经济意识，而是当时翻译的小说更受欢迎，更能增加报纸杂志的销售量，而销售量大意味着读者群体的扩大，也意味着商家广告收入的增加。因此，经营小说也是报纸杂志的生财之道，这一点很重要。只有在出版社有利可图的前提下，译者的稿酬才有可能真正实现。商务印书馆请林纾翻译小说，每千字稿费五元，请包天笑翻译小说，则是每千字四元，普通译者编译小说，则"最高等千字三元、次二元五角、次二元"。据说当时上海的市价普遍是每千字二元。彼时的翻译家在翻译时不得不考虑经济利益。"著书都为稻粱谋"，这是清朝龚自珍的一句牢骚话，但在彼时已经变为现实。虽然民初有很多翻译家并不依靠翻译赚钱，比如胡适、陈独秀等，因为作为北大的教授，他们的收入不菲，胡适更是凭借自身的社会地位，收入足以支付一个家庭日常开支，甚至可以时不时帮助时运不济的同仁或者优秀青年学生渡过难关。然而，更多的翻译家却并非如此。

小说可以卖钱这一事实催生了翻译市场，翻译家们也有部分是为了崇高的文学目的或者政治理想而翻译，但对于整个民初翻译界来说，像在其他生产领域一样，商品经济规律在翻译小说市场仍然发挥作用。翻译家在翻译过程中萌发的商业经济意识，使得市场的需求成为其翻译的主要动力。

曹雪芹之"批阅十载，增删五次"这样的写作经历在民初几乎绝迹。同样地，在翻译界，能够如此长时间产出一部译作的也已经是凤毛麟角。职业翻译家不可能精雕细琢，十年磨一剑，那样非饿死不可。稿酬并不十分优厚，作家有为生计所迫而拼命翻译的，再加上报刊连载不能间断，或者有的刊物稿子不够，只好随译随刊，连看第二遍译稿的时间都没有，粗陋之处在所难免。民初翻译家的翻译速度着实惊人，比如林纾的"下笔千言，一蹴而就"。鲁迅光 1921 年就翻译了作品 24 篇，几乎每天都在翻译，其中除了小说，还有文艺理论作品。林纾和包天笑等都是多产的翻译家，民初崭露头角的周瘦鹃更是在翻译方面一发不可收拾，在民初翻译作品多达 200 部，此外这些翻译家还创作了不少小说。

郭沫若在创作和翻译的早期曾经备受经济上的困扰，很长一段时间内他的翻译目的纯粹是为了赚取生活费。1914 年，郭沫若和当时许多留学东洋的学子一样抱着报效国家的愿景赴日本留学。在留学期间，他结识了日本女孩安娜，并与之相恋，组成了家庭。郭沫若不得不扛起养家糊口的生活重担，翻译作品便成了其赚取生活资料的来源之一。1917 年 8 月，郭沫若的第一个孩子出生，需要一笔钱，他便将自己翻译的泰戈尔的作品编辑成册，投往当时比较知名的出版社商务印书馆和中华书局求售，但当时的郭沫若在中国寂寂无闻，其翻译的原作者泰戈尔在中国也是没有人知道的，因此在两家知名出版社都碰壁了。此后，他的家庭开支经常入不敷出，在日本的几年时间里，由于学习和生活的压力，他常常拖家带口不断地搬家。虽然郭沫若也常常做些翻译，但是由于当时他还没有在翻译场域占有社会资本，无法引起翻译界的关注，因此所翻译的诸多西方著名作家的作品并没有找到良好的销路。1920 年 3 月次子出生以后，生活越加艰难。直到 1924 年郭沫若花了较长时间完成翻译日本经济学家河上肇的社会学著作《社会组织与社会革命》，并交给了商务印书馆出版，才最终改变了家庭经济状况。郭沫若后来曾回忆说："我的《喀尔美萝姑娘》《行路难》《落叶》，便连续在《东方杂志》上出现了。在这些作品之外，也还陆续地卖了不少的译文。屠格涅夫的《处女地》、河上肇的《社会组织与社会革命》、霍普特曼的《异端》、约翰沁孤的《戏曲集》、高尔斯华绥的《争斗》，都是在这前后一二年间先先后后地化成了面包的。"❶

小说的商品化，使翻译家的生活方式发生了很大转变，经济上不依附达官权贵，思想上更可以离经叛道，其人格是独立的，命运掌握在自己手中，不靠他人恩赐，翻译中也可以随心所欲，不用察言观色，左顾右盼，尽可以根据自己的良心和艺术趣味进行翻译。这样的翻译家出现了很多。当然，也产生了很多靠卖文而活的翻译家，可以说，民初很多知名的翻译家就是依靠翻译和写作而生存的。他们可能有时可以违背当权者的旨意，却不能不考虑读者的口味。有时候翻译家为迎合读者口味，必然追赶时尚，哪儿吃香往哪儿赶，市场上出现某种翻译题材或体裁受到大众欢迎，跟风者甚众，这样又在无形中损毁了读者及翻译家自身的利益。一方面，这种现象必然让很多译者把追求经济利益放在第一位，甚至信奉功利主义的观点，从而为了追求"最大化的利益"而忽视译本的质量，导致大量重复译作或低俗译作存在，译本是否忠实于原文在经济利益的驱使下已经变得不那么重要。另一方面，有些译者在翻译中有可能为了追求市场效应而压抑了自己的审美追求和阅读喜好而追赶时髦，有些认真的译者由于在一个文本上耗时长、产量少而导致其经济利益受损，同时由于市场上大量同类劣质译本的出现而屡遭诟病，其声誉也跟着受损。这样，整个翻译市场由于恶性竞争而出现非正义存在，不利于翻译规范的建立。

---

❶　郭沫若.郭沫若集外序跋集［M］.成都：四川人民出版社，1983：45.

第4章　民初翻译家的翻译伦理关系

考察了民初转型期的翻译家伦理思想之后，笔者发现，随着社会环境的变化，他们的身份也随之转变，并且在翻译的过程中，与其他主体建立了错综复杂的生产关系。作为翻译家来说，在所有制约、规范其翻译生产关系的文化因素中，最重要的是文学作品的商品化，文学作品已经正式成为社会各方追逐的一种消费品。英国社会学家鲍曼（Zygmunt Bauman）则认为消费不只是简单地满足对某一种物质的欲求，它同时也是出于某种目的对于特定物质进行操控。表现在：生活层面上，消费是为了达到建构身份、建构自身与他人的关系等一些目的；社会层面上，消费是为了支撑体制、团体、机构等的存在与持续运作；制度层面上，消费则是为了保证种种条件的再生产。正是这些条件，使得上述这些活动成为可能。因此，从这个意义上说，被消费的东西不仅仅是物品，还包括消费者与他人、消费者与自我之间的关系。❶

因此，作为消费品的翻译文本直接揭示了翻译过程中一系列复杂的关系，这些关系存在于文本的作者、文本的转换过程、文本的审查机构以及社会公众之间。在这之中，参与者的主体性非常重要，这种

---

❶ 参见：包亚明.消费文化与城市空间的生产［J］.学术月刊，2006（3）.

主体性是多样的，而且相互冲突。这是因为各翻译参与者在翻译的过程中在不同程度上受到两个因素的制约：文化的和社会的。一方面，是结构性的，包括权力、统治力量、国家利益、宗教及经济等影响因素，另一方面则涉及翻译过程的各翻译参与者。他们不断内化前面所提到的各种结构，并且尽量使自己的行为与所处文化中的价值系统和意识形态相吻合。在翻译过程中，这两个方面是互相渗透、密不可分的。

当然，主流的社会传统人伦思想必然也会影响各参与者之间的伦理关系。人伦，就是人与人之间的道德关系。为保证整个社会正常稳定运转，传统的自然经济要求社会生活的道德核心是"忠诚"。封建家长式的等级秩序所推崇的君为臣纲、父为子纲、夫为妻纲等诸多的传统伦理规范，无不体现这种"忠诚"。人们在评价彼此的道德行为时也以"忠诚"作为基本的道德原则。"人和"也是中国传统社会处理人伦关系的价值目标。其核心观点是人心所向，上下团结，要求人们之间相互友爱，和谐共处。

然而，民初日益萌生起来的资本主义经济不同于传统中国社会的自给自足的经济形态，在经济道德规范上所要求的核心不再是"忠诚"，而是"信任"。因为资本主义经济的一切规范制度、一切运作方式，无不体现着信用关系。从商品市场上的买卖到资本市场上的借贷，无不体现着一种信用关系，否则便无经济秩序可言。既然资本主义经济本身是信用经济，那么，这种客观存在必然要求社会和个体在生产生活中以"信任"为基本处事原则。

综观民初各知识分子的生存方式与人际关系，笔者发现，生长在民初的翻译家们，深受儒家传统思想熏陶，其错综复杂的个人伦理思想对他们产生很大的影响。他们在翻译过程中处处以"忠""爱""信"

的伦理原则处理与其他翻译参与主体之间的关系。

4.1　民初翻译家与作者的伦理关系

在翻译伦理关系中，译者与原文作者的主体间关系是最重要的一对关系。之所以很重要，是因为作者作为翻译活动的前提主体，没有其创造出来的作品，翻译活动就失去了存在的必要性和可能性；而译者作为翻译活动的重要主体，没有其翻译实践，翻译活动就根本不可能发生。

中外翻译理论史上关于作者与译者的关系有很多种说法。第一种，性别说。此种说法认为，作者与译者的关系如同男性与女性的关系一样，是一种统治与被统治的关系。作者如同男性，代表着原生的，处于主体的地位；而译者则如同女性，是派生的，处于从属地位。第二种，主仆说。此说法曾经在翻译理论史上长期占据统治地位。在这种关系中，作者是主人而译者是仆人。仆人必须听从主人的意旨，按照主人的吩咐办事，不能有自己的想法。德莱顿（John Dryden）把译者的地位看得更低，认为译者好比种植园里的奴隶，只能毫无怨言地在庄园里替主人劳作，所有果实是主人的。第三种，背叛说。意大利一句非常流行的名言"Traduttori traditor"即"翻译者，叛逆者也"。为了不成为作者的背叛者，译者总是小心翼翼、亦步亦趋紧跟原文作者，维护作者的权威地位。第四种，隐形说。其代表人物是美国学者劳伦斯·韦努蒂（Lawrence Venuti），他在专著《译者的隐形》（1995）一书中回顾了 17 世纪以来译成英语的翻译作品，认为在翻译的过程中无论

是现代和古代的文学或非文学文本，都采用了归化的翻译方法，译文
都按照目标语言的语言标准来进行，导致译文看起来不像是翻译过来
的，倒像是自己创作出来的，这样译者就从读者的视野中隐形了。第
五种，重写说或者操纵说。此说法以巴斯奈特（Susan Bassnett）和勒
菲弗尔（Lefeffer）为代表。他们认为，译文是译者对原文的一种重写
和操控。无论其意图如何，所有的重写都是一种权力操纵，均反映了
译者与其所处的社会的意识形态和诗学规范，有助于实现文学的社会
功能。此种颠覆性的说法与前面所有的说法不同，里面蕴含的是对译
者的主体性、创造性的承认。

从以上翻译理论家们对译者与作者的关系说法的演变至少可以看
出两点：①长期以来，关于译者与作者的关系讨论主要还是局限于
"是否忠实"。人们评价翻译的标准多数仍然着眼于语言层面。② 20 世
纪以来，人们对于译者与作者的关系开始产生怀疑，"忠实关系"受到
挑战。现代理论普遍认为，翻译一般是不忠实的，因为译者并不完全
懂自己所翻译的语言和主题。任何一个国家的词语在数量上是有限的，
但事物确实是无限的，因此很多人只知道两个词语之间的相似性，即
近义词，而不知道其中的具体差异，更不了解文本中具体的意思。列
弗维尔（André Lefevere）认为，逐词翻译并不值得提倡，不是因为这
种翻译方法违背翻译规律，而仅仅是因为两种语言在词汇上绝对不可
能一致。人类的思想是共通的，但是其说话方式和所用的词语对于每
个不同的国家来说都是特别的。❶

这种说法可以追溯到 17 世纪英国的诺斯考门伯爵（Earl of Roscommon），
他指出，译者应该仔细地进行选择，选择作者跟选择朋友一样，彼此

---

❶ André Lefevere . Translation, History, Culture: A Sourcebook［M］.London and New York:
Routledge, 1992: 46.

意气相投，使译者的思想、语言文字、风格以及精神都和作者一拍即合，最终译者不再是译者，成了作者。在这里，译者和作者不再是两个分离的实体，而是交融在一起。❶因此，选择一个与自己有同感的作者非常重要，从而建立一种纽带关系。在此基础上，再仔细地阅读原文，译者与作者就建立了一种共生关系。译者因为作者而感到荣耀，作者也因为译者而广受欢迎。译者与原文作者以一种神秘的组织关系结合在一起。他们不再单个存在，而是一个整体。这一提法与现代翻译理论家巴斯奈特不谋而合。巴斯奈特把生物学上的共生（symbiosis）一词引入翻译理论，意思是译者与作者是一种共生关系。在这种关系的前提下，译者与作者已然去除了以往对立的关系，而是相互扶助、相互依赖的关系。

　　对照上述理论家思想，笔者发现，民初的鲁迅提出翻译要做到保留洋气，也谈到了译者与作者在心灵情感上的共通性。彼得·纽马克（Peter Newmark）曾经指出，成功的翻译在于译者与作者情感上的趋同和共鸣，而不是依赖于两者语言和文化的相同或相似。哈蒂姆（Basil Hatim）和梅森（Ian Mason）认为，熟悉原文作者的观点和内在思想对于翻译来说是最关键的；如果对原文作者或原作不熟悉可能导致意义表达上的一些缺陷。要翻译一部优秀的作品，译者必须跟作者息息相通，应该把握原作的精髓，领会作者的意图。劳伦斯·韦努蒂（Lawrence Venuti）借一位美国译者之口引入了一个意大利词汇"和谐"（simpatico）来描述译者和作者的关系，强调他们是"相宜的""友好的"。❷译者不仅和作者和睦相处、彼此亲近，而且两者之间应该有一

---

❶　Roman Alvarez, M. Carmen-Africa Vidal. Translation, Power, Subversion［M］.Beijing: Beijing Foreign Language Teaching and Research Press, 2007: 11.

❷　Lawrence Venuti. The Translator's Invisibility — A History of Translation［M］.Shanghai: Shanghai Foreign Language Education Press, 2004: 273-274.

种"同一性";一旦产生了这种"和谐",翻译就成为重新把握原作创造行为的一个过程;当译者体会了作者的思想和感情,译文就是作者的心理和意义的透明表达。❶ 尽管韦努蒂怀疑译者与作者之间的友好和谐共处的可能性并推崇"抵抗式"的翻译策略,但是他也承认这种和谐友好的状态毕竟是大多数翻译者们所追求的理想境界。

就民初情况而言,无论是译者还是赞助商,都更加注重作者的思想传达。《小说月报》第7卷第3号(1916)、第7卷第9号(1916)、第8卷第2号(1917),数次出现过一则同样的《本社启事》,其中说道:"译稿见惠,请将原本一并掷下以便核对",由此折射出对翻译作品大不同于前的审慎态度,表明时人对原作的尊重。此外,巴金、鲁迅、傅雷、郭沫若等著名的翻译家,大多自觉地选择与自己写作风格相似的作家来翻译。

茅盾在20世纪20年代初对于翻译工作者本身的条件与修养,作了重要的陈述。1921年2月10日在《小说月报》第12卷第2期发表的《新文学研究者的责任和努力》中,他特别指出,译者在翻译一篇文学作品的时候必须先要了解它的意义,理解它的风格,抓住它的精神核心。为此,翻译家必须修炼平时功夫,对自己所翻译的作者的人生经历、教育背景、著作等要有个了解,熟悉作者所在国家的文学史对于该作品的评价,等等,要做到这些,翻译家必然是研究该作家乃至该作家所在国家文学的专家。

茅盾强调,一名合格的译者,首先应对所译作家的背景作深入全面的了解,包括他的社会背景、教育背景及写作特点等。一名合格的译者,必须同时具备三种素质:一是翻译文学书的人一定要是研究文

---

❶ Lawrence Venuti.The Translator's Invisibility — A History of Translation [M].Shanghai:Shanghai Foreign Language Education Press,2004:273-274.

学的人；二是翻译文学书的人一定要是了解新思想的人；三是翻译文学书的人一定要是有创作天分的人。❶ 这三个条件无一不是要求译者为了充分理解原作而作出的努力。1921 年，茅盾在《为发展文学翻译事业和提高质量而奋斗》一文中认为，一个文学译者如果要把握作品所反映的时代、作者的思想和风格以及作者所生活的社会环境，那么他首先必须认真学习马克思列宁主义。事实上，作为一名合格的译者，如果对于作者方方面面不够了解，很可能对他的一些作品造成误解，甚至曲解。翻译是一项费时费力的工作，然而，为达到艺术创造性的翻译，这种耗时耗力的工作是不可缺少的。

傅斯年于 1919 年 3 月 1 日发表在《新潮》第 3 期上的《译书感言》，强调译书人对作者负责任，他说：

> 我们纵然不能做作者的功臣，又何必定要做作者的罪人呢？作者说东，译者说西，固然是要不得了；就是作者说两分，我们说一分，我们依然是作者的罪人。作者的理由很充足，我们弄得他似是而非，作者的文章很明白，我们弄得他半不可解，原书的身分便登时坠落——这便是不对于作者负责任的结果。❷

傅氏论证了译者对于作者应有着充分负责任的态度。他认为，严复翻译的 8 种书中，《天演论》和《法意》翻译最糟。因为译者只对自己负责，而不曾对作者负责。这种行为是有违翻译伦理的，尤其是如果为了自己的声名而不管不顾原文作者的意思胡乱翻译更应受到道德的谴责。

---

❶　参见：陈福康.中国译学理论史稿［M］.上海：上海教育出版社，2000：235.
❷　参见：陈福康.中国译学理论史稿［M］.上海：上海教育出版社，2000：210–211.

巴金认为，对原著进行准确、深入的理解和把握是做好翻译工作的前提。他多次强调要忠实、准确地表达原作者的思想，为此，他总是对原著进行反复阅读、认证、思考，对原作有了一个大致的把握才开始动手翻译。为了更忠实于原作，巴金甚至找几种版本对照，对原文有歧义的句子有了一定把握之后才翻译，如翻译《父与子》，他就找到了俄文原版、四种英译本和一种德译本。

对于理论性的作品，原文作者的思想就显得更为重要，为了使译文不至于走样，瞿秋白翻译介绍马列主义经典著作时带着高度的责任感，认真仔细地对待每一个词句。凡自己有疑问的地方，有歧义的字词，他都要经过多方论证，反复核对、修改，力求符合原意。

郭沫若在关注作者的文本内容之外，更关注原文本风格的表达，他创造性地提出了"风韵译"的说法，认为"诗的生命，全在它那种不可把捉之风韵，所以我想译诗的手腕于直译意译之外，当得有种'风韵译'"❶。1922 年 6 月 24 日，他在《批判〈意门湖〉译本及其他》中再次谈道："我始终相信，译诗于直译、意译之外，还有一种风韵译。字面，意义，风韵三者均能兼顾，自是上乘。即使字义有失而风韵能传，尚不失为佳作。若是纯粹的直译死译，那只好屏诸艺坛之外了。"❷ 可见，郭氏在翻译实践中能够自觉反抗僵化的文本之间的纯语言层面的转化，更注重原作者的美学观与创作思想、文化传统与精神、艺术风格与技巧，凸显作者的风格。

闻一多于 1923 年 2 月 3 日在《莪默·伽亚谟之绝句》中评论郭沫若所翻译的《鲁拜集》时，指出译者应对原作者负责，倡导"以诗译诗"。成仿吾也认为理想的译诗首先应当是诗，其次所翻译的诗歌应该

---

❶ 参见：《少年中国》1920 年 3 月 15 日第 1 卷第 9 期。

❷ 参见：陈福康. 中国译学理论史稿［M］. 上海：上海外语教育出版社，2000：260.

传达出原文的内容、情绪、情感及形式，等等。徐志摩在 1925 年发表的《葛德的四行诗还是没有翻好》探讨诗歌的翻译时说："你明明懂得不仅诗里字面的意思，你也分明可以会悟到作家下笔时的心境，那字句背后的更深的意义。但单只懂，单只悟，还只给了你一个读者的资格，你还得有表现力——把你内感的情绪翻译成联贯的文字——你才有资格做译者，做作者。"可见，在他的心目中，优秀的译者等同于原文作者。

鲁迅也是如此，他翻译过大量爱罗先珂的作品，本来就很严谨的鲁迅更是尽力在译文中展现原作的风格，以求与爱罗先珂等作者的"神似"。在翻译其第一本创作集《夜明前之歌》时，尽管作者希望他把前几篇翻译出来，但因为爱罗先珂自己曾经说过，其中的《鱼的悲哀》和《雕的心》是自己用尽了心血写的。鲁迅曾经想翻译《鱼的悲哀》，或许是担心自己无法完全把原文意思表达出来，后来并没有动笔翻译，只译了《雕的心》。即使最后按照作者的吩咐翻译出来，但他还是觉得有点遗憾，认为《鱼的悲哀》是一篇最须用天真烂漫的口吻的作品，但用中国话比较难以传达其语言特点。虽然把它译完了，但他觉得自己损失了原作的美感，因而很对不起作者。在翻译《桃色的云》过程中，鲁迅提到他翻译得特别谨慎和细心，甚至还特地请教了几个同行，他在《桃色的云》序言（2）中提到：

> 在翻译之前，承 S．F．君借给我详细校过豫备再版的底本，使我改正了许多旧印本中错误的地方；翻译的时候，SH 君又时时指点我，使我懂得许多难解的地方；初稿印在《晨报副镌》上的时候，孙伏园君加以细心的校正；译到终结的时候，著者又加上四句白鹄的歌，使这本子最为完全；我都很感谢。我于动植物

的名字译得很杂乱，别有一篇小记附在卷尾，是希望读者去参看的。❶

此时译者不仅关注对原文作者文字的解读，还更加重视从各个方面加强对非文本的解读。1929 年秋，郭沫若曾委托成仿吾从德国柏林购寄了米海里司的德文原著《美术考古学上的诸发现之一世纪》，并据此书重新校订译文，把所有的笔误和印误都完全改正了。在该译本序言中，他预料该书如果重译的话，译笔可能会比较生涩，思想与风格相较于原作还是有点差别。因此，出版之前，他就曾向出版社提出自己再把全书校对一遍，再补上一篇序文之后再行出版。但出版社既没有校对，也没有附上序言便把书匆匆地印出了。郭沫若对该出版社的行为非常愤怒，也感到深深的惭愧，觉得对不起作者，也对不起读者。

最值得一提的是，为了帮助读者正确理解翻译的作品，彼时的翻译家以副文本的形式，在各译作的前言、后记里面，把作者的简介、文学成就、影响以及作品的内容简介都介绍给了读者。这种给原文作者做简介的习惯逐渐成了翻译场域里的规范，以至于已经内化为民初翻译家的一种本能的"惯习"。比如，周作人自开始翻译起，就习惯于向读者介绍自己所翻译的外国作家，其对于原文作者的介绍不仅向读者提供了作品的相关信息，也无形中提高了原文作者的知名度，增强了原文作者的影响力。如在翻译俄国著名作家显克微支的《炭画》时，他在序言中写道：

显克微支名罕里克，以一千八百四十五年生于奥大利属之波兰，所撰历史小说数种皆有名于世，其小品尤佳，哀艳动人，而

❶ 鲁迅.鲁迅全集（第 10 卷）[M].北京：人民文学出版社，2005：230.

《炭画》一篇为最。《炭画》云者，谊取简略图形，如稿本也。丹麦评骘家勃兰兑思作《波兰文章论》，称之曰："其人才情美富，为文悱恻而深刻，如《炭画》一篇，实其上乘，书言有农妇欲救其夫于军役，遂至自卖，盖杰作也。"又美国人寇丁言，此文作于一千八百七十八年，时著者方客美洲加厘福尼，自云所记多本实事，托名"羊头村"，以志故乡之情况者也。民生惼愚，上下离析，一村大势，操之凶顽，而农女遂以不免，人为之亦政为之耳。古人有言，庶民所以安其田里，而亡叹息愁恨之心者，政平讼理也，观于"羊头村"之事，其亦可以鉴矣。乙酉二月，译者记。一九一四年文明书局版《炭画》。❶

　　不仅如此，民初很多翻译家与同时代的原文作者还有一定的接触。鲁迅翻译俄国盲人作家爱罗先珂的作品时，首先选择的是《狭的笼》《池边》《雕的心》《春夜的梦》，后来到处漂泊的爱罗先珂到了北京，蔡元培把他安排住在鲁迅家，这使得鲁迅能够近距离地接触原文作者，鲁迅很快和他成了好朋友。正由于与爱罗先珂的接近，使他对俄国文化有了深入的了解和更为直观的感受。鲁迅关注爱罗先珂的同时，还由此瞭望其背后的俄国文化，并被他那种执着的人道主义精神所感染。这次与爱罗先珂的接触，虽然时间不长，但对译者鲁迅来说却是终生难忘的，从此他对俄国文学更多了一份热爱，以至于他把毕生大部分的翻译精力都贡献在俄国作品上，包括诗歌、戏剧、小说及文艺理论等。

　　巴金在翻译《妇女解放的悲剧》时与作者高德曼保持着密切的

---

❶　参见：陈平原，夏晓虹.二十世纪中国小说理论资料［M］.北京：北京大学出版社，1997：483.

关系。他自己谈道："高德曼要我把她的著作译成中文供献与中国的青年。特别是在她赴中国的计划失败后（暂时）她这个希望更是热烈。""我自己便是受了她感动的青年，自然我也希望她的作品能感动别人，如像感动我那样。""至于译文是采用意译法的，间有增减的地方，好在高德曼允许这样做的。"❶1917 年高德曼因反对美国实行征兵制被捕，《母地》杂志出版所被政府查封，所有书籍悉被没收，《斯特林堡底三本妇女问题剧》因而绝版。当时在美国这本书是无法买到的，但因为与高德曼的非同寻常的亲密战友的关系，巴金不但得到了它，而且还特别把它翻译出来了。1928 年他在《易卜生底四大社会剧》译后中特别提到："本篇从高德曼《近代戏剧底社会的意义》一书中译出。……我底译文是按字直译的，我把原文稍微改动了一点，增加了几节进去，但对原意并无妨害，因为我与本文作者高德曼共鸣。我对于易卜生的意见是和她底完全一样的。"从中可见巴金与其原文作者的关系之渊源与密切。

为了更好地了解作者，徐志摩在英国翻译《曼殊菲尔小说集》的时候，颇费了一番心思，特意通过曼殊菲尔最亲密的伴侣约翰·米德尔顿·默里（John Middleton Murry）的引荐去会见了作者本人，与她交流英国当代文坛作家作品情况，也谈到中国文坛的现状。与作者的当面接触让徐志摩对翻译原本有了更深层次的了解，更能准确地把原文作者的情绪、情感、思想等传达给读者。

由此可知，民国初期的翻译家与原文作者逐渐摆脱了传统意义上的主仆关系，试图建立一种基于信任和理解基础上的朋友关系，因而在翻译中愈来愈表现出对原文作者的尊重。

---

❶　巴金.巴金全集（第 17 卷）[M].北京：人民文学出版社，1991：93.

4.2　民初翻译家与读者的伦理关系

在译者与读者的关系中，译者作为译作的生产者，读者作为译作的消费者，他们之间由于译作而密切地联系在了一起。一旦译作完成，译者就面临一个问题，那就是读者是否接受这个译本。因此，译者在翻译过程中必定要考虑读者的因素。关于译者与读者的关系，施莱尔马赫（Schleiemacher）曾经提出著名的"二元论"，即译者要么尽量不打扰原作者，而让读者靠近作者，要么尽量不打扰读者，而让作者靠近读者。当译者向读者靠近，那么译者就必须牺牲原文中一些异质的元素，尽可能用读者熟悉的目标语文化来阐释原文作品。如此，译者就在无意识中向读者妥协，删除了读者感觉陌生的、不愿意去了解的外国元素，减少了文化上的冲突。相反地，当译者向作者靠近的时候，译者有意识地尽量让读者感受到异域文化的差异，甚至采用各种文学手段，让外国作品的语言和文化差异在文本中凸显出来，从而满足读者的阅读审美享受，译者也就实现其自身沟通、桥梁的作用。

可见，译者在翻译过程中，要么靠近读者，要么贴近作者。但无论如何，作为文学作品的生产者，译者的最终目标和作者一样，都是为了使自己的作品能够有消费者。因此，译者会重视文学活动中读者的作用。从某种意义上说，译作的产生并不完全是译者劳动的结果，其中还包含着读者的隐在力量。西方文论家沃尔夫冈·伊瑟尔（Wolfgang Iser）重视读者的阅读和反应以及对作品意义的重构。他认为，文学作品由文本和读者两极构成。文学作品既不同于阅读前的文本，又不同于在阅读中文本的实现，它在文本和阅读之间。❶ 这就是说，在读者阅读以前，文学作品还只是一个毫无生气的文本，只有读者积极地投入到阅读中，该文本才能称为有价值的文本。读者在积极阅读的过程中，会按照既定的文化道德、价值观念以及个人审美情感来对该文本作出价值判断。译者翻译出来的作品是否具有可读性，关键在于是否反映出读者的需求、读者的期望，因此，从根本上说，译作的可读性和价值不是译者靠翻译就能决定的。不仅如此，伊瑟尔还提出了"隐在读者"这一术语，以便更明确地标示出读者内在于文本的特征。隐在读者不是指具体的实际读者，而是指一种"超验读者""理想读者"或"现象学读者"，它是译者在文本结构中对阅读期待的一种预设。❷ 每一个译者内心深处一定都有一个"隐在读者"。译者根据其兴趣爱好、知识结构、教育水平来决定自己的翻译策略，包括语言的使用、译本的结构、译本的行文等。

同时，读者也不是一味地被动接受。读者作为接受主体，通常由于各自不同的文化背景、个人经历等产生不同的审美需求、阅读期待，并以不同的审美情趣来阐释文本，形成个性化的文本意义。因此，读者并不是单纯的信息传递受体，读者的认知能力、结构和心理乃至社会文化教育背景起到了非常重要的作用，是应当关注的重点。按照当前文化消费或文化产业理论，读者是商品消费者或顾客，他像消费其他物品一样消费文学作品。这时，读者不仅仅把文学作品当作审美对象，同时也当作消费对象——商品。此时，读者成为消费者，作品也具有商品属性了。因此，作为消费品的生产者在翻译过程中一定要注意读者的期待视野，以便于自己的商品（译作）能够被消费者所接受。

---

❶ 参见：朱立元.当代西方文艺理论［M］.上海：华东师范大学出版社，2003：294.
❷ 参见：朱立元.当代西方文艺理论［M］.上海：华东师范大学出版社，2003：295.

译者要通过自己的译本不断唤起读者的阅读期待，用译本中的陌生性填补读者阅读空白，连接空缺以达到一个新的阅读期待。读者在这种新旧结合的阅读刺激下产生阅读欲望。

民国初年，随着书刊等大众传媒的迅猛发展和印刷术的提高，报刊编辑和出版的时间大幅减少，这就从时间和空间上改变了传统的阅读方式，对于同一个译本，读者不但可以在同一地方的不同时间内获得，而且还可以在同一时间内不同地方获得。翻译作品对现实生活的影响性与干预性增强，翻译小说中所承载的思想和风格在很短时间内会产生一定的反响，从而影响整个翻译小说的生产与消费。在近现代大众传播中，翻译文学从翻译、出版（刊发）到消费、阅读的流程趋于完善，在此基础上，依托于民初繁荣的小说市场，阅读翻译文学已经成为一种时尚，在 1914 年达到"极盛时期"。

这也意味着民初大量读者的生成。从夹杂在报刊中的广告来看，其中既存在文化层次较高的读者，也有中下层人群。民初读者阅读水平参差不齐的现象既反映了翻译作品的受欢迎程度，也反映了翻译家们对读者的关照程度。民初以前大多数读者属于接受过私塾教育的士人，但随着科举制度的消失，以及新兴行业的出现，尤其是新闻媒体行业的出现，传统士人逐渐转化为新兴的市民阶层。近代新式学堂的逐渐普及以及市民教育水平的提高催生了一大批的读者，能识字看报的人群日益增多，除了传统知识分子、学校学生之外，还有一些机关、事业单位人员等。

民初可以说是"出版界之黄金时代"，拥有前所未有的读者群，又有比较先进的技术为后盾，很多报刊由于销量的增加，已经突破了地域的界限而在全国各地都有销售点，从而形成销售网络。这种连锁销售的方式类似于现代意义上的销售模式，能使处于不同地域、年龄、阶层、文化背景的读者同时阅读同一本外国文学作品，形成翻译史上未曾出现的盛况。这主要出于以下几方面的原因。

（1）报刊利用其自身媒体的优势极力凸显读者的媒介形象，使以往掩盖在文字背后的模糊读者群清晰地显现在人们的视野中。印刷技术的发展使诸多报刊在注重译文质量的同时，还特别注重利用图像吸引读者，以满足读者的好奇心。为了给杂志做宣传或介绍翻译小说，有些杂志在封面与插页中，登载外国著名作家的照片，甚至为了引起读者的注意，有些还刊载了读者或译者的照片。例如作为鸳鸯蝴蝶派的代表性刊物《礼拜六》，其登载的翻译小说数量最多，影响甚大，销量达到"两万份"。据说每逢周六出刊时，一大清早，《礼拜六》编辑发行部门前总是熙攘热闹，读者翘首以待。有些报刊还刊载大量的读者照片，如《妇女杂志》所登载的《爱读〈妇女杂志〉者之小影》有60余人。这些读者分散在各个不同行业，甚至有些是其所在领域内的佼佼者，而且有些译者本身就是读者，因此其影像及对文本的评论无疑对当时的翻译市场有着风向标的作用。由此，传统文学中隐在的读者群体，在近代发达技术的帮助下以及杂志主编的构思下非常清晰地呈现出来，成为民初文学场域中不可或缺的一环，并对潜在的读者产生示范效应。

（2）翻译家和编辑们还通过专门报刊设立"通信"栏目，为译者、读者和编辑之间的有效互动创造条件。比如《小说月报》的主编茅盾，在改革该报刊栏目的过程中设立"通信"一栏。在读者来信里，有关于《小说月报》名字、文学观点以及译作的讨论。从这些读者来信中，可以看到人们对《小说月报》的关注程度。对一些有代表性的意见，茅盾都给予认真的答复。比如，读者许与澄在写给《小说月报》的信中提出了很多建议。

一曰宜择短篇小说之优者略附评注小说能转移社会，而《月报》之短篇小说，尤能为学校国文之助手。以莘莘学子，每舍正当之教科书弗观，而喜研究小说，又仅识其事，弗究其文，此则徒费精神，获利甚鲜。彼非不欲研究文法也，程度有未至焉耳。今择简短而有味者，加之评以解其文，为之注以明其义，其获益必胜教科书十倍。

一、译本宜采用各国文字，贵报所采小说，撰、译得半。所译小说，出之何国，阅者无从知之。窃意风俗习尚，各国不同，苟能广采各国小说，译成华文，并于该国之风俗、政治，其特异他国者，略为注明，俾阅者了然于世界社会之情形，是又《月报》之赐也。❶

作为《小说月报》的忠实读者，许与澄站在教育国民的高度大胆提出译本体例应选择简短而有意义的小说，并加以解释，必将对社会有利。他还认为，译本宜选用各国文字，即报刊应该尽量扩大所译国别，让读者充分领略各个不同国家的风俗人情；翻译过程中对于不同国家不同的风俗习惯、社会政治，译者有义务加以注释说明，以帮助读者了解世界情形。

通过读者与编辑的互动往来信息增强了读者的兴趣，同样也加大了《小说月报》在新闻媒体中的影响。改革前《小说月报》的销路步步下降，到第 10 号只印 2000 册，改革后的《小说月报》在 1921 年第 1 号印数达 5000 册，到第一卷末期，已印 10000 册，足见读者对该杂志的兴趣。同时期的《新青年》也是如此。编辑们特别开设了"通

---

❶　参见：陈平原，夏晓虹.二十世纪中国小说理论资料［M］.北京：北京大学出版社，1997：536.

信栏""读者论坛"等交流互动栏目,架起读者与报刊编辑之间联络的桥梁,加强了读者与报刊编辑的互动,为读者提供了自由言谈的公共空间。

（3）阅读范式的改变也使得读者的参与范围扩大。清末,"新小说家"在全国范围内推广一种自上而下的小说阅读,梁启超在《小说与群治之关系》（1902）中特别论述了创作小说的目的以及小说阅读功效。虽然如此,梁启超的阅读方式并没有得到很多人的响应,政治小说内容太枯燥不说,其阅读的意义也很难得到世人的推崇。民初翻译杂志或报纸无论从阅读的内容还是形式都对梁启超的阅读模式进行了改造,将阅读环境设置为浪漫的城市语境,追求一种"兴味"阅读,其理想状态应是"游倦归宅,挑灯展卷,或与良友抵掌评论,或伴爱妻并肩互读,意兴稍阑,则以其余留于明日读之,晴曦照窗,花香入座,一编在手,万虑都忘"。❶

一般说来,经济实力雄厚、文化发达的民族容易成为其他民族模仿的对象。在本民族范围内,贵族的生活方式和精神生活成为国民模仿的范本。报纸、杂志等媒体出现以后,模仿的范围和力度更加显著。都市引领乡村的生活模式,主流社会引领都市的生活模式。主流社会的生活模式以媒体为介质,在社会上广为传播。陌生的企业和陌生的产品之所以能让社会大众认识并认同,需要广告来完成。而报纸、杂志及其广告,除了用于翻译小说、诗歌乃至喜剧吸引读者之外,更借助于译者的身份和社会地位来传递信息,让读者相信广告以及报纸、杂志的品质。所以,报纸、杂志及其广告自出现的那天起,已经扮演着社会大众生活导师的角色,引领着民初大众的生活方式,包括阅读倾向、消闲方式以及志趣爱好,等等。

---

❶　参见：王钝根.出版赘言［J］.礼拜六,1914（1）.

就文类而言，民初言情小说仍然是很多读者的最爱，特别是叙写男女婚恋不自由的哀情小说曾风靡一时。主要原因在于，虽然个性自由和个性解放的呼声越来越高，但传统婚姻制度仍然占主流，青年男女仍然不能有一丁点的跨越藩篱之举。从这些社会现实出发，很多翻译家特别翻译了西方有关"恋爱自由、婚姻自主"的作品，满足了新旧过渡时代青年男女特定的心理需求。周瘦鹃就是其中一个典型的代表。据统计，他翻译并发表在《礼拜六》上的爱情小说就达 40 多篇。《礼拜六》从 1914 年创刊到 1923 年终刊，先后共出刊 200 期。在前100 期中有短篇翻译小说 121 篇，长篇翻译小说 4 篇，涵盖了滑稽小说、侦探小说、武侠小说、社会小说等，此外还包括 6 篇散文、6 首诗歌及 40 篇译丛等形式的译作，其中以言情小说为最多。

（4）国家政府从制度上保证了阅读的规范性，这在一定程度上引导和规约了读者市场。1915 年 7 月 18 日北洋军阀政府在教育部内设立通俗教育研究会小说股，该部门的职责是专门对当时的小说进行审核，并实行奖禁制度。该部门工作持续到 1922 年，存续期间共审核通俗小说千余种，并将审核的小说分为上等给奖、上等、中等、下等、下等禁止五个层级。其中，上等给奖小说要么符合社会道德规范，有利于国家和社会稳定；要么内容思想纯正，有利于世道人心；要么能教给读者科学知识，促进文化教育；要么文笔非常优美，其主旨匡扶正义等。由周瘦鹃翻译、中华书局出版的《欧美名家短篇小说丛刻》就曾经获过这样的奖项，鲁迅赞它"用心颇为恳挚，不仅志在娱悦俗人之耳目，足为近来译事之光。……该书为弱小民族代言，乃昏夜之微光，鸡群之鸣鹤，殊堪嘉许也"。❶ 因为周瘦鹃翻译了高尔基的著名短篇《大义》（即《叛徒的母亲》），成为第一个将高尔基作品引进中国的翻译家。

---

❶ 参见：通俗教育研究会审核小说报告：《欧美名家短篇小说丛刻》[J]．教育公报，1917（15）．

（5）理性地区别对待不同的读者，满足不同读者的需求。与以往翻译家不同，民初翻译家能够比较理性地看待不同读者的需求，并主动根据不同读者的需要而给予不同的译本。鲁迅多次谈到翻译要区别对待不同的读者，读者是分层次的：第一类读者是受了很多教育的，第二类读者是稍微能认识字的，第三类读者是不认识几个字的。对于第一和第二类，读者可以让他们看看翻译过来的作品；对于第三类读者，只能给他们看创作；而对于那些全然不认识字的人来说，就只能通过电影、戏剧、图画等手段，让他们感受到文化的氛围。鲁迅后来在《文艺的大众化》一文中也鲜明地提出自己的观点，认为文艺是为大众服务的，不应只是少数人的专利，如此，就应该创作不同水平层次、不同类别形式的作品。

尽管《礼拜六》由于其译作的选材、编辑的方式、受众的定位等受到来自新文化运动翻译家阵营的攻击和批判，但其在市场上的大受欢迎却表明了读者大众的口味偏向。事实上，就连后来对《礼拜六》持批评态度的新文化运动者在办刊时，也不自觉地吸取了他们的方法以得到更多读者的认可。因为相对于陌生化的翻译来说，安全性翻译才是一个译者获得市场和读者的最重要翻译原则。

民初很多翻译家在确立了阅读的"潜在读者"之后，在翻译过程中运用了多种翻译手段确保翻译的安全性。

（1）很多翻译家或者小说出版编辑在报纸或杂志上刊登编者附识、序跋及评点等文本外的文字形式，为读者的阅读参与提供了一个"公共领域"。编者附识的形式本身由传统作文而来，但在民初却被赋予了一种新的功能。翻译家通常能很好地利用这一平台，他们不仅介绍域外小说的主题、情节、艺术特色，以帮助读者更好地把握小说的主旨及艺术范型，进行更深层的鉴赏阅读和探讨，而且还可以传播自己的翻译理念，了解读者的需求和审美取向。胡适在其译本《梅吕哀》的简介中说道："然其情韵独厚，尤近东方人心理，故首译之。"说明其翻译本文的目的和动机是基于原文的"情韵"独特，特别适合东方人。

很多翻译家结合民初的社会政治状况，有的针砭时弊，有的大声疾呼，有的劝诫世人，有的教育民众。他们大多在民初的语境下，表明了自己热爱祖国、追求美好生活的意愿。如天虚我生在翻译小说《密罗老人小传》中介绍了诸多原作者的信息，尤其介绍了作者莫泊桑创作此篇的理由就是其中饱含爱国思想。莫泊桑以普法战争为背景，讲述了一个爱国的老农民晚上出去杀敌，不幸被捕后又誓死不屈，最后英勇牺牲的故事，目的在于歌颂法国人民在战争中表现出来的不屈不挠的爱国主义精神。译者在翻译序言中介绍了这篇小说的主题：民众人人心中都具有共同对敌的念头。这些翻译文本的序跋在很大程度上帮助读者更好地理解和欣赏原作的寓意和主题，同时帮助译者实现启发民智的目的。

（2）除了译序跋之外，译者还以文内注释帮助读者理解译文。译者通常用添加括号的形式标注，并加上"译者按""按""译者曰"等字样。如在周瘦鹃翻译的《这一番花残月缺》中添加译注："村固僻处穷乡，尚未革英国旧俗。每值假期节日，村人辄相聚为戏。而五朔之节，更为注重（按：往时欧洲各国于五月一日举行祝典，其习惯如吾国之端午，今穷乡僻壤间犹有行之者）。村中牧师，提倡尤力。其人盖亦恪守旧习，且又为基督信徒，以与人同乐为主旨。特于村中草地上，立一五朔柱（柱上盛饰五色带，小儿女辈即手持此带绕柱跳舞），经年弗去。"❶ 还比如《礼拜六》第 25 期上登载他翻译的《恐怖窟》，在译文中，周瘦鹃直接添加原文没有的话语："译者曰：此密函之原意，福尔

---

❶　周瘦鹃 . 欧美名家短篇小说［M］. 长沙：岳麓书社，1987：368.

摩斯虽未尝言，然吾人不得不为演译一过。其意若曰：今危险将加于勃尔斯东别墅富绅道克洛斯，急待救援云。读者须知，此语虽极简单，然在福尔摩斯视之，则已洞如观火，今吾当续述华生之言矣。"此处的添加实际上是译者担心读者不知道福尔摩斯的密信的内容而有意帮助读者理解原文。然而，周瘦鹃有些时候添加的纯粹是译者随感之类的话语，如他翻译的《阿兄》中："但尼尔虽是竭力的阻止，他们只是一波已平，一波又起。这一边刚静，那一边又闹起来了。凭你生了十张嘴可也没用。只一听得钟声一响，就好似逃出地狱，然而头昏眼花，总要休息好一会，方才觉得舒服。（予去年执教鞭于民立中学，亦曾尝过此种风味。每上讲堂，头为之痛。惟学生辈胡闹之本领，尚不及但尼尔高足大耳。一笑。）" ❶ 周瘦鹃在译文中直接插入自己早年教书的经历以作类比，而其内容实际上与译文没有多大关联。

译者有时以隐性形式直接在译文中插入自己的评论。周瘦鹃在翻译德国作家 J.H.D.Zschokke 的《破题儿第一遭》中开门见山地插入自己的感慨："看官们啊，世界上有一个极苦的境界，比了疾病的痛苦，简直还要加上千万倍。那些没有经历过这种境界的小友们，必以为这一篇小说并没有什么深意的。然而读了一遍之后，也未始不能增一番阅历呢。" ❷ 此番议论一方面引出下面所要讲的故事，另一方面给读者设置一个悬念，引起读者的好奇心，促使他们继续读下去。

所有这些译者在译本中或隐或现的翻译手法无不体现出译者对读者的心理关照和爱护之情，同时也在用另一种方式推动着翻译文本的阅读。

由此，可以看出民初翻译家一改以往知识分子高高在上的姿态，

---

❶ 周瘦鹃.欧美名家短篇小说［M］.长沙：岳麓书社，1987：276.
❷ 周瘦鹃.欧美名家短篇小说［M］.长沙：岳麓书社，1987：480.

更加尊重读者，尊重读者的阅读能力、阅读喜好，尊重读者的差异，试图通过各种方式与读者建立一种平等关系。

有时翻译家们是循循善诱、语重心长的朋友。比如巴金，他从心底把读者当成自己的朋友。他一生都把服务于读者当成自己的责任。一旦有了这种服务意识，他就会把读者这个服务对象装在心里，处处想着读者。有时翻译家们是嘘寒问暖、关怀备至的亲人。随着社会经济的发展，生活节奏的加快，人们的精神日益紧张，同时革命的热情已然退却，整个社会乱象纷呈，支离破碎，让人们感到沮丧、茫然，读者希望在异域文本中找到情感的寄托、心灵的安慰或是现实中解决问题的答案。民初大批通俗文学翻译家深切理解当时的民众，并一直孜孜不倦地为读者搬运一个个异域新鲜、刺激的故事，以满足市民的精神需求。在这种奇异的叙事中，读者不仅能了解域外风情，放松、休闲心情，缓解被紧张的都市生活绷紧的神经，还能产生种种遐想，满足他们对现代都市生活的种种渴望和向往。

4.3　民初翻译家与赞助人的伦理关系

列弗维尔在其《翻译、历史与文化论集》（*Translation，History，Culture：A Sourcebook*）中谈到了制约译者翻译行为的外部因素是赞助人的力量（patronage）。它是"任何可能有助于文学作品的产生和传播，同时又能妨碍、禁止、毁灭文学作品的力量。……这个赞助人可能是一个人，或者是任何一种既可促进传播，又可阻挠、审查和破坏文学作品的力量，包括宗教组织、政党、阶级、皇室、出版社、大众传播机构如报纸、杂志和电视公司等"。❶ 这些隶属于外部的因素主要概括为两个方面：一是诗学（poetics），即当时的社会主流认为文学应该如何；二是意识形态（ideology），即当时的社会观念认为社会应该如何。

列弗维尔认为译者的意识形态以及占主导地位的目标语诗学是译文的决定因素。他把意识形态描述为"概念网，该网络是由在一定时间内能够被接受的观点和态度所组成，读者和译者通过该网络去接触文本"。❷ 相比较文本网，该网络是事物得以说明的各种可接受方式的集合。意识形态既是无意识的，也是有意识的。从认知的角度来说，最有意思的因素是在有意识的信仰背后隐藏的无意识的框架与隐喻。在翻译中那些潜藏在无意识元素里面的有意识特别有意思但发挥着不同的作用。❸ 当然，意识形态与诗学并不是恒久不变的，在不同的时间和空间会有不同的意识形态和诗学标准，但它们并不是完全分开的。因为诗学包括两个方面：一方面是指主题、情节、文学手段等；另一方面是观念，观念对于主题的选择很重要，因为文学观念决定了译者所选择的主题必须和社会主流诗学相吻合，它与意识形态有着密切的关系，甚至是由意识形态的力量所产生。

根据列弗维尔的观点，赞助系统主要包含三个基本要素：一是意识形态控制译作的观点，二是经济地位决定译者的收入，三是地位元素决定译者的社会地位。这三个要素是互相交叉、密不可分的。赞助人最关心意识形态问题，通常管得很严。赞助系统可能是不可分型（undifferentiated）的，即三个要素掌握在同一个赞助人的手里；也可能是分散型（differentiated）的，即同时有多个赞助人，各自控制不同的

---

❶❷ André Lefevere. Translation, History, Culture: A Sourcebook [M].London and New York: Routledge, 1992: 14–15.

❸ Sonia Cunico, Jeremy Munday. Translation and Ideology: Encounters and Clashes [M].London and New York: Routledge, 2007: 213.

要素。中国翻译历史上大多数时期的"赞助人"是不可分型的，也就是说意识形态、经济、社会地位三者都集中在同一个"赞助人"手里，他就是封建社会的统治者。但是清末以来，统治者对他人的经济、政治、社会地位完全控制已经越来越感到力不从心。

由于经济上的日益独立，民初赞助系统的三个要素已经逐渐分化到不同的人手中，甚至很多译者自身就是赞助者。因此他（们）能在意识形态、经济、社会地位等方面有独立的自主权，能够通过自己赞助的刊物或者文学社团表达自己的诉求。民初的赞助人形式多样，有官方经营的刊物，但这类翻译刊物占比并不大，更多的刊物是翻译家自己主编或创办的，比如清末以来的《小说月报》《新青年》《创造》《新月》《新潮》《诗》《晨报副刊》《诗镌》《剧刊》等。在陈独秀、胡适、钱玄同和刘半农的努力下，1918 年 1 月开始，《新青年》从第四卷一号开始改为北大同事轮流编辑。比如，1918 年 1—6 月第四卷的轮值编辑依次是陈独秀、钱玄同、刘半农、陶孟和、沈尹默、胡适等；1918 年 7—12 月第五卷的轮值编辑是陈独秀、钱玄同、刘半农、胡适、沈尹默、陶孟和；第六卷的轮值编辑是陈独秀、钱玄同、高一涵、胡适、李大钊、沈尹默。事实上，民初影响最大的几个文学社团所创办的刊物基本上都是这样创办起来的。

更有合伙经营的刊物。比如鲁迅亲自主持的一套专出译文的丛书《未名丛刊》，它在未名社成立以前已经存在，由北新书局出版发行。李霁野在一篇纪念韦素园的文章中写道：

　　一九二五年夏季的一个晚上，素园、静农和我在鲁迅先生那里谈天，他说起日本的丸善书店，起始规模很小，全是几个大学生慢慢经营起来的。后来谈到我们自己的译书出版的困难，便想到要是我们来尝试出版一些期刊和书籍，也不是怎样困难的事，于是便计划起来了。当晚我们便决定先筹出版四期半月刊和一本书的资本，大约需六百元。由我们三人和靖华各筹五十元，其余便由鲁迅先生负担。❶

由该文可知，《未名丛刊》主要是由鲁迅、李霁野、韦素园、台静农、曹靖华等几人共同出资，而以鲁迅为主。此后几年之内，未名社在翻译方面取得的成就让人瞩目，出版了一系列的翻译小说和文艺理论著作，比如《出了象牙之塔》《往星中》《穷人》《黑假面人》《小约翰》《黄花集》《外套》等，还翻译了很多外文译稿。

也有采取股份制的方式创办刊物。比如 1927 年成立的新月书店就是一家由股东投资的股份制书店。在此之前，新月社是 1923 年成立于北京的一个新诗团体。新月社的主要成员有胡适、林徽因、徐志摩、丁西林等人。他们把《晨报副刊》作为主要活动阵地，后来又陆续创办《诗镌》《剧刊》。1927 年春，国内战乱频仍，各地不少人士聚集在上海租界。胡适、潘光旦、余上沅、徐志摩、丁西林、刘英士、饶子离等人聚在一起，经徐志摩的大力张罗，终于成立了新月书店。后来创办了《新月》月刊。新月书店实行股份制经营管理，当时由大家认股，大股 100 元，小股 50 元，凑资近 5000 元。根据刘群所说，8 个创办人中，胡适认股 100 元，还拉来妻子江冬秀、儿子胡思杜及友人张慰慈等各占百元大股，占 4 股，成为最大的股东、事实上的董事长。8 人中，4 个工商界人士当然都是大股东；4 个文化人中，余上沅当时经济拮据，可能是 50 元的小股东，但他是第一任经理。❷

---

❶ 李霁野. 忆素园［J］. 文季月刊，1936，1（4）.
❷ 刘群. 饭局·书局·时局——新月社研究［M］. 武汉：武汉出版社，2011：67.

　　由于民国时期思想、言论相对自由，而知识分子社会地位较高，经济能力比较雄厚，因此，赞助出版刊物的文人志士较多。各个赞助人或赞助团体不仅控制了译者在翻译选目上的文本意识形态，而且还确保了其成员在翻译主题、思想、风格以及文类思想上的一致性。

　　赞助人在特定的历史条件下，控制着翻译文本的意识形态。作为新文化运动的领袖，陈独秀特别希望其所赞助的《新青年》能够成为新文化运动的工具。事实上，《新青年》的翻译明显地受着新文化运动的制约，在翻译文本的选择上主要以宣扬新文化、新道德为主。该刊办刊不久就摒弃清末以来翻译英美国家资产阶级的文学作品，转而重视与中国国情相近似的俄国、日本、印度、挪威等国作品的翻译。为了配合新文化运动，1918 年《新青年》专门开辟"易卜生号"，系统地介绍俄国、日本等国家的文学作品，尤其把俄国文学的翻译放在重要位置。为什么呢？ 1920 年 3 月，瞿秋白在为友人翻译的《俄罗斯名家短篇小说集》作的序中说：

　　　　俄罗斯文学的研究在中国却已似极一时之盛。何以故呢？最主要的原因，就是：俄国布尔什维克的赤色革命在政治上、经济上、社会上先出极大的变动，掀天动地，使全世界的思想都受他的影响。……因此大家都要来讨论研究俄国。于是俄国文学就成了中国文学家的目标。

　　后来《新青年》特地专辟"俄罗斯号"，翻译弱小民族文学已经成为一种潮流，一种占主流地位的文类，其主题思想都是反映弱小民族的颓废、破败，以期唤起国人的觉醒。《新青年》的翻译是五四新文化运动和新文学运动的重要组成部分，其对于翻译家译作意识形态的控制是显而易见的，对当时很多刊物译作的意识形态的影响也是不容忽视的。

不仅如此，赞助人还竭力掌控着翻译诗学，包括译文的主题、观念、流派、风格等一系列相关的事物，比如翻译法国作家作品的陈独秀、翻译俄国作家作品的鲁迅以及翻译德国浪漫主义诗人作品的郭沫若，都在很大程度上影响着其主编刊物的诗学取向。这一点也可以从茅盾自身的翻译发展状况感觉得到。民初新文学倡导者借助白话文革命在很大程度上冲击了文学翻译场域的结构，在以白话文为主流写作语体的时代，用白话文翻译外国文学作品成为当时译本是否被刊物接受的一个重要指标。虽然此前茅盾已经获得了声名，但他的译文只在《学生》杂志上发表，当时比较知名的刊物如《小说月报》《东方杂志》等都被林纾、周瘦鹃等名家把持。为了进一步发展自己，茅盾开始有意识地改变自己的翻译行为。为了获得文学上的利益，1919年茅盾找到了一个机会，即在善纳新人的《时事新报》副刊《学灯》上发表译文。他尽力遵循该报刊以及翻译界同仁所倡导的用白话文翻译、忠实于原文等翻译规范，同时在内容上遵照《新青年》所引发的舆论热点，选择反映个性解放问题、女性问题和婚姻问题的西方作品进行翻译。由于用心揣摩当时的翻译主流，又能认真进行翻译实践，茅盾很快就取得了骄人的成绩。这既说明茅盾通过自己的翻译行为在翻译场域获得了认可，也说明他的翻译策略在翻译场域已经占据了一席之地。茅盾有意识地遵守翻译场域中的诗学规范无疑是出于积累象征资本的需要。

同时，翻译家为了获得社会地位并最终获得象征资本而自觉地遵守或维护其赞助系统，以便使自身在某些方面的思想或行动达成一致，取得一种集体身份的认同，从而能使自身的社会资本取得增值效应。

后来作为《小说月报》主编的茅盾加入文学研究会应该是基于这方面的考虑。1921 年，茅盾首先加入了一个社团——文学研究会，然后严格遵守该社团的翻译规约，在翻译选目上基本不再翻译英美等强国的文学，而更加关注波兰、捷克、匈牙利等弱小民族的作品。随后的几年中，他一直热心介绍世界被压迫民族的文学，尤其是欧洲弱小民族近代作家作品。这是他积极争取与文学研究会保持一致的一种表现。他也被称为弱小民族文学译介最为积极的倡导者和践行者。当然，作为主编的茅盾在审阅别人的译作时也坚持同样的诗学标准。

　　作为赞助人的鲁迅对译者的诗学取向也有一定的限制。他经常根据自己的美学观点推荐李霁野、韦素园等年轻翻译家翻译俄苏作品，比如由《未名丛刊》发表的、对国民影响很大的《苏俄的文艺论战》（任国桢译，1925 年 8 月出版）、《十二个》（苏联诗人勃洛克的长诗，胡成才译，鲁迅校订），以及董秋芳（笔名冬芬，1897—1977 年）翻译的俄苏小说散文集等。《黑假面人》是俄国作家安特莱夫的一个剧本，李霁野翻译，事实上该剧本也是在鲁迅的指导下选定的，1928 年由北京未名社出版。《人的一生》也是安特莱夫的作品，由鲁迅推荐给耿济之翻译。很多情况下，即使不完全是鲁迅的推荐，未名社和语丝社很多成员的翻译原本也大都来自鲁迅的建议或者首肯，并在以后的翻译过程中得到鲁迅的指点。可以看到鲁迅主办的《未名丛刊》主要刊登俄国以及东北欧作家的作品，这一点与鲁迅的翻译选目路径是一致的。这一选择和当时身处弱国境地的中国极其相似，使国民在了解别国状况、体会别国国民心境的同时观照自身的处境，从而感同身受。可以说，这些成员的整个翻译过程都有鲁迅参与的痕迹。根据德国翻译功能派的观点，鲁迅也是属于翻译链条上诸多环节的重要一环，其翻译目的、翻译思想毫无疑问地影响了他们的翻译策略。从这一点上说，鲁迅在民初的翻译场域中所发挥的能量和热量不是一般翻译家所能比拟的，他所辐射的范围极大，辐射力极强。通过诚信翻译，他已经成为民初翻译行业中的一个风向标。凡是他喜欢的翻译题材、体裁，很多翻译家加以效仿；凡是他热爱的国外作家几乎成为后来翻译家首选的翻译对象。他在翻译场域内已经牢牢占据了话语权，从他日复一日的翻译中，从他厚厚的几百万字的译本中，可以推测当年的鲁迅在用自己的翻译职业伦理规则指导着当时年轻一代的翻译家。

有学者认为，所谓"正确"的翻译就存在于社区里，存在于社区权力关系和意识形态中，并协调着各成员之间的关系。而所谓的"正确"的行为、"正确"的语言用法或者"正确"的翻译其实就是社会和文化的一种建构。"正确"是一个抽象的概念，代表的是一种价值观。为了在社会和文化层面具有操作性，不得不使这些"正确"的翻译规范固定化，以方便大家能够接受并遵照执行。这些所谓经典的模式实际上是特定的社会中主流群体所采用并提倡的模式。从这个意义上来说，社会和文化系统的运作是由规范和模式来操控的。学会"正确"的翻译意味着获取相关的能力，即所需的选择以及应用这些规范和规则的能力和习惯，以便于生产出合乎当时社会潮流和规范的翻译。

在《新青年》翻译思想的影响下，其周围团结了一批文学研究会成员，包括沈雁冰、周作人、郑振铎、瞿世英、耿济之、谢六逸等，他们与《新青年》主编思想一致，翻译介绍了现实主义文学，尤其重视翻译介绍那些被侵略、被损害的弱小民族的文学。创造社则开辟了浪漫主义文学翻译介绍的道路，带有比较浓厚的浪漫主义和唯美主义色彩。创造社的主要成员郭沫若、郁达夫、成仿吾等受西方国家作品尤其是德国文学的影响，带有很明显的创造和反抗精神。他们把这种精神带进了翻译场域，一方面以此标准衡量翻译作品的思想主题，另一方面提倡以此标准检测翻译作品的诗学品味。

作为赞助人或团体，在规范译者的意识形态以及诗学的同时，他们会给译者带来一定的社会资本和象征资本。比如，茅盾在编纂《小说月报》时常常遭到旧派人士的攻击，但在新文学赞助人的支持下，作为《小说月报》的主编，茅盾完成了对《小说月报》的改革，挽救了这份期刊销售量下滑的命运；同时借助这份报纸，增加了他的声望，获得了社会地位。新月社则以广告的方式来提升译者的社会地位，对出书较多的作者，如徐志摩、梁实秋、胡适、潘光旦等均有集中多次的广告。《新月》杂志在广告语的运用上，对重点推出的作者作品都不吝啬赞美之词，甚至对同一译文出版多个版本，可以看出为推出新人、提升译者的知名度作出了诸多努力，使越来越多的译者脱颖而出，声名大噪。

赞助人除了能够给翻译家带来一定的社会资本以外，更主要的还在于能给译者带来更大的经济利益。20 世纪初期，尽管翻译和编辑社会地位较高，但大多数人的收入并不是很高，只能够维持家庭的基本生活开支。1907 年，《申报》总主笔月薪不过 40 余元，编辑月薪只有 28 元，而其他各家报馆编辑的收入相比较《申报》而言只会更低。商务印书馆是上海最大的出版机构，但这里的编辑人员收入并不一致。尽管如此，相比较城市劳动阶层，这里的编辑报人收入仍然让人艳羡。根据现有资料表明，1911 年，上海一些技术工人的月薪最低工资分别为：钳工 22 元，司机 12 元，木工 15 元，漆工 15 元，锯工 12 元。

作为社会中普通的一员，很多翻译家进行翻译实践主要是为了谋取一定的生活资料，这是完全可以理解的。有些翻译家迫于生计，不但从事翻译工作，有时还身兼数种工作。为了糊口，有时翻译的速度很快，因此翻译的质量不能保证。翻译家翻译的不仅仅是作品本身，还要了解更多作品之外的东西，比如郭沫若在翻译歌德作品的时候一定要了解德国文化，尤其是德国 18 世纪浪漫主义文学，了解歌德的人生经历、歌德的社会关系、歌德在写这部作品时候的境况和感受，以及歌德为什么会写这样的而不是那样的作品。因此，熟悉一个国家的文字语言比较容易，但要熟悉每一个语言所用之处就很难了，翻译家就得了解文化，而文化却是最不容易掌握的东西。可见，翻译家翻译一部作品所花费的时间和精力远远不止文本本身，甚至还需要金钱做后盾。为了翻译一本书，有些翻译家不得不购买原著，有时候为了追求原著的真实性，有些翻译家会在转译时同时选购多种译本进行比对。

民初已经有很多翻译家认识到经济的重要性。1923 年，鲁迅曾在《娜拉走后怎样》的报告中说："梦是好的；否则，钱是要紧的。钱这个字很难听，或者要被高尚的君子们所非笑，但我总觉得……钱，——高雅的说罢，就是经济，是最要紧的了。自由固不是钱所能买到的，但能够为钱所卖掉。……为准备不做傀儡起见，在目下的社会里，经济权就见得最要紧了。"❶

鲁迅在新文化运动时期写作小说、杂感、诗歌的时候，并没有想到要以稿费来谋生。1921 年为止，鲁迅、周作人兄弟先后合作翻译了《日本现代小说集》以及《现代小说译丛》，这两本翻译集子都交由商务印书馆出版，每本 10 万字，按稿酬每千字 5 银元计算，共得 1000 银元，恰恰就是这笔钱才让鲁迅有足够的底气在北京购买了八道湾的四合院来安置母亲和一家人。这之后，鲁迅对翻译、写作所得之经济利益越来越看重。这一方面有社会的因素，大约在 1922 年，很多文化人开始注重稿费、版税收入，出现了一批依靠翻译写作为生的文人，相当于现代意义上的自由撰稿人。当时越来越多的社会团体成员依靠

---

❶ 鲁迅. 鲁迅全集（第 1 卷）[M]. 北京：人民文学出版社，2005：161.

集体的力量加入文化市场，并在文化场域里找到位置，安置自己的人生。另一方面，鲁迅的家庭越来越大，他的收入不仅要养活他自己一家、母亲，还有自己的兄弟一家。因此，生活上的压力可想而知。鲁迅是一个非常勤奋的翻译家，在他的努力下，1927 年他终于成了一个自由撰稿人，完全可以依靠稿费而养活整个家庭。20 世纪 30 年代左右，鲁迅基本上依靠稿酬能维持一个中产阶级的生活了。此时他的同仁巴金、老舍、茅盾等都成了依靠翻译和写作谋生的文人，逐步树立起文化市场意识。

　　对于这一点，很多民初翻译家时有提及，茅盾对早期的收入记忆犹新："1918、1919 年，我的薪水每月各增 10 元，现在月薪 50 元，但我向各处投稿的收入，平均每月也有 40 元左右。"❶1917 年，对于周瘦鹃来说，应该是一个具有特殊意义的年份。他曾经不无得意地在写给女儿的信中提到："瑛儿，在这里值得提一提的，就是我二十二岁那年，为了要娶你的母亲，筹措了一笔结婚费，因将曾在各种报刊发表过的理念所译欧美十四国名家度那片小说五十篇，全部搜集起来，编成一部《欧美名家短篇小说丛刊》，卖给中华书局，得稿费四百元，下一年我就像模像样地跟你母亲结了婚。"❷

　　从民初赞助系统的组成、结构以及民初的环境来看，与历史上任何时期相比，民初的赞译关系更复杂、更微妙。其复杂性充分反映出该社会转型时期社会政治经济关系的复杂性，其微妙性更能反映出中国传统儒家人伦关系对社会转型时期人际关系的影响。民初译者与赞助人无论在政治上、经济上、文化上还是在社会地位上都息息相关。他们之间逐步摆脱了传统的经济依附关系，而表现为惺惺相惜的朋友

---

❶　茅盾 . 我走过的道路（上）［M］. 北京：人民文学出版社，1997：166.
❷　周瘦鹃 . 笔墨生涯五十年［N］. 香港文汇报，1963-04-24.

关系。儒家传统"人和"的伦理观点在处理刚刚进入资本主义经济的民初翻译关系来说发挥着重要作用，译者与赞助人在共同谋求发展的过程中同舟共济，相互扶持，相互帮助，砥砺前行。

例如上面所提及的《新月》利用所创刊物多次为译者打广告提升译者的社会地位。新月书店开业之际，在当时上海发行量最大、影响最广泛的《申报》上连续五天刊登开张启事，头两天（1927年6月27日二版、28日四版）具体介绍了书店开办的目的，一为朋友们写的书创造出版的机会，一为鼓励出版事业，从而能在教育和文化上有所贡献，并且列出了以胡适、徐志摩等为首的八名创办人名单，凭借他们在文化界的地位吸引读者眼球。这从一个侧面看出新月书店充分运用了同仁多社会名士、多居主流地位、学界名望高等诸多有利条件，借名人之势唱出书之戏，提升书店知名度。此后，新月书店利用月刊的销售网络推广宣传出版译者的书籍，以期提高书店的营业额，而书店销售收入的增加又会为译者译文的及时出版提供保障。此外，民国时期的翻译刊物大多数背后并没有雄厚的经济基础，他们不得不依赖市场的销量来维持日常的开销。一旦市场不景气，读者不买账，其最后的出路只能是关门大吉。因此，不管是译者还是赞助人在面对市场的竞争压力时不得不同舟共济、共渡难关。新月书店营业之初就出版过徐志摩、沈性仁合译的《玛丽玛丽》，共八万余言，并请徐志摩作序文一篇，实价六角。后有伍光建所翻译的《造谣学校》《诡姻缘》等。新月书店还利用销售译本折扣、广告、赠品等一系列媒介多重角度反复进行宣传的运作模式，与《新月》月刊形成了自觉的互动，互相呼应配合，结成一个共同体。

从鲁迅大量的书信及其朋友的回忆录中可以发现，鲁迅所主编的好几种刊物屡遭经济危机。此时的鲁迅不得不想尽一切办法去应对，

比如赠送与打折等。1926 年 12 月 5 日鲁迅在信中对韦素园说:

　　《君山》多加插画，很好。我想：凡在《莽原》上登过而印成
单行本的书，对于定《莽原》全年的人，似应给以特别权利。倘
预定者不满百人，则简直各送一本，倘是几百，就附送折价（对
折？）券（或不送而只送券亦可），请由你们在京的几位酌定。我
的《旧事重提》(还要改一个名字)出版时，也一样办理。❶

这一封信实际上可以说是一个杂志广告，作为赞助人的鲁迅在杂
志出现经济危机情况下，不得不以现代销售手段扩大读者市场，增加
利润，以让自己的刊物立于不败之地。1926 年 12 月 5 日他在给韦素园
的信函中说:

　　《黑假面人》费了如许工夫，我想卖掉也不合算，倘自己出版，
则以《往星中》为例，半年中想亦可售出六七百本。未名社之立
脚点，一在出版多，二在出版的书可靠。倘出版物少，亦觉无聊。
所以此书仍不如自己印。霁野寒假后不知需款若干，可通知我，
我当于一月十日以前将此款寄出，二十左右便可到北京，作为借
给他的，俟《黑假面人》印成，卖去，除掉付印之本钱后，然后
再以收来的钱还我就好了。这样，则未名社多了一本书，且亦不
至于为别的书店去作苦工，因为我想剧本卖钱是不会多的。❷

这封信实际上是鲁迅与韦素园商量译本该在哪里出版，从中可看

---

❶ 鲁迅.鲁迅全集（第 11 卷）[M].北京：人民文学出版社，2005：643.
❷ 鲁迅.鲁迅全集（第 11 卷）[M].北京：人民文学出版社，2005：644.

出鲁迅出版译文的犹豫，而这犹豫不决主要源于资金不够，为了扶持年轻的译者李霁野、韦素园，鲁迅仍然愿意排除困难，慷慨解囊给予帮助。和任何赞助人一样，为了增加刊物的销量，他也采取相应的措施。但无论如何，他还是坚持自己的立场，那就是未名社应以出版物数量多而且质量可靠作为立脚点。

作为赞助人的鲁迅甚至经常指导他人翻译，比如 1925 年 2 月 17日他在致李霁野的信函中说：

> 《黑假面人》稍迟数日，看过一遍，当寄去，但商务馆一个一个的算字，所以诗歌戏剧，几乎只得比白纸稍贵而已。文中如有费解之处，再当函问，改正。
>
> 《往星中》做得较早，我以为倒好的。《黑假面人》是较与实社会接触得切近些，意思也容易明了，所以中国的读者，大约应该赞成这一部罢。《人的一生》是安特来夫的代表作，译本错处既如是之多，似乎还可以另翻一本。❶

从此信中可以看出，鲁迅经常帮助他们审阅译文，译文中有不妥的地方，鲁迅也会提出自己中肯的意见和建议，有些难懂和难解的地方还会大费一番周折直到全部弄懂。此外鲁迅还帮助译者推荐发表之刊物。甚至部分译者，鲁迅对于他们翻译什么、怎么翻译全都给予指导，包括给青年译者们看稿、修改稿件，提出修改意见。如果一个译文有很多原稿，鲁迅还要把这些都搜罗来，相互比对着加以订正。鲁迅要求他们不用中国人的姓氏翻译外国人名，不要在女性人名上加上草字头或女字旁——这些本是鲁迅本人很注意的技术性细节，而又同

---

❶ 鲁迅.鲁迅全集（第11卷）[M] .北京：人民文学出版社，2005：458.

思想意识有关。付印前鲁迅将字号、行款、空格等标记得非常具体，关于书籍的装帧以至销售的细节，鲁迅都提出具体意见，花费了大量的时间与精力。❶

　　1926 年 6 月 21 日鲁迅在致韦素园、韦丛芜的信函中说道："《外套》校后，即付印罢，社中有款，我以为印费亦不必自出。像（指果戈理像——笔者注）不如在京华印，比较的好些。……序文我当修改一点，和目录一同交给北京书局，书面怎样，后来再商量。"《外套》系俄国果戈理所著中篇小说，韦素园翻译，1926 年 9 月由未名社出版。鲁迅在这封信里就建议韦素园的译文在未名社出版，可以节省费用，而果戈理像可以由商务印书馆在北京的印刷厂京华印书局出版。

　　作为赞助人兼翻译家的鲁迅在出版发行自己的刊物时，经常考虑刊物的日常经费开支和日常运转，同时也考虑所登载的译文符合自己的审美标准和意识形态立场。另外，作为赞助人，鲁迅也充分考虑译者的利益，包括译者在翻译场域的社会地位，其占有场域的资本多寡，其所拥有的经济地位即所赚取的生活资料等。甚至鲁迅为其赞助的译者想得更多，包括其文化资本甚至以后能获得的象征资本等。此时赞助人和译者的关系极其复杂，更加紧密，有时候类似于朋友关系，甚至比朋友关系更甚。

---

❶　参见：顾钧.鲁迅与几套翻译丛书［J］.鲁迅研究月刊，2010（2）.

第5章 民初翻译家的三种翻译伦理模式

翻译伦理探讨译者与其他翻译主体间关系如何及其对翻译职责、翻译标准的厘定。从前面的分析可知，由于民初特殊的政治环境，几乎所有译者的翻译目的都或多或少地受到意识形态的影响。改革是这个时期的主流话语，所以它无形中控制了译者如何审视本身的翻译活动和所译的作品。❶然而，处于转型时期的民初，由于其经济、文化环境的特殊性，译者的翻译目的也表现得千差万别，译者不同的翻译理念导致其在翻译过程中对人和事物的态度迥然有别。正因为如此，民初译者与其他翻译主体之间的关系也呈现出复杂多样性的特征。

民初的翻译作为一种正在形成的职业，其职业伦理也处在形成之中。社会对于翻译行业还没有形成统一的规范，而是出现翻译史上多声部、多重奏的现象。规范是社会交往过程的产物，是社会行为的准则，既包括明文规定的规则，也包括约定俗成的规则。译者对自身翻译目的以及服务对象的权重选择实际上是对规范的选择。这就说明，民初译者不是完全处于无规范、无伦理的状态，相反，译者或多或少遵守一定的规范。这个规范可以是译者内心深处固有的"惯习"，也可以是报刊、出版社明文规定的刊约。规范的存在并不表示一种文化或

---

❶ 孔慧怡.翻译·文学·文化［M］.北京：北京大学出版社，1999：21.

一个历史时期的翻译行为完全一致，一个社会可能有多种规范并存，互相竞争，旧有的规范也会被新生的规范所取代。规范是社会遵从的行为准则，违反规范意味着要承担后果，这后果可能让译者遭受重创，也可能引起新规范的产生。

民初宽松自由的环境以及译者急于表达自身价值观的欲望使得译者的翻译伦理相对复杂多样。有学者认为，相对主义伦理在承认道德的多样性、相对性、变动性与有条件性的同时，否定道德的普遍性特征。相对主义伦理思想主张面对实际生活而不拘泥于原则教条的立场与方法，它强调实践、行动、做的伦理学，着重于在生活环境本身中作出价值判断，认为判断行为的道德善、恶，必须将其置身于行为的环境或具体生活条件中。❶

从以上各章分析可以看出，民初译者虽然处在相同的一个社会大环境中，但是由于个人具体生活、成长环境、教育经历的不同使他们对于自身价值的追求也有很大差异，其所倚重的翻译服务对象也有区别，因而导致他们的翻译伦理思想有很大不同，从而在翻译选目、翻译方法和原则上形成了各自不同的翻译伦理模式。

5.1　牧师型翻译伦理模式

Prunč 认为，牧师型译者往往把自己当成是语言的守护者、文化

---

❶　高兆明. 伦理学理论与方法［M］. 北京：人民出版社，2005：433.

的守门员和建构者，❶ 比如圣经译者。事实上，牧师型译者在中国历史上一直有着根深蒂固的基础。从东汉开始的佛经翻译到晚清民初的西学翻译，译者一直都属于中国传统社会中的精英分子，处于社会的核心位置。他们是社会规范的权威，是中国传统精英文化的守护者和改革家，是现代文化的开拓者和创造者，能够利用社会赋予他们的权力为大众找到一条光明的出路，发挥着牧师的作用。他们坚忍不拔地致力于升华其精神，通过服务大众来表达其坚定不移的信念。因此，在翻译目的和动机上，不会拘泥于个人得失，更不会专为"稻粱谋"。他们更愿意站在国家、民族的高度，考量翻译的意义何在，成为本领域的领袖。在翻译内容上，数量少而精，更关注历史语境中的意识形态，并把目标落实于译文本的选择及内容的取舍上。在翻译语言上，大胆推行并始终贯彻白话文翻译的思想。在翻译方法上，牧师型译者比较重视译文读者，以受众能否理解接受为前提，因而更关心受众的阅读水平和审美情感。胡适是典型的牧师型译者，紧随其后的有陈独秀等。这一类人并不多，因为一个文学翻译场域里能够担当时代重任的人物并不多。

　　和同时代的鲁迅、周瘦鹃、茅盾、巴金等相比，胡适翻译的文字数量最少。1911—1927 年，他一共翻译过短篇小说 17 部，诗歌 30 篇，与罗家伦合译《娜拉》等。然而其翻译活动、翻译思想在当时的文学文化、思想界产生的影响是其他译者无法比拟的。唐德刚在概括胡适在中国文化史上的贡献时提到，其第三类贡献便是一种宗师型的"划时代的贡献"，认为胡适开拓了一个时代。❷

---

❶　Erich Prunč. Priests, Princes and Pariahs：Constructing the Professional Field of Translation［A］//Michaela Wolf，Alexandra Fukari. Constructing a Sociology of Translation. Amsterdam/Philadelphia：John Benjamins Publishing Company，2007：47.

❷　参见：欧阳哲生. 解析胡适［M］.北京：社会科学文献出版社，2000：11.

5.1.1 翻译目的和动机

与同时期翻译家相比，胡适几乎没有受过经济上的困扰。1910—1917 年在美留学期间，胡适凭借奖学金以及族人的帮助，经济上并不拮据。1917 年 7 月，胡适学成回国，接受了蔡元培的北大教授之聘。据《北京大学文科一览》记载，他在北大的月薪（兼研究所）是 280 元，属于新任年轻教授中最高的一档，经济上自然不用担心。在《短篇小说（第一集）》（1919）自序中，胡适也提到"因为这十篇都是不受酬报的文字，故我可以自由把他们收集起来，印成这本小册子"。

然而，民初社会民智屡弱，军阀混战，国家处于内忧外患之中。胡适早年在家乡经历了九年的传统教育（1895—1903 年），后赴美国康奈尔大学、哥伦比亚大学留学（1910—1917 年），体验了西方社会政治生活和文化传统。儒家知识分子"士志于道"的社会责任感以及留美期间所接受的实证主义哲学促使他自觉地思考民族文化的出路。1916 年 2 月 3 日，他在给陈独秀的信中提到，要建设中国新文学，应该从翻译西方文学入手，中国人只有借鉴了西方文学才能创造自己的文学。可见，其翻译目的不是为个人利益，而是为创造中国的新文学服务。他既希望通过自己的翻译启发民智，更着眼于大的变革，比如文学形式、语言、思想观念等，而翻译成为其实现变革不可或缺的工具。由此可见，刚出道不久的胡适从一开始就怀有远大的目标，自觉地站在一个领袖的立场上，发挥着领导的作用，行使着自己的"权力"，运用各种资源和条件贯彻自己的意志。马克斯·韦伯在谈及权力的时候，曾经说过，一个拥有权力的人在一定社会关系里，即使遭遇了极大的阻力，他也能通过某种渠道贯彻自己的意志，找到机会实现自己的目标。根据这个说法，不论行动者采取什么手段，只要他能排除障碍贯彻其意

志，他就具有权力。**❶**

检视胡适的译文，我们也可以看到，胡适在每部译作前均附上简短的介绍，或介绍原作者生平成绩，或介绍译者翻译缘由始末，或介绍小说故事情节，或阐述文章的主旨、观念、风格等，但大多数时候是热切地阐述其翻译目的。如在翻译《柏林之围》时，他指出："此篇写围城中事，而处处追叙拿破仑大帝盛时威烈。盛衰对照，以慰新败之法人，而重励其爱国之心，其辞哀婉，令人不忍卒读。"**❷**胡适试图以此为比照，希望国民以德国柏林之兴衰为鉴，努力振兴国家，免遭国破家亡之痛苦。为了唤醒当时流连于鸦片馆的民众，胡适特地翻译了英国作家吉百龄的《百愁门》。

此篇写一嗜鸦片之印度人。其佳处在于描画昏惰二字。读者须细味其混沌含糊之神情，与其衰懒不振之气象。吾国中鸦片之毒深且久矣，今幸有斩除之际会，读此西方文豪之烟鬼写生，当亦哑然而笑，瞿然自失乎？篇中写烟馆主任老冯叔侄穷形尽致矣。而一褒一贬，盛衰之变，感慨无限。始知地狱中亦有高下之别，不独诸天有层次也。**❸**

面对国内民众吸食鸦片的糟糕处境，胡适以烟馆主人老冯叔侄的境遇作出对比，痛斥鸦片给人民生活、给社会带来的无穷危害，希望借此说服民众戒掉鸦片，追求人世间正常、美好的生活。

胡适翻译莫泊桑的《梅吕哀》，对莫氏的生平、文学成就、写作特

---

❶　马克斯·韦伯.新教伦理与资本主义精神［M］.马奇炎，陈婧，译.北京：北京大学出版社，2012：60.

❷　胡适.胡适译短篇小说［M］.长沙：岳麓书社，1987：11.

❸　胡适.胡适译短篇小说［M］.长沙：岳麓书社，1987：19.

点及社会地位作了比较详尽的叙述。

> 莫泊三（Guy de Maupassant）生于一八五〇年，死于一八九三年。法国十九世纪末叶之大文豪也。著小说甚富，亦以诗鸣。所著短篇小说，尤见称于世，有"短篇小说第一名手"之誉。莫氏尝师事文豪佛罗倍尔（今译福楼拜）。佛罗倍尔者，与左喇（今译左拉）齐名，以写实主义、自然主义风动欧洲者也。莫氏为文，纯然为自然主义一派。论者谓自然主义至莫氏而极盛。极盛之后，难乎为继，故莫氏死而自然主义遂衰矣。其见重于世如此。本篇不足以代表莫氏之自然主义。然其情韵独厚，尤近东方人心理，故首译之。"梅吕哀"者，法文为 Menuet，英文为 Minuet，乃一种舞蹈之名。此舞盛行法国。至十九世纪中叶以后，帝国瓦解，此舞亦绝。❶

胡适介绍俄国作家契科夫（Anton Chekov）比较简洁明了，说他是"穷人家的孩子"，"天才极高，浑身都是一个美术家"，"著作很多，最擅长的是戏剧和短篇小说"，是"俄罗斯的莫泊三"，寥寥数语就把契科夫的出身、文学特长、文学地位等揭示出来了。

可见，胡适每翻译一部作品都有其深切的用意，强烈的民族焦虑感使胡适主动思考国家、民族的出路，自觉地承担起教育民众的任务，其谆谆教化之心，殷殷警醒之情跃然纸上。不仅如此，更重要的是知识分子际逢"乱世"的历史语境，面对民初文学的僵化与腐朽，胡适希望用一种全新的文学替代旧文学，以新的西方思想来取代旧有的封建思想以"再造文明"。

---

❶ 参见：《新青年》1917 年 4 月第 3 卷第 2 号。

5.1.2　翻译内容

牧师型的译者更关注历史语境中的意识形态，并把目标落实于译文本的选择及内容的取舍上。胡适所生活的历史语境、其语言层面显示出的知识结构以及思想的相对超前决定了他选择视野迥异于同时代译者。胡适选择译本严格遵循以下三个标准：①选择短篇小说，因为短篇小说是用最经济的文学手段，描写事实中最精彩的一段。②选择名家名著，在《建设的文学革命论》（1918）一文中，胡适提出："我且拟几条翻译西洋文学名著的办法如下：只译名家著作，不译第二流以下的著作。我以为国内真懂得西洋文学的学者应该开会议，公共选定若干种不可不译的第一流文学名著：约数如一百种长篇小说，五百篇短篇小说，三百种戏剧，五十家散文，为第一部《西洋文学丛书》。"❶ ③选择能激起国人爱国情怀、道德心或对人世间真善美追求的文本。

《短篇小说（第一集）》即是一个很好的例证。该集子于 1919 年 10 月初版，收胡适 1911—1919 年所译外国短篇小说 10 篇，包括《最后一课》《柏林之围》《百愁门》《决斗》《梅吕哀》《二渔夫》《杀父母的儿子》《一件美术品》《爱情与面包》《一封未寄的信》，其中法国作家都德 2 篇，莫泊桑 3 篇，英国作家吉百龄，俄国作家泰来夏甫、契科夫，瑞典作家史特林堡、意大利作家卡德奴勿各 1 篇。1920 年再版，增加苏联高尔基的小说 1 篇。

1933 年胡适的《短篇小说（第二集）》由上海亚东图书馆出版，内收其早期翻译的 6 篇译文，包括美国作家哈特的《米格儿》（1917）、《扑克坦赶出的人》（1923），欧·亨利的《戒酒》（1917），莫里森的

---

❶　陈福康.中国译学理论史稿［M］.上海：上海外语教育出版社，2000：200.

《楼梯上》（1912），以及俄国作家契科夫的两部作品《洛斯奇尔的提琴》（1912）和《苦恼》（1913）。

由以上两部短篇小说集可以看出，胡适既然欲倡导短篇小说，因此翻译选目时所选译的作者几乎都是世界上短篇小说名手。从第二集的选目中可以看出，胡适逐渐将注意力转向美国文学。他还准备专门翻译闻名世界的短篇小说家欧·亨利和哈特的短篇，他后来的第三个短篇小说集是他们两人的专集。不仅如此，他还特别注重所发表的刊物，胡适的译作几乎每篇都发表在当时极具影响力的刊物上，比如《最后一课》《百愁门》曾登于《留美学生季报》，《柏林之围》曾登于《甲寅》，《决斗》《梅吕哀》《二渔夫》曾登于《新青年》，《一件美术品》曾登于《新中国》，其余三篇曾登于《每周评论》。作为牧师型的译者，胡适对刊物的作用以及影响力是极其清楚的。

从其《短篇小说（第一集）》的内容来看，不少篇目为弱国、失败国、弱势群体、颓废之人的一种病态描述，从这些译文内容可以体会出译者对本国岌岌可危的处境、部分国民病态人生的忧虑。比如《最后一课》中叙述者流露出的那份强烈感人、不可摧毁的爱国情怀；《柏林之围》中曾经的光荣和当前的屈辱形成了强烈的心理冲击；《百愁门》描述的鸦片吸食者萎靡不振、家国两败的病态生活方式；等等。最突出的是胡适翻译法国作家莫泊桑的作品《梅吕哀》。该篇发表于1917年4月《新青年》第2卷第2号上。"梅吕哀"是小步舞曲（Minuet），流行于法国宫廷中，因其舞蹈的步子较小而得名。小说通过叙述"我"每日清晨前往卢森堡公园散步，结识一怪异老舞者，后请他与其妻表演早已绝迹的"梅吕哀"，老夫妻舞毕相对怪笑，进而相拥而泣。译者借助小说中一对老夫妻偷偷摸摸地另辟他地跳舞来表达他们眷恋故国过去辉煌时光，以对照今日破败萧条的场景，深深刻画出弱国、失败国人民生活的境遇。该文几乎没什么情节，但在简单经济的文字中传递着一种浓浓的哀伤，一种压抑的悲怆，仿佛一遇到燃点，那种感情马上就要迸发进而爆裂。与胡适同时代的鲁迅、茅盾、巴金的翻译作品也体现了中国人"亡国亡种"的恐惧，比较而言，胡适的译作精短，简练，经济，取材小，主题和寓意指涉大，属于"小题大做"。❶

由上可以看出，在翻译内容的选择上，胡适尽力以镜像的方式展现当时国家的命运，希望唤起民众的爱国意识。根据《短篇小说集》主题来分类，该集子表现爱国情怀的占50%，这些作品无不表达主人公的爱国之情，或怀念故国，或为祖国而抗争，或捍卫祖国而宁愿牺牲生命。初上译坛的胡适在文本的选择上善于抓住读者的心理，大量翻译爱国题材的作品，充分体现了文本内容与现实社会的相关性，获得读者的认同。赫曼斯认为，译者所选择的文本必须与社会具有一定的相关性，这样才能深入社会内部，从根本上打破原有的规范，树立自己的规范。❷胡适是一个具有长远目光的谋略家，他知道，以翻译为工具创造新文学并不是一夜之间的事情，任何事物的改变都有一个渐进的过程，旧的思想和观念很难在短时期之内完全转变，新的事物需要沉淀一段时间才能被大家所接受。

此外，他还把世界上优秀的诗歌作品也介绍给了民初读者，早在1911年他就开始向国内读者介绍德国著名诗人海涅，后来一发不可收拾，先后把英国的拜伦、勃朗宁、雪莱、哈代，美国的爱默生，德国的歌德等的诗歌翻译过来。更重要的是，他还翻译了波斯诗人莪默·伽亚谟的《鲁拜集》，引起了国内诗歌翻译的热潮以及对于诗歌翻译方法的大讨论。在西方诗歌的选择上，胡适当然非常熟悉那些知名

---

❶　参见：王友贵 . 翻译家鲁迅［M］. 天津：南开大学出版社，2004：53.

❷　Theo Hermans. Translation in System：Descriptive and System-Oriented Approaches Explained［M］.Manchester：St. Jerome Publishing，1999：84.

大家，但是一些在当时看来有些陌生的名字也进入胡适的视域。作为牧师型的译者，胡适在很早的时候就为民众带来了西方经典作品，给民初读者开阔了国际视野。

从胡适翻译的诗歌来看，其内容与小说表现的主题大相径庭，爱情才是他更关注的主题。《老洛伯》是他于1918年4月15日发表在《新青年》第4卷第4号上的译作。根据诗序所说，其作者为苏格兰女诗人安妮·林德塞（Anne Lindsay）夫人。此诗是一首很简朴的叙事诗，叙述者"锦妮"诉说自己的感情经历，因为经济窘迫而不得不与相爱的人分手，而后被无赖所占有。整首诗歌充满了哀怨和伤痛，内容反映了当时的社会现实，其传达的道德理念，很符合中国传统社会道德。这首诗发表之后，引起了很多青年男女的心理共鸣，产生了一些反响。

胡适还翻译了美国新诗人莎拉·蒂斯黛尔（Sara Teasdale）的《关不住了》。这首诗将"爱情"的不能遏制、需要释放的力量描绘得十分美好，其中或许有胡适本身的情感所在，当然更重要的是，胡适内心深处注重歌颂健康积极的爱情观。他也翻译了表现爱情的苦涩、无奈与忧伤的诗歌。比如他分别在1924年和1925年，翻译了英国作家哈代的《别离》和《月光里》。《别离》是一首短诗，译于1924年11月12日："不见也有不见的好处：我倒可以见着她，不怕有谁监着她，在我脑海的深窈处；我可以抱着她，亲她的脸；虽然不见，抵得长相见。"该诗表现了诗人欲见爱人而不得，只能在心中默默想念的那种复杂情感。

从以上胡适所选择的翻译书目内容上看，胡适早在新文学运动初起之时，为了达成其建设新文学的目的，有意识地在翻译场域率先建立文学翻译选择规范，并产生全面系统翻译名著的设想。20世纪20年

代，中华教育文化基金董事会成立，胡适全面负责编译委员会的各项
事务，他曾站在建设中国现代文学的高度深入思考过翻译的用途和目
的，并提出过切实可行的翻译计划。比如在历史学方面，他主张选译
最好的历史一种或数种；在文艺作品方面，他提倡翻译可以代表时代
或者国家思想的作品；在翻译人选方面，他推崇一些公认的认真而又
有学识的学者；在文学翻译方面，他也曾拟聘梁实秋、叶公超、徐志
摩等人翻译莎士比亚全集，以开创全面翻译莎士比亚的先河。这些计
划可以明显看出《建设的文学革命论》的基本思路，它从编译主旨、
操作程序、翻译书目的选定、译者、译稿质量的审查等诸方面皆有明
确规定，是胡适早期提出的翻译名家名著思想的延续，并在基金会等
组织的赞助下形成牧师启蒙式的翻译策略。胡适希望通过翻译这些作
品，将西方的核心价值观引进来，实现国民的启蒙。

　　由此可见，牧师型译者胡适在引进外国文本的方式上是稳步的、
渐进式的。他曾引尼采之言曰："重新估定（中西）一切价值。我们兼
采中西之长，不冬烘、不酸腐，也非冒进、非暴力，来'再造文明'，
才是正当的途径。"❶ 这是胡适的途径，区别于同时期鲁迅的激进冒险途
径，也区别于同时期周瘦鹃的平淡随性途径。

5.1.3　翻译语言

　　社会学家布尔迪厄认为，语言关系总是符号权力的关系。❷ 言说者
哪怕是最简单的语言交流也不是纯粹的行为，而是涉及一定历史性的
权力关系网。知识分子正是通过掌握语言来获取权力。语言文字的魔

---

❶　参见：欧阳哲生 . 解析胡适［M］. 北京：社会科学文献出版社，2000：11.
❷　参见：杨善华 . 当代西方社会学理论［M］. 北京：北京大学出版社，2005：289.

力在于它能为民众提供一种心理上的支撑，从而促成了知识分子特殊地位的形成。因此一切古代的文体和民众有很大的距离，和民众的言语有很大的距离。文字及其神秘性使知识分子得以神圣化，促成了区别于广大民众的上层社会这一特殊阶层的形成。民初以前，智识阶层一直通过掌握翻译语言即文言文来占据话语权力。

也许是遵从这一翻译语言规范，也许是为了心目中的读者，胡适于 1917 年 4 月用文言文翻译了《梅吕哀》并发表在《新青年》第 2 卷第 2 号上。

英译本: They advanced and retreated with childlike grimaces, smiling, swinging each other, bowing, skipping about like two automaton dolls moved by some old mechanical contrivance, somewhat damaged, but made by a clever workman according to the fashion of his time.

And I looked at them, my heart filled with extraordinary emotions, my soul touched with an indescribable melancholy. I seemed to see before me a pathetic and comical apparition, the out-of-date ghost of a former century.

They suddenly stopped. They had finished all the figures of the dance. For some seconds they stood opposite each other, smiling in an astonishing manner. Then they fell on each other's necks sobbing.

Their memory haunts me, obsesses me, torments me, remains with me like a wound. Why? I do not know. No doubt you think that very absurd?

译文: 两人忽退忽进，忽相向微笑，忽相对鞠躬，忽相携而回旋，如一对傀儡，机捩既开，自然动作，虽历年久远，不无生涩，而本来之工夫已深，风仪自在，不可掩也。

予观此两人跳舞，悲从中来，凄楚万状，俨如亲见一百年前可哀可笑之陈鬼也。俄而舞毕矣。两人相对作怪笑。已而皆泪下呜咽，则又相抱而泣矣。

此两人之影子，时时往来吾脑中。每一念之，使我悲怆，如受重创，终不能去之。吾亦殊不解其何以致此也。君等得毋谓我愚而痴乎？❶

可以看出，胡适所用的文言中夹杂着少许白话，相对比较容易理解，译文简洁凝练，行文雅致。此片断特别详细地描写了一对老夫妻在国破衰亡时期，月夜里黑暗中跳起了法国人曾经风靡一时的小舞步曲，那种亡国前夕的悲怆与哀伤，那种对祖国过往生活的眷恋和依赖，从他们的表情里、压抑无声的舞步中可以深切地感受到。

虽然晚清以来，就有人以白话文作文，但是以白话作为常用的翻译和写作工具直到"五四"前夕才得到成功。对此，1922 年胡适是这样解释的：

> 二十多年以来，有提倡白话报的，有提倡白话书的，有提倡官话字母的，有提倡简字字母的……这些人可以说是"有意的主张白话"，但不可以说是"有意的主张白话文学"。他们最大缺点是把社会分作两部分：一边是"他们"，一边是"我们"。我们不妨仍旧吃肉，但他们下等社会不配吃肉，只好抛块骨头给他们去吃罢。❷

也许 1906 年的胡适是写给"他们"看的，但在美国经过 7 年实用

---

❶　胡适. 胡适译短篇小说［M］. 长沙：岳麓书社，1987：39-40.
❷　参见：欧阳哲生. 解析胡适［M］. 北京：社会科学文献出版社，2000：97.

主义哲学洗礼思想之后，应该已经改变了"我们"文人轻视"他们"老百姓的传统心理。作为牧师型译者的胡适，如果要向民众"布道"，必须重视语言的工具性。从《短篇小说（第一集）》最初几篇译文来看，胡适时而使用文言，如《柏林之围》《梅吕哀》，时而使用白话，如《决斗》，直到1919年前后，他的译文才一律使用白话。

由此可以看出，胡适在翻译的语言使用策略上似乎一直处于游移不定的状态。从他翻译的数量不多的诗歌也可以看出，他先后作了中国古体五言、七言，继而文言散文、骚体，进而白话的体式、语言方面的试验。他虽然常常自谦"尝试"，却也是实实在在的探索者。在探索中，有成功的收获，也有语体与内容粘合在一起而产生的不尽如人意。因此，胡适是谨慎小心的。一个知识界的"卡里斯玛"（Charisma）型人物，要充当民族精神上的牧师，不仅要有超凡的学术工作能力和卓绝的工作成就（职业能力）以及坚定的个人意志和不可移易的理想追求（意志力），还应具有感染群伦的道德情操和精神魅力（亲和力）。胡适知道，翻译语言的改变不能一蹴而就，文言文一直是译者推崇的写作语言，要进行革新必须经过一定时间，因势利导。要怎么样才能建设新文学和国语的文学？胡适经过慎重的考虑，主张以白话进行改良，理由如下。

（一）今日之文言乃是一种半死的文字，因不能使人听得懂之故。

（二）今日之白话是一种活的语言。

（三）白话并不鄙俗，俗儒乃谓之俗耳。

（四）白话不但不鄙俗，而且甚优美适用。凡言语要以达意为主，而不能达意者，则为不美。

（五）凡文言之所长，白话皆有之。而白话之所长，则文言未必能及之。

（六）白话文并非文言之退化，乃是文言之进化。

（七）白话可产生第一流文学。

（八）白话的文学为中国千年来仅有之文学（小说，戏曲，尤足比世界第一流文学）。若非白话的文学，如古文，如八股，如札记小说，皆不足与于第一流文学之别列。

（九）文言的文字可读而听不懂，白话的文字既可读，又听得懂。凡演说，讲学，笔记，文言决不能应用。今日所需，乃是一种可读，可听，可歌，可讲，可记的言语。要读书不须口译，演说不须笔译，要施诸讲坛舞台而皆可，诵之村妪妇孺而皆懂。不如此者，非活的言语也，决不能成为吾国之国语也，决不能产生第一流的文学家也。❶

牧师的职责告诉胡适，任何文本都是为了一定的读者而生存的。都德的《最后一课》和《柏林之围》在法国的流传和教育作用更使他深有感触，作品尤所谓高雅与否，第一要件便是能够影响社会，要能够影响社会，就必须使用明白流畅的生活语言。因此，他提出"文学书是供人欣赏娱乐的，教训与宣传是第二义，决没有叫人读不懂看不下去的文学书而能收教训与宣传的功效的。所以文学作品的翻译更应该努力做到明白流畅的基本条件"。❷他还曾经自嘲："我抱定一个宗旨，做文字必须要叫人懂得，所以我从来不怕人笑我的文字浅显。"❸胡适在《五十年来中国之文学》中分析了中国文学的文体，认为

---

❶　参见：姜义华.胡适学术文集·语言文字研究［M］.北京：中华书局，1993：6-8.
❷　胡适.胡适译短篇小说［M］.长沙：岳麓书社，1987：4.
❸　胡适.胡适自传［M］.北京：华文出版社，2013：74.

社会时代的发展使得语言文字的运用应该着重于其工具性，而不应太强调其文雅性。民初以前，很多文人对文字曾经做过试验，比如林纾、严复的翻译，更典型的是周氏兄弟《域外小说集》，这些翻译的失败更多的在于其文字的使用不合乎社会的主流和民众的口味。时代发展到民国初期，用古文翻译已经不合时宜，古文已经是死了的文字，无论你做得多么好，终究它已经是过去式，不能够替代当时社会的主流文字——白话。因此，用古文做翻译，即使按照严复的三字标准，也还是免不了失败的下场。

胡适还从生物进化的角度来探讨中国民族文学的发展趋向。他预见每个时代有其特定的文学，白话文学是文言文学进化而来，必定会成为中国文学的正宗，也会成为未来文学所利用的工具。他通过分析中国文学史，论证了中国历史上的白话文学才是人民的文学、真正的文学，从而肯定白话文学的价值。胡适视白话为文学革命的工具。他一直在宣扬，要创造新文学，就必须预备下创造新文学的工具，这工具就是白话。也许，胡适提倡白话更主要的目的是反对儒家的精神霸权，他想以此为工具剥夺传统士人的话语权，拆掉民众与文学的藩篱，实现语言表达上的民主自由。

事实证明，胡适能够开一代思想先风，建构新文学，很大程度上归因于白话语言的"浅显"。严复也好，鲁迅也罢，他们的文字要比胡适古雅得多，但正因为如此，他们的影响力反而要逊色很多。作为不同时代的牧师型译者，胡适这一点与其前辈梁启超很相像。

然而，胡适比梁启超走得更远，他不仅在语言的形式上大力倡导使用白话文，还在白话文的具体运用上提出一个明确的方向，即不仅使用口头语言，还应汲取口头语言中的俚语俗语。这一提法更体现出胡适在语言建设上的雄心壮志和改革的彻底性。今后的文学创作和翻译不仅要使用浅显易懂的白话文，就连俚语俗字也不要避免。他考察了文学史上一些名著如《水浒传》《红楼梦》《儒林外史》等，认为有些作品得以流传久远，主要在于其使用俚俗文字最多。胡适强调，"标准国语不是靠国音字母或国音字典定出来的。凡标准国语必须是'文学的国语'，就是那有文学价值的国语……所以我主张，不要管标准的有无，先从白话文学入手，先用白话来努力创造有价值有生命的文学"。❶在这方面，他率先作出了尝试。比如他翻译法国著名作家都德的作品 *The Last Class*（《最后一课》）。

英译本：I was very late for school that morning, and I was terribly afraid of being scolded, especially as Monsieur Hamel had told us that he should examine us on participles, and I did not know the first thing about them. For a moment I thought of staying away from school and wandering about the fields. It was such a warm, lovely day. I could hear the black birds whistling on the edge of the wood, and in the Rippert field, behind the sawmill, the Prussians going through their drill. All that was much more tempting to me than the rules concerning participles; but I had the strength to resist, and I ran as fast as I could to school.

As I passed the mayor's office, I saw that there were people gathered about the little board on which notices were posted. For two years all our bad news had come from that board—battles lost, conscriptions, orders from headquarters; and I thought without stopping.

译文：这一天早晨，我上学去，时候已很迟了，心中很怕先生要骂。况且昨天汉麦先生说过，今天他要考我们的动静词文法，我却一个字都不记得了。我想到这里，格外害怕，心想还是逃学去玩一天罢。

---

❶　参见：姜义华.胡适学术文集·语言文字研究［M］.北京：中华书局，1993：249.

你看天气如此清明温暖。那边竹篱上，两个小鸟儿唱得怪好听。野外田里，普鲁士的兵士正在操演。我看了几乎把动静词的文法都丢在脑后了。幸亏我胆子还小，不敢真个逃这，赶紧跑上学去。

我走到市政厅前，看见那边围了一大群的人，在那里读墙上的告示，我心里暗想，这两年，我们的坏消息，败仗哪，赔款哪，都在这里传来。今天又不知有什么坏新闻了。我也无心去打听，一口气跑到汉麦先生的学堂。❶

我们可以看到，译者不但用了白话，而且还用了大量日常口语以及口语中的语气词如"哪"等突出说话者的口吻，充分体现了白话文的浅显易懂性，让读者能够充分理解原文，感觉在同邻居聊天。

再比如，他翻译法国莫泊桑的 *Two Friends*（《二渔夫》），开头不仅使用白话文，还大胆地使用了一些俚俗语。

英译文：Besieged Paris was in the throes of famine. Even the sparrows on the roofs and the rats in the sewers were growing scarce. People were eating anything they could get.

译文：巴黎围城中（此指普法之战，巴黎被围之时——笔者注），早已绝粮了。连林中的飞鸟，沟里的老鼠，也渐渐的稀少了。城中的人，到了这步田地，只好有什么便吃什么。还有些人，竟什么都没的吃哩。❷

胡适支持并倡导白话翻译，在《论译书——与曾孟朴先生书》中，

---

❶ 胡适.胡适译短篇小说［M］.长沙：岳麓书社，1987：5-6.

❷ 胡适.胡适译短篇小说［M］.长沙：岳麓书社，1987：41.

他曾经说道：近几十年中译小说的人，我以为伍昭扆先生最不可及。他译大仲马的《侠隐记》十二册（从英文译本的），用的白话最流畅明白，于原文最精警之句，他皆用气力炼字炼句，谨严而不失为好文章，故我最佩服他。**❶** 胡适多次在不同场合表示自己非常喜欢伍光建的翻译，其中原因之一就是后者使用的白话明白流畅，不似别的翻译家常常文言夹杂白话，令人读起来感觉不够清爽。他自己也进行了实践尝试，《短篇小说（第一集）》获得的巨大成功更加激励着他，在《短篇小说（第二集）》出版的序言里，他说："《短篇小说（第一集）》销行之广，转载之多，都是我当日不曾梦见的。那 11 篇小说，至今还可算是近年翻译的文学书之中流传最广的。这样长久的欢迎使我格外相信翻译外国文学的第一个条件是要使它化成明白流畅的本国文字。其实一切翻译都应该做到这个基本条件。"**❷** 其《短篇小说（第一集）》连续再版 21 次的成绩，是他自己做梦都不曾想到的。这个成绩背后却昭示着近代写作方式已经发生转变，他大力倡导的新的语言典范已经建立。对那些同样致力于建设中国新文学的先驱者来说，提供了一个可资借鉴的范例。

　　胡适用白话文翻译的成功让他备受鼓舞，在他为中基会编译委员会草拟的编译计划里，编译委员会还制定了《译书规约》：①一律用白话文。②一律用新式标点符号。③人名地名译音以国音为标准。**❸** 通过比对就能够看出，规约的翻译原则就是胡适一贯的翻译规则。

---

❶　参见：姜义华. 胡适学术文集·语言文字研究［M］. 北京：中华书局，1993：502.
❷　胡适. 胡适译短篇小说［M］. 长沙：岳麓书社，1987：2.
❸　参见：耿云志. 胡适评传［M］. 上海：上海古籍出版社，1999：131.

5.1.4 翻译方法

在翻译方法上，牧师型译者比较重视译文读者，以受众能否理解接受为前提，因而更关心受众的阅读水平和思想动态。胡适颇受汉朝以来佛教翻译文学的影响，常以译经大师"不加文饰，当令易晓，勿失厥义"为宗旨。他认为直译是国语欧化的一个起点，而欧化就是充分吸收西洋语言的细密的结构，使我们的文字能够传达复杂的思想、曲折的理论。他强调译文的忠实性，"与其译而失真，不如不译。此适所以自律，而亦颇欲以律人者也"。❶ 在实践中他尽可能地把此原则付诸实践，表 5-1 列出的《短篇小说（第一集）》（再版）的标题翻译即是如此。

表 5-1：胡适翻译短篇小说译名对照表

原作名	译作名	时间	原作名	译作名	时间
The Last Class	最后一课	1912	Minuet	梅吕哀	1917
The Siege of Berlin	柏林之围	1914	A Work of Art	一件美术品	1919
The Gate of the Hundred Sorrows	百愁门	1915	Love and Bread	爱情与面包	1919
The Duel	决斗	1916	The Lost Letter	一封未寄的信	1919
Two Friends	二渔夫	1917	Boless	他的情人	1920

但在具体的翻译过程中，与同时期尊崇"直译"的鲁迅、周作人相比，胡适具有很强的前瞻性和预见性，他深深懂得直译方法晦涩难懂，容易引起读者反感和厌倦，要教化民众，输入思想，还需假以时日。因此他提出"浅显达意"的灵活翻译，表现最明显的莫过于在文本中加注一些按语或者说明性的文字。比如在《柏林之围》中：

---

❶ 姜义华.胡适学术文集·语言文字研究［M］.北京：中华书局，1993：474.

　　老人卧处所可望见者，仅有凯旋门之一角。而室中陈列，无
非第一帝国（自 一八〇四至拿帝盛时，是为第一帝国）之遗物，
往烈之馀泽也；壁上则名将须眉，战场风景，罗马王襁褓之图也
（拿帝幼子生时即封为罗马之王），架上则夺归之旗帜，表勋之金
牌也。又有圣希列拿岛（拿帝幽死之岛）之崖石，玻盒盛之。❶

　　此段短短几行，胡适插入了三处按语。诸如此类关于历史、文化、
习俗等说明、解释性文字按语多达几十处。可见，胡适在翻译中处处
关照读者的审美习惯和阅读水平，充分体现其牧师型译者的情怀。他
曾经在翻译美国作家欧·亨利的《戒酒》时提到：我译小说，只希望
能达意。直译可达，便用直译；直译不易懂，便婉转曲折以求达意。
有时原文的语句本不关重要，而译了反更费解的，我便删去不译。此
篇也删去几句。❷ 由此可知，他所谓的直译并不是字字忠实地翻译，而
是灵活变通地直译。有学者认为，成功的翻译是以满足读者期待、最
大限度地完成跨文化交际功能为先决条件。❸ 在胡适此时的翻译实践中
能看到以交际为核心的翻译理念。

　　也许是译本遭人诟病，也许是自己对于翻译本质的理解更深，自
1919 年开始，胡适所译的文本中已经看不到任何的按语和加注。比如
他翻译的契科夫的短篇小说 *Misery*（《苦恼》）开头部分。

英译文：The twilight of evening. Big flakes of wet snow are whirling lazily
about the street lamps, which have just been lighted, and lying in a thin soft

---

❶　胡适. 胡适译短篇小说 [M]. 长沙：岳麓书社，1987：15.
❷　胡适. 胡适译短篇小说 [M]. 长沙：岳麓书社，1987：136.
❸　Theo Hermans. Translation in System：Descriptive and System−Oriented Approaches Explained
[M].Manchester：St. Jerome Publishing，1999：166.

layer on roofs, horses' backs, shoulders, caps. Iona Potapov, the sledge-driver, is all white like a ghost. He sits on the box without stirring, bent as double as the living body can be bent. If a regular snowdrift fell on him it seems as though even then he would not think it necessary to shake it off.

His little mare is white and motionless too. Her stillness, the angularity of her lines, and the stick-like straightness of her legs make her look like a halfpenny gingerbread horse. She is probably lost in thought. Anyone who has been torn away from the plough, from the familiar gray landscapes, and cast into this slough, full of monstrous lights, of unceasing uproar and hurrying people, is bound to think.

译文：黄昏的时候，大块的湿雪在街灯的四周懒懒地打旋；屋顶上，马背上，肩上，帽上，也盖着薄层的湿雪。赶雪车的马夫郁那卜太伯浑身都是白的，象闹鬼一样。他坐在车箱上，动也不动，身子尽量弯向前；很象就是有绝大的雪块压在他身上，大概他也未必肯动手抖去。

他的那匹小雌马全白了，也一动不动。她的寂静，她的瘦骨的峭棱，她的腿的挺直，看上去她竟象五分钱一匹的糖马。也许她是想出了神哩。好好地从那灰色的田间风景里被拉到这种闹烘烘的地方，卸下犁耙来到这奇怪灯光底下拖雪车，谁到了这步田地也不能不想出了神的。❶

这两段话比较详细地描写了黄昏时分，大雪纷飞，马夫郁那卜太伯在街上等候生意的情景。街上到处被雪厚厚地覆盖着，马夫、小马也被白雪覆盖着，世界一片死寂，仿佛都凝固了一般，然而为了生活，

---

❶ 胡适. 胡适译短篇小说［M］. 长沙：岳麓书社，1987：162.

马夫郁那卜太伯不得不忍受寒冷和饥饿，等在雪地里。译者把原文中马夫可怜的生活遭遇活生生地展现出来了，令人唏嘘、同情。

在《短篇小说（第二集）》中，胡适认为该集子收录的 6 篇翻译小说，已稍稍受了时代的影响，比第一集的翻译谨严多了，有些地方还使用了严格的直译。比如他翻译俄国作家契科夫的作品《洛斯奇尔的提琴》。

英译文：Bronze took his seat in the orchestra, the first thing that happened to him was that his face grew red, and the perspiration streamed from it, for the air was always hot, and reeking of garlic to the point of suffocation. Then his fiddle would begin to moan, and a double bass would croak hoarsely into his right ear, and a flute would weep into his left. This flute was played by a gaunt, red - bearded Jew with a network of red and blue veins on his face, who bore the name of a famous rich man, rothschild.

译文：耶可每坐在乐队里，汗就出来了，脸就涨红了；他总觉得热，大蒜的气味熏的人难受。他的提琴哭也似的奏着，右边哼着的是一只大琴，左边呜咽的是一支笛子。吹这笛子的是一个瘦弱的红头发的犹太人，满脸都是青筋红筋，他和那著名的世界大富翁洛斯奇尔同姓。❶

作者非常详细地描述了耶可在乐队打零工，挣点零花钱时的不容易和不乐意。他性格上的偏执导致他经常非常不适应这个社会。译者在翻译中紧跟作者，非常忠实地把小说主人公耶可的形象用浅显的语言淋漓尽致地表达出来了。

---

❶ 胡适 . 胡适译短篇小说［M］. 长沙：岳麓书社，1987：148.

然而，作为牧师型的译者，无论采取什么翻译方法，自己所传达的信仰是否为读者所接受是其所关注的焦点。为了帮助读者更好地理解原文，又不违背作者的真实意图，胡适采用了一种折中的办法，即在原文之后添加尾注。这样既可以避免直接对原文进行干扰，又能够帮助一些文化缺省的读者。比如胡适在翻译《米格尔》译文后解释了灰熊、Una的故事等，在《戒酒》译文后介绍了各种酒，比如 High Ball, Cocktail, 意大利一种红葡萄酒等。在《洛斯奇尔的提琴》中，译者对俄国的姓氏、货币、棺材等做了解释，还介绍了关于水蛭的医用知识等。韦克斯勒（Wechsler）认为，翻译的核心伦理行为是平衡而不是忠实，这种行为允许对所失去的意义进行补充，允许尊重原作的诚实，允许创造另一种独立的艺术作品。❶事实上，每个文本都要考虑其受众、读者群、翻译目的、目标语社会和文化，单纯考虑其中一个因素是很危险的。

5.2　贱民型翻译伦理模式

贱民型译者是另一个极端，是真正意义上的仆人，是译者身份长期处于社会边缘状态的产物，也是其翻译活动长期隐形的结果。贱民型译者视作者为上帝，读者为国王。"上帝"型的惯习要求一切翻译只遵循一种方法，只有上帝手里掌握了真理，所有译者必须听从上帝的安排；他们建立控制机构，建立法令制度，解释一切翻译。❷此类译者翻译目的和动机具有较强的普遍性。首先，他们有一定的经济上的诉

---

❶　Christina Schaffner. Translation and Norms［M］.clevedon：Multilingual Matters Ltd.，1999：18.

❷　Michaela Wolf, Alexandra Fukari. Constructing a Sociology of Translation［M］.Amsterdam/ Philadelphia：John Benjamins Publishing Company，2007：47–49.

求。其次，为了在竞争激烈的社会中谋得一定的社会地位，在翻译内容上，更倾向于满足读者的阅读兴趣，非常重视读者的阅读期待，因而选择贴近大众生活的文本；在翻译语言上，以读者为中心，选择适合读者阅读的语言，尽量扫除读者阅读障碍，以白话文与文言结合为主作为过渡时期的一个典型特征；在翻译方法上，以"意译"为主，但随着读者的阅读水平提高而适当地采用"直译"的方式，让读者直接感受异域的风土人情。周瘦鹃就是此类译者，紧随其后的有包天笑、苏曼殊、徐枕亚、张恨水、吴双热、吴若梅、程小青、孙玉声、李涵秋、许啸天、秦瘦鸥等。

5.2.1　翻译目的与动机

周瘦鹃步上文坛之初是靠翻译起家的，与别的翻译家相比，他的翻译更具有特殊的意义。在他五十年笔墨生涯中，翻译工作是很重要的一环。

与民国初期的很多翻译家不同，青少年时期周瘦鹃因家庭与社会的变化使他从一开始就有强烈的经济意识。周瘦鹃从小父亲去世，家境贫寒。他曾经回忆："我家住的屋子，是在城内县西街一条街始终，一宅旧式的五幢楼，我们租住着楼下三小间，每月租费共制钱一千六百文，若把我现在一个月的租费合算起来，在那时刚好住三年半了。……我父亲是个不得事家人生产的人，在江宽轮船上充了几年账房。不曾积蓄什么钱，所以身后萧条，反遗下了几百块钱的债。" ❶

父亲走后，周瘦鹃年纪还很小，家里依靠母亲和妹妹在"虞德记"的商号做女红，勉强维持全家生计。童年留给周瘦鹃记忆的满是家庭

---

❶　王智毅.周瘦鹃研究资料［M］.天津：天津人民出版社，1993：66.

的贫困，"穷苦人家的孤儿什么都落在人后。新年中我们没有新衣服穿，只索在门缝中张望，那邻家的孩子们穿着绸缎，何等的美丽！我们却只有一双新鞋穿在脚上，剃一个头、浴一回身，便算是过新年了。我们瞧着邻家的孩子们糕饼多、炮竹多、玩具多、压岁钱多，总觉眼热得很"。❶1911 年他在《小说月报》上发表翻译小说《爱之花》之后得十六块银元，"这笔钱虽然不算很多，但对于一直在贫穷线上挣扎的周家来说，却是一笔很可观的收入，全家人欣喜若狂，好像买彩票中了头奖一样。因为那时的十六块银元是可以买好几石米的"。❷此后翻译小说尤其是言情小说让他在翻译市场崭露头角，其中所带来的经济利益使他决意辞掉教书的工作，专门从事文学翻译。

可见，就民初的周瘦鹃来说，最初促使他拿起译笔的一个重要因素是家庭的贫困，对经济的追求超越了其他的人生价值。然而随着自身经济的逐步改善，社会局势的改变，作为深受儒家思想影响的近代知识分子，在面对国家危机的时候无法摆脱干预社会的情怀。人的社会性存在使人的主体性凸显，才使人有了责任、义务。从本质意义上来说，社会先于个人。因此，出生在一定社会的个人先在地具有某种责任和义务，不管他是否愿意。彼时的周瘦鹃特别关注民族危机，认为唯有多作爱国小说，以深刻之笔，写壮烈之事，俾拨国人之心弦，振振而动，而思所以自强强国之道。

出于救国需要而翻译的周瘦鹃不仅把译本当成赚钱的工具，而且还是宣传政治的喉舌。他有意地选择这种而不是那种译本，主要原因在于它符合其翻译目的与意图。周瘦鹃在 1914 年创刊的《礼拜六》前百期上发表的译作中，爱国小说和军人小说仅从篇数上看就达 9 篇之

---

❶　王智毅.周瘦鹃研究资料［M］.天津：天津人民出版社，1993：67.
❷　参见：香港《文汇报》1963 年 4 月 24—25 日第 6 版 "姑苏书简" 专栏。

多，超过了他同时期同类题材翻译的数量。1917 年出版的《欧美名家短篇小说丛刻》，翻译小说中不仅有爱情小说，更有爱国小说及军人小说。他在给女儿的信中骄傲地回忆起 1917 年曾以"周国贤"的名字翻译了题名为《大义》的高尔基作品一事。周瘦鹃并不懂俄文，而是从一本英文杂志中转译过来的。他并不知道原著是什么名称，而英译名为《叛徒的母亲》，他深感这位公而忘私的母亲深明大义，杀子救国，就把译作名为《大义》。翻译此书的原因竟然是"那时我为了受到'五九'国耻的绝大刺激，痛恨那班卖国贼私通日本，丧权辱国，但愿多得几位像高尔基笔下所塑造的爱国母亲，杀尽这些丧尽天良的无耻贼子，救国救民"。❶ 周瘦鹃因此而成为第一个介绍高尔基的翻译家。在那国难重重、国将不国的年代里，周瘦鹃"老是心惊肉跳，以亡国为忧"，尽自己所能翻译大量的爱国小说，以激扬国人的爱国情怀，与侵略者作斗争。

5.2.2　翻译内容

　　贱民型的译者在翻译内容的选择上更贴近于日常生活。1911—1927 年，周瘦鹃共翻译作品 369 篇，是同时代人无法比拟的。其中 1911 年 8 篇，1912 年 8 篇，1913 年 16 篇，1914 年 30 篇，1915 年 54 篇，1916 年 10 篇，1917 年 42 篇，1918 年 10 篇，1919 年 17 篇，1920 年 17 篇，1921 年 20 篇，1922 年 36 篇，1923 年 8 篇，1924 年 16 篇，1925 年 38 篇，1926 年 20 篇，1927 年 19 篇，此阶段是周瘦鹃翻译最勤，也是最有成就的时期，约占其翻译生涯的 80%，足见此阶段翻译的重要性。从其翻译国别来看，周瘦鹃所翻译的作品涉猎很广，

---

❶　参见：香港《文汇报》1963 年 6 月 17 日第 6 版"姑苏书简"。

有 14 国之多，翻译作品最多的前三个国家分别是英国作品 55 篇，法国作品 40 篇，美国作品 26 篇。由此可以看出，周瘦鹃主要翻译的是欧美国家的作品，同时也翻译了很多欧洲弱小民族的作品，因为："欧陆弱小民族作家的作品，我也喜欢，经常在各种英文杂志中尽力搜罗，因为他们国家常在帝国主义者压迫之下，作家们发为心声，每多抑塞不平之气，而文章的别有风格，犹其余事。" ❶ 可见，周瘦鹃已经有了很明显的选材意识。在他看来，俄罗斯和东欧、中欧这些被压迫被侮辱的民族的文学才是特别明显的"为人生的文学"的样板，是应该大力提倡的。在此之前，鲁迅是特别提倡这类文学的，这或许是一向不喜欢鸳鸯蝴蝶派的鲁迅一反常态大力推崇周瘦鹃这个译本集的原因。鲁迅之所以特别提倡并率先翻译这些民族、国家的文学，实际还是源于特定历史时期的国家境遇、国家地位、国民状况诸方面的相似，在鲁迅那里，还有一种他所认定的国民性、国民情绪的相似。鲁迅想以弱小民族人民的生活经历、生存方式激起中国国民心灵上的一种共鸣。周瘦鹃不但注意到了这一点，而且还把这种选材意识进一步推进乃至扩大。

《欧美名家短篇小说丛刻》是周瘦鹃翻译最成功的作品集。它是近代收录外国短篇小说名家最多、国别最广、数量最丰富的一部选集；是周瘦鹃从历年翻译的作品中，精选出 50 篇结成的集子。清末，由于缺乏选目意识，林纾误译了二三流文学作品，周瘦鹃却完全不同。从该书可以看出，他有着很强的主体性，有意识地选取了当时世界知名的作品，既有 20 世纪以前的名作家狄更斯、霍桑、伏尔泰、大仲马、莫泊桑、左拉等，也有同时代作家马克·吐温、哈代、高尔基等。这些作家大多关注下层劳动人民的生活状况，这一点很契合当时翻译家

---

❶　王智毅. 周瘦鹃研究资料［M］. 天津：天津人民出版社，1993：255.

的心理意识以及当时的翻译规范。在这部集子中，周瘦鹃精心选择了译材，既有政治性题材，如《无国之人》《红笑》《一吻之代价》《恩欤怨欤》等；也有记录普通人的情感小说，如《阿兄》《回首》《慈母之心》等；还有惊险刺激的侦探小说，如《古室鬼影》《病诡》等。这些题材或颂扬爱国主义情操，或讴歌纯洁高尚的爱情，或阐述人生真谛，都表现了"情"与"爱"等人类共同的主题。这些选材已经完全不同于清末以前的小说题材。鲁迅称赞本集子为"文坛昏夜之微光，鸡群之鸣鹤"。

可以想见，这部规模恢宏的外国文学译本的出版，必然在当时的读书界影响弥深。因为，在"五四"前夕的中国，政治上笼罩着北洋政府窒人的低气压，出版界陆离芜杂、荒诞淫秽的出版物充斥坊间肆上，像这种认真、系统地介绍外国文学作品的书籍并不多见。王钝根为其作序曰："渠于欧美著名小说，无所不读。且能闭目背诵诸小说家之行状，历历如数家珍。寝馈既久，选择綦精，盖非率尔操觚者所能梦见。"❶ 可谓鞭辟入里。

然而，周瘦鹃并没有顺着鲁迅的指引去翻译那些弱小民族文学。在他的翻译中，读者经常可以看到反映普通民众生活的题材。他有意识地选取普通人日常生活而不是帝王将相的丰功伟绩或才子佳人作为表现题材，如《爱国少年传》《真是勇儿》《青年》《五十年前》等。而他所选择的题材范围之广，也是以前的翻译家所不能企及的，在他的翻译中有哀情小说、爱国小说、复仇小说、滑稽小说、家庭小说、军人小说、伦理小说、奇情小说、社会小说及侦探小说等，不同爱好的读者完全可以根据自己的需要去选择译本。虽然涉猎众多，然而他最喜欢翻译的还是爱情小说，他走上的是一条与主流文学社团不同的翻译

---

❶ 周瘦鹃.欧美名家短篇小说［M］.长沙：岳麓书社，1987：1.

道路，但这条道路也许更适合养家糊口，更符合自我发展的道路，更能满足他自己的兴趣。

周瘦鹃的代表译作集《欧美名家短篇小说丛刻》共 50 篇译文，大多数是小说，但仍有 2 篇属于散文类作品，一篇是英国作家兰姆的《故乡》，另一篇是法国哲学家伏尔泰的《欲》。这些作品几乎都是名篇，也都有明确的主题，在很多主题鲜明的作品中交织着人类最复杂的感情。在很多作品中，作者不完全是单纯表达一种感情，比如在《伤心之父》中，父亲洛莱痛恨儿子从战场上逃回来，但是他能理解战争的残酷和无情，更不忍心让儿子丧命于战场，所以决定自己代替儿子去打仗。这位年过半百的父亲心中既有对祖国深切的热爱之情，懂得要保家卫国，也有对儿子的舐犊之情。父亲年事已高，仍然心系祖国的安危，愿意献身于祖国的义举让读者感动；父亲为保护儿子，把相对安逸舒适的生活让给儿子，自己愿意赴死保护儿子的行为更让读者动容。还比如《兄弟》，小说叙述的是两兄弟设计共同抗击敌人的故事。从中既可看到兄弟间的手足之情，也可以见到两兄弟宁愿以死保卫祖国的赤诚爱国之心。《男儿死尔》《大义》也是如此。在每一个忠诚保卫祖国的决心背后都有骨肉分离、亲情断裂，愈发显得国家富强的重要，家庭亲情弥足珍贵。在叙说亲情的故事里常常体会到夫妻之间深厚的爱情，比如《缠绵》叙述一对老夫妻相亲相爱的故事。丈夫到老的时候还在感谢拥有妻子的幸福，认为她贤惠、漂亮，一如当年。即使其妻早已不再年轻，身材不再轻盈，脸庞不再漂亮，然而在丈夫的心里，无论妻子多老，仍然是他的骄傲，是值得珍惜的。

仔细翻阅周瘦鹃的译本，尤其是《幻影》《隐情》《谁之罪》《恐怖党》《冰天艳影》《面包》《一百万金》《欧梅夫人》《蝴蝶》《一死一生》《猫妒》《奴爱》《慈母》《前尘》《孝》《家》《幸福》《亡妻》《死神》《母亲》《疯人院》《新年的礼物》《画中人》，等等，译本名称在很大程度上反映了周瘦鹃言情小说的中心舞台是家庭及其伦理价值。上述域外题材的小说以家庭为中心，描写夫妻、父子、恋人等或者为国家牺牲自己，或者为感情而奉献生命。但他的译本所反映的"情"大多带上了儒家传统伦理道德色彩，因而具有一定的保守性，但对于深受儒家传统学说影响的知识分子来说，却又是最容易接受的。因此，他所翻译的言情作品大多力图约束和规范男女情爱，恪守婚姻与性别的条规，借此维护与稳固以家庭为中心的传统社会秩序。

从周瘦鹃的选材还可以看出，他对译本爱情悲剧的同情和对传统婚姻制度的不满，体现他对自由爱情的追求，对门第观念的鞭挞。周瘦鹃比其他的翻译家、文学作家更早指出封建包办婚姻的弊病，更痛恨封建制度的腐败和对于个性的压制，但是固有的传统儒家思想使他无法完全冲破当时社会的世俗，对社会制度进行反思并进而反抗。他虽然对包办婚姻不满，但是只希望对婚姻制度进行改良，而不能向前跨一步，彻底否定包办婚姻。因此，他的译本总能引起普通市民读者对家庭关系、夫妻关系以及传统性别歧视的反思。与民初很多翻译家不同，他的翻译没有过多的政治气息，也少有严肃的味道，他只翻译自己最擅长的，即着重于文学的娱乐和消闲作用，以适合民众的语言抒写普通人的日常生活，让文学由庙堂真正走向民间。他所关注的往往不是世俗生活本身的平实、琐细、朴素与凡俗，而是世俗生活中带有神圣色彩的道德和伦理。

巴斯奈特与列弗维尔阐述了影响翻译的"两要素"理论，即意识形态和诗学观影响了翻译的全过程；而对于选材来说，政治因素（它

是意识形态最重要的方面）的影响几乎是决定性的。❶吉迪恩·图里
（Gideon Toury）在考察希伯来文学翻译时也发觉，影响翻译选材最大的
是意识形态。❷然而，通过对周瘦鹃的翻译文本进行考察，周瘦鹃的翻
译选目受意识形态因素的影响并不大，相反，制约他的主要是民初主
流社会的诗学规范。

5.2.3　翻译语言

英国著名批评家约翰·凯里曾经尖锐地揭示一些20世纪现代知识
分子身上的阴暗面。他指出，知识分子自称"天生的贵族"，故意以难
懂的语言、陌生的主题和高傲的态度从事创作活动，所以现代主义文
学和艺术在某种程度上几乎是反人民大众的一种阴谋。20世纪初，在
资本主义经济模式下，文学成了一种商品，大众成了其消费主体。出
版商、媒体等集体把企业常用的手段运用到文化生产中，比如大规模
生产某种文化产品、进行各种文化产品投资、进行大量吸引眼球的广
告宣传等，这样就出现大量有读写能力的人。为了重新获得对用文字
方式记录的文化的控制，精英阶层采取的最直接的方法是：使文学变
得让大众难以理解。❸

在中国传统社会里，精英阶层亦如此。精英阶层作为一个阶级，
是不懂技术知识的。他们的垄断权是建立在历史智慧、文学消遣以及

---

❶ Susan Bassnett, André Lefevere. Translation, History and Culture［C］.Shanghai：Shanghai Foreign Language Education Press，2004：12–14.

❷ Gideon Toury. Descriptire Translation Studies and Beyond［M］.Shanghai：Shanghai Foreign Language Education Press，2001：20.

❸ 约翰·凯里. 知识分子与大众：文学知识界的傲慢与偏见（1880—1939）［M］.吴庆宏，译.南京：译林出版社，2010：6.

表现自身的艺术才能的基础之上。❶ 然而，民初的社会已经发生了翻天覆地的变化。作为倚靠市场、卖文为生的翻译家，周瘦鹃在自己的翻译语言上很是下功夫，以此赢得大量读者。因为，他知道，译文的雅与俗和语言的运用有很大关联。清末译坛表现在语言上的规范是文言文，民初时代发展趋势是以白话文取代文言文。然而，为了迎合不同读者的口味，为了尽可能吸引更多的读者，周瘦鹃在翻译中既有适合精英阶层的雅化语言，又有适应社会主流诗学规范的俗化语言，甚至还有照顾中间需求的半文半白的杂化语言。从《欧美名家短篇小说丛刻》中的 48 篇小说译文可以看到，周瘦鹃的翻译语言既有文言翻译的 23 篇，也有白话翻译的 18 篇，甚至还有半文半白的翻译 7 篇。

　　检视他的译作，笔者还发现，周瘦鹃使用不同的语言在实践上并没有一个很明显的分界线。他在民初译坛上没有流行白话翻译的时候，就已经使用白话翻译。1914 年他开始使用白话翻译《鬼新娘》。1914 年、1915 年他用白话和半文半白翻译了《无可奈何花落去》《缠绵》《伞》《惟影》《红楼翠幔》《美人之头》《这一番花残月缺》等，同时在这期间他也用文言翻译了小说，在之后的 1917 年译作中，他时常交错使用文言和白话。但他所用的文言和白话与清末和民初的其他译者有所不同。他所用的文言比鲁迅兄弟的文言容易看懂，因为他的语言比较生动灵活，善用中国经典语言进行描写，其译文给予读者一种熟悉而又陌生的感觉。另外，虽然本书把他所用的语言分为三种，但这并非绝对的分类。在他的一些半文半白的译本中，有时觉得读起来生涩拗口，有时候又灵动舒畅，就好似一个人一会儿走在荆棘丛中，一会儿走在平坦的大道上。读者在他的文言小说中看到了非常熟悉的白话文，感觉很亲切，阅读起来很舒畅，就像在听一个朋友讲述一个哀婉动人的

---

❶　杨善华.当代西方社会学理论［M］.北京：北京大学出版社，2005：289.

故事。同时，读者在他的白话翻译小说里，嗅出文言的雅致，又会让一些粗读文墨的学子感到另一种新鲜和刺激。

从周瘦鹃翻译的时间表里可以发现，在他初次涉足译坛的时候，喜欢使用文言。这时候是民国初年，精英知识分子还是习惯使用文言写作，文言文的那种优雅、古典以及精辟是"开口见喉咙"的白话所不及的。周瘦鹃运用文言非常熟练，可以参看周瘦鹃翻译柯南道尔的《病诡》中的一段。

予曰："汝既自知诡病，万无传染之理，则故故不听吾近，又何为者？"福尔摩斯曰："吾亲爱之华生，是尚用问耶！汝之医术，吾乌和弗信。夫以一垂死之人，脉既弗急，热度又弗增，以汝干才，宁能弗察其隐。若在四码以外，则尚可愚汝。试思此着而失败，吾又乌从使彼施密司入吾掌握耶？至彼所寄之小合，吾初未一动，汝或启之者，则一锐利之弹簧，且斜跃而出，有若毒蛇之齿，着肤立殂。"❶

周瘦鹃作为知名报人、编辑不可能不受到前辈的影响。经过长期编辑生涯的磨练，他已经接受并非常熟练地使用半文半白的文字。这样，既能抓住精英读者的心理，又能示好于一般市民，因此，在他大量的译文中始终出现这种文白相杂的语体。比如翻译《无可奈何花落去》。

夕阳无限好，只是近黄昏。哀加莽德夫人体力日衰，寻即奄然而逝。露珊曙后孤星，弥觉凄寂。将护之责，自非奥斯佛尔莫属。奥斯佛尔亦至愿担此重任。初为柯林娜故，尚夷犹为决。今指环业已璧还，

❶ 周瘦鹃. 欧美名家短篇小说［M］. 长沙：岳麓书社，1987：213.

情根亦由是而斩，遂决与露珊结婚，以了此不了之局。❶

　　译文用"夕阳无限好，只是近黄昏"这一熟语引出将要讲述的人物故事。接着译者转而使用文言精练地描述加莽德夫人的病况，奥斯佛尔的情感纠葛。雅化的文言与口语化的白话文结合在一起使用，既去除了文言所带来的艰涩拗口，又避免了口语化的粗俗，糅合了二者的优点，给人一种清新而又典雅的韵味。在翻译《美人之头》的时候，同样如此。

　　然而，始终追赶读者脚步的周瘦鹃使用白话翻译的频率越来越多，新文化运动领导的白话文运动也让他感受到了时代的需求，这一点可以从他与胡适的两次谈话推测出来。1928 年 3 月，周瘦鹃与胡适在一次宴会上相遇，两人有了交流。周瘦鹃形容胡适善于交谈，语言风趣幽默，胡适还主动问起周瘦鹃编辑的《紫罗兰》半月刊，也提到了周氏曾经在中华书局出版的《欧美名家短篇小说丛刻》，并且大为欣赏。周瘦鹃也提及胡适二十年前就办了《竞业旬报》，读到他的白话文，那个时候就已经很佩服胡适了。从中可以看出，周瘦鹃非常关心文学改革的诗学规范。胡适于 1906 年就开始用白话文办报，而周瘦鹃却在翻译早期就开始使用白话文，这个时间比起很多翻译家来说，确实很早了。早期周瘦鹃的白话译文同样出彩，如他所翻译的《缠绵》。

　　　说着，仰着头，呵呵大笑起来。两个老眼中斗的放出两道明光，闪闪四射。接着又道："你要知她虽是个老年人，酥胸中却藏着一颗少年的心儿。那玉容不用说自然和她心儿相关不远。在我瞧去，她真有驻颜之术，依旧和往年上我携着她纤纤素手同入礼

---

❶　周瘦鹃．欧美名家短篇小说 [M].长沙：岳麓书社，1987: 252.

拜堂时一模一样。当时她柳腰更觉瘦削，此刻已胖了一些。然而环肥燕瘦，也一秀的可爱。她的门第，金枝玉叶的令千金。想不到良缘天定，竟用红丝把我们两口儿牵了拢来，并头共相偎相依，比翼鸟双宿双飞。说不尽的恩爱，说不尽的缠绵。那时我心中又惊又喜，好象平民做皇帝，穷汉变富豪。想这一个花娇玉艳、绝世无双的安琪儿，从此一辈子和我携手同行。"❶

从中可以看出，周瘦鹃所使用的白话已经非常流畅自如，生动活泼，其所用的词语"闪闪四射""纤纤素手""柳腰更觉瘦削""环肥燕瘦""金枝玉叶""并头共相偎相依""比翼鸟双宿双飞"等都已经出现在现代汉语中。说话的老人回忆自己与妻子年轻时候相知相爱结合的过程，周瘦鹃把老人的那种眉飞色舞、骄傲自豪的表情用流畅的白话文生动地表现出来了。那口语化的语言从周瘦鹃的笔下写出来既明白晓畅，又生动感人，与现代白话文并无二致。

5.2.4　翻译方法

翻译不光是把西方文本翻译成中国文本的技术行为，更重要的是，它是一个文化斡旋的过程。本雅明在《翻译的任务》中认为，翻译原著不是要翻出它的现世，而是要译出它的来世，意思是指原著在后来几代人中所享有的声名。❷虽然本雅明认为译者的翻译原则还是要依赖原著的，但是如果按照本雅明的说法，这样一种"来世"的声名是借

---

❶ 周瘦鹃.欧美名家短篇小说［M］.长沙：岳麓书社，1987：182.

❷ Walter Benjamin. The Task of the Translator［A］//Rainer Schulte，John Biguenet. Theories of Translation：An Anthology of Essays from Dryden to Derrida. Chicago and London：The University of Chicago Press，1992：10.

译者而永恒的，那如果译者是来自一个文化和语言截然不同于西方传统的语境，事情会怎样呢？原著势必经历严重的变形。民初的译者尽管对西方文学很了解，但绝对谈不上熟谙西方文学艺术史，而且对于普通的中国读者来说，他们对原著什么样根本没有概念，所以到底什么是西方作品在中国的"来世"？因此，这个所谓的"来世"其实就是译者所赋予的，译者的声名、译者对原作的选择、译者的专业态度都构成译作的"来世"。译作的价值取决于译者，从某种意义上来说，它与原作的关系很小。

民初，短篇小说翻译已经成为翻译的主流。作为过渡时期的译者，周瘦鹃不可避免地在翻译方法和策略上受到清末译坛的影响，所以在翻译过程中，周瘦鹃所翻译的短篇小说虽然题材是外国的，但在语言特色上却打上了传统文人的印记。如他经常在译文开头模仿着说书人讲故事的口吻，使用章回小说中经常出现的"话说""看官""闲话少说"等套语。比如译自英国作家司各特的小说《古室鬼影》(*The Tapestricd Chamber*) 中，开头就是"看官们，这下边一段奇怪的故事，并不是向壁虚造的，实是二十年前我一个女友密司西华特所述……"在翻译《情奴》里，"闲话休絮，且说那但佘哈加的虽是受了这情场搓跌，他的情根却愈种愈深"等。下面我们以周瘦鹃翻译柯南道尔的小说《情奴》(*Sweethearts*) 开头为例。

英译文：It is hard for the general practitioner who sits among his patients both morning and evening, and sees them in their homes between, ... and even the most common thing takes an ever-recurring freshness, as though causeway, and lamp, and signboard had all wakened to the new day. Then even an inland city may seem beautiful, and bear virtue in its smoke-tainted air.

译文：看官们！天下凡是做医生的，好算得是个可怜虫。一天从日出到日落，只和那些病人们厮混，按脉扪心，忙得什么似的。就是什么最平常的东西，此刻瞧去，也分外鲜明。那砌道咧，街灯咧，店肆的招牌咧，仿佛都已醒回来，欢迎朝日。这当儿作是内地的城中，也美丽。那空气虽已被烟囱里的烟儿搅污，却还不致于不可向迩呢。❶

原文作者在文章开端即来一大段的文字，给人一种极其严肃的感觉。但是在译文中，读者不仅看到周瘦鹃添加了说书人常用的套语"看官们"，而且整个译文中还增添了不少的语气助词"咧、呢"等，增加了说书人现场说书的味道，让读者以为面对的不是毫无生气的文字书本，而是活灵活现、绘声绘色的说书人，一扫阅读文本的沉闷与无趣。

在人物形象上，不同国家和文化中，对人物的描写和用词也相应不同。中国形容美女的常用词汇有"娥眉""云鬓""柳腰""金莲""肌肤如雪"等，周瘦鹃惯于使用这种形容美女的词汇，"沉鱼落雁""闭月羞花""不足方明其艳、澄波流媚的星眸"等词也是信手拈来。这些词使其译文带上了浓郁的古典文学的味道。如他翻译的《鬼新娘》可作为一个例子。

英译文：As the Laird was half - thinking, half - speaking this to himself, the enchanting creature looked back at him with a motion of intelligence that she knew what he was half - saying, half - thinking, and then vanished over the summit of the rising ground before him, called the Birky Brow. "Aye, go your ways!" said the Laird, "I see by you, you'll not be very hard to overtake. You cannot

---

❶ 周瘦鹃. 欧美名家短篇小说 [M]. 长沙：岳麓书社，1987：72.

get off the road, and I'll have a chat with you before you make the Deer's Den."

The Laird jogged on. He did not sing the Laird of Windy wa's any more, for he felt a stifling about his heart; but he often repeated to himself, "She's a very fine woman!—a very fine woman indeed!—and to be walking here by herself! I cannot comprehend it."

When he reached the summit of the Birky Brow he did not see her, although he had a longer view of the road than before. He thought this very singular, and began to suspect that she wanted to escape him, although apparently rather lingering on him before. "I shall have another look at her, however," thought the Laird, and off he set at a flying trot. No. He came first to one turn, then another. There was nothing of the young lady to be seen. "Unless she take wings and fly away, I shall be up with her." quoth the Laird, and off he set at the full gallop.

译文：地主在那里自言自语，那美人儿忽地轻回香颈，流波一盼，姗姗地走上前边一片高地白甘冈上去，冉冉而没。地主又说到："哼哼，你想给小蛮靴底儿我瞧么，这里你可走不掉，我还要和你畅谈衷曲咧。"说着，急忙赶将上去，嘴里也不唱歌儿，心中只在那里想到：她真是个绝世无双的美人儿，只是为什么踽踽独行，很使人不解？当下里跃马赶上白甘冈，向前一望，哪里有什么美人儿，早已形销影灭，不知所往。地主又自语道：我再赶往前边瞧去。便加上一鞭，飞驰而前，不道转了好几个弯，依旧不见那美人儿。心想她难道插着翅儿飞去么？我再追去，定要追到了她才罢。❶

周瘦鹃在翻译时除了添加一些描写美人的外貌的词语，还添加了

---

❶　范伯群.周瘦鹃文集（第 4 卷）[M].上海：文汇出版社，2011：13.

一些表现性的副词，比如"轻回香颈""流波一盼""绝世无双""冉冉而没"等，使译文很符合中国读者的欣赏口味，甚至改变了原文中一些句式，把原文直接引语变成了自由直接引语，增添了故事情节的生动性和情节性。

周瘦鹃翻译的文字丰美、生动、贴切、笔触细腻，还注意了翻译文字的节奏和韵律，让中国读者阅读起来仿佛看到了熟悉的事物，产生一种审美的亲切感。可见，生活在一定社会中的译者必定带上其烙印，译者是特定历史中的人，这是永远也无法改变的。翻译既然是人类社会实践理性活动的产物，那么就会带上社会性，带上译者强烈的个性。也就是说，译本是译者所处的社会文化环境与译者个人思想倾向的综合性产物。尤其在统一的翻译规范还未正式建立起来的社会里，目的语文化的社会规范以及个人成长教育环境对译者的影响是巨大的。不论译者多么努力地向外界宣称他已经尽量把读者拉近作者或是忠实地再现原文，在翻译实践中主体文化对他的拉力就连他自己也是无法预料的。

当然，也有很多时候，周瘦鹃的译文跟原文非常接近，甚至可以谈得上忠实于原文，但在一些细节问题的处理上，周瘦鹃受主体文化的拉力比较大，有时没有特别注意区分英汉语两种文化上的差异。下面来看周瘦鹃翻译的《义狗拉勃传》。

英译文："Ailie," said James, "this is Maister John, the young doctor; Rab's friend, ye ken. We often speak about you, doctor." She smiled, and made a movement, but said nothing; and prepared to come down, putting her plaid aside and rising. Had Solomon, in all his glory, been handing down the Queen of Sheba at his palace gate, he could not have done it more daintily, more tenderly, more like a gentleman, than did James the Howgate carrier, when he lifted down Ailie his wife. The contrast of his small, swarthy, weather - beaten, keen, worldly face to hers—pale, subdued, and beautiful—was something wonderful. Rab looked on concerned and puzzled, but ready for anything that might turn up, —were it to strangle the nurse, the porter, or even me. Ailie and he seemed great friends.

　　译文：时乾姆司亦谓其妻曰："爱俪，此为玛司德约翰，少年医生也，且亦为吾家拉勃之友。"又顾予曰："达克透，吾辈时时道及足下。"妇微笑无言。将下车，因置皮袍于侧，盈盈而起。于是此霍甘德街之运货人，即如彼仪态万方之苏罗门，扶显白王后入其宫门，巍巍然扶其妻爱俪下，为态乃温文无伦，而其饱历风尘英锐棕黑之面，与其妻便娟惨白之颜色相较，状乃绝奇。拉勃仰首前瞻，似忧似困，爱俪与彼，似亦良友也。❶

　　上例中作者把 James 夫妇生动形象地刻画了出来，就连丈夫那并不标准、并不规范的语言也原原本本地显现出来了，说话者操着语法并不规范的语言向医生介绍自己的朋友，充分反映了作者对语言的巧妙把握，说明说话者受教育程度并不高，其身份地位也不高。在英国，尤其是 19 世纪的英国，语言是身份的象征，是否掌握正统的英语显示了一个人的身份地位，原文中 James 只是一个身材相貌比较粗野的运货人，但可惜的是译文并没有把这种符合说话者身份的语言忠实表达出来，相反译者却是使用了非常流畅雅致的文言文，从而抹掉了原文中地方语言的根本特色。综观全文，作者处处表现主人公并不优雅的语言，而译者却似乎没有注意到。

---

　　❶　周瘦鹃.欧美名家短篇小说［M］.长沙：岳麓书社，1987：45.

为了迎合民初读者的需求，周瘦鹃还使用了增添、删减等翻译手段。他所增添的译文主要分为三大类：增添按语、增加评论性的语言以及插入随感性的话语。

周瘦鹃所添加的按语涉及社会、文学、文化、经济、政治、历史人物、地理、度量单位、称呼等不一而足，主要目的就在于帮助读者更好地理解原文。如在翻译《功罪》中，周瘦鹃对于文中出现的军事术语进行了解释。

> 越三日，始颠顿归营。颅为刀劈，受创殊剧。同伴问状，则以闯入阿拉伯军中，与阿拉伯人鏖战对。创瘥，司令官幽之军事监狱，琥其臂章（按：臂章为表下士之服役年限及功绩者）。两来复后，得释。又入军中，说者谓彼系出巨家，所学亦富，脱能敦品立行者，作军官久矣。❶

在《义狗拉勃传》中，周瘦鹃对其中出现的文学历史事件进行了解释，他估计读者并不完全了解古希腊时期的 "Homer" "Iliad" "Hector" 等史诗中的人物，因而特意用按语的形式进行了文内注释，适时给读者进行文学知识的扩充，充分体现出译者对读者的人文关怀。

> 是夕，白勃与予初未进茗，即瘥小猎狐狗鸡雏于梅尔维尔街十七号白勃屋后草地之下。此一重公案，如以贺末（按：即 Homer 希腊大诗人）之杰构《伊利亚特》（按：即 Iliad，为世界最有名之诗）中事喻之，则吾群儿可谓屈琴群豪，而鸡雏则海克透也（考希腊野史，海克透 Hector 为脱劳爱 Troy 王柏拉姆 Priam 之子，为

---

❶ 周瘦鹃.欧美名家短篇小说［M］.长沙：岳麓书社，1987：333.

屈琴群豪中之领袖，后为茂密棠族 Myrmidons 酋长阿堪莱 Achilles 所杀，以车载其尸绕脱劳爱城三匝，以示城人使各屈服）。❶

所谓"评论"指的是原文中没有，译者针对原文中的人物行为、话语、心理等作出的评价性的话语。译者既可以把它放在故事开头，也可以放在结尾。往往开头的评论性话语类似于古代说书人开头的楔子。这种评论放在篇首，用以点明、引出正文，为下文故事作铺垫，设置悬念，吸引读者。例如周瘦鹃在《慈母之心》开头插入了评论。

　　读吾书者，须知天下别离之苦，在贫民细人中为尤甚。良以彼富人之家，听其金钱铿锵之声，已足忘忧。而贫者无所有，所有者惟其骨肉。骨肉既远在千里，无由一见，此其为状，直同己死。举家萦念征人，如坠黑窟。征鸿不来，音讯常绝。但有魂梦，非到天涯。人谓他日必能解甲归来，然弗知如何使能归，归又弗知何日。❷

读者看这楔子的第一句就大概知道本故事讲述的是亲人间的别离之苦。穷乡僻壤的穷苦人家孩子被迫去当兵，保卫国家，而丢下老母亲一人在家。老母亲从此每天牵肠挂肚，念叨孩子何时归。这种家庭伦理故事涉及千千万万的普通家庭，很能在读者心里产生情感上的共鸣，扣人心扉。

也许是周瘦鹃好为人师，也许是周瘦鹃故意模糊作者与译者的界线，在他的译本中还多次出现译者抢过作者的笔头，不时在译文中插

❶　周瘦鹃.欧美名家短篇小说［M］.长沙：岳麓书社，1987：58.
❷　周瘦鹃.欧美名家短篇小说［M］.长沙：岳麓书社，1987：126.

入一些表示评价、感叹之类的语言，有些时候干脆插入叙述自家的事情。比如：翻译《破题儿第一遭》中，"仿佛小学生读书，见了威严的先生，深度都不自在咧"。❶还比如，在翻译《义狗拉勃传》中，爱俪得了大病，需要住院动手术，大家都纷纷表示关切地询问，爱俪到底得了什么病，周瘦鹃插入一句："读吾书者，勿谓若辈无心肝也，亦将籍此研究学理耳。"❷在翻译《阿兄》中，但尼尔和亚克两兄弟的父亲因生意经营不善，抑郁而死，母亲也相继去世。但尼尔进了一个小学当教员，但是学生却不好管理。学生课堂纪律混乱，说笑之声不绝于耳。周瘦鹃为了说明学生的调皮和难以管教，居然在译文中讲述自己曾经在中学执教的经历，对但尼尔的遭遇表示充分同情。

　　周瘦鹃看似不忠实于原文的翻译虽然给读者带来很大的遗憾，但正是这种类似海外奇谈、艺术趣味比较接近中国传统小说的译本让读者感到亲切又好奇，适合他们的阅读口味，满足他们渴望领略异域风情的梦想，开拓了他们的视野，并引起了他们对异域小说的兴趣。从某种程度上可以说，这些翻译为后来新文学家严格直译的作品真正进入读者的视野打下了基础，起到了沟通桥梁的作用。

　　总体说来，周瘦鹃的翻译无论是在翻译文本的选择，还是语言的运用，抑或是方法和策略的使用上，都充分体现了其机智、灵活的翻译能力。无论是出于经济上还是文化道德上的目的，周瘦鹃对于自己每一个服务对象都关怀备至，而这恰恰是周瘦鹃作为一个贱民型的译者应尽的责任，他必须确保每次翻译策略安全而有效地达到预期目标。他因执着于翻译言情小说而在上海滩上名声大振，让许多读者倾慕不已。当时的少男少女几乎奉他为爱神，有的女学生甚至将他的照片揣

❶　周瘦鹃. 欧美名家短篇小说［M］. 长沙：岳麓书社，1987：485.

❷　周瘦鹃. 欧美名家短篇小说［M］. 长沙：岳麓书社，1987：46.

在怀中。一位迷恋周瘦鹃的读者还专门写了《我心目中的周瘦鹃》并在文章之前表明："予自省龄读小说，遂无日不晤瘦鹃于字里行间，读之久，慕之深，乃于瘦鹃之行动，竟摄一幻象于脑海中，每一见其作品，即如见其为人。"❶ 可以相信，民初的周瘦鹃已经以自己的译作走进了读者的心中，成为一位明星式的作家和翻译家。

5.3　探索型翻译伦理模式

探索型的译者对外国文本充满好奇心，喜欢思考并且很有求知欲，想要了解或解释身边发生的事。思维能力强，喜欢从理论和思辨的角度看问题，对于别人已有的结论通常持怀疑的态度。独立自主，对于喜欢做的事全神贯注，喜欢尝试解决各种问题，具有创造性。体现在翻译上，翻译目的非常明确，并愿意为此目的而奉献自己；翻译内容的选择上比较多样化，不仅涉猎文学作品，各种文学体裁和题材的作品、文艺理论等，还会涉及科普类文章；翻译方法上，会随着读者的不同、自身翻译目的的不同而适当灵活地调整自己的翻译策略。这一类型的翻译家以鲁迅为中心，在他周围有很多的翻译家如茅盾、巴金、冰心、闻一多、成仿吾、瞿秋白、郑振铎、郭沫若、曾虚白、林语堂、郁达夫、朱自清、罗家伦、傅斯年、陈西滢、邹韬奋、蒋百里、李霁野、韦素园等。

鲁迅一生的翻译作品约 300 万字，其数量超过了创作，包括 15 个

---

❶ 参见：刘铁群 . 现代都市未成型时期的市民文学——《礼拜六》杂志研究［M］.北京：中国社会科学出版社，2008：182.

国家近 100 位作家的 200 多种作品。民初，他的主要活动范围在北京，尝到了翻译甜头并对翻译已经有了较丰富经验的鲁迅此时翻译格外勤快，再加上家人的陪伴，生活相对安稳、从容，使他能够有更多的时间花在翻译介绍外国文学作品上。

5.3.1　翻译目的和动机

如同所有的翻译家一样，翻译对于鲁迅来说也是养家糊口、赚取生活资料的一种手段，这一点可以从鲁迅的日记、信函以及他所主编的刊物中看出来，因此，翻译之于鲁迅毫无疑问也有经济目的。巴斯奈特、皮姆等都曾公开地说，作为社会生活中的一员，赚取生活资料无可厚非，尤其是在资本主义经济下的社会，更是如此。❶ 翻译往往是译者最主要的谋生手段，鲁迅的日记里经常提及收取稿酬的情况。比如 1921 年 7 月 27 日及 31 日鲁迅分别两次致信周作人。

> 二弟览:《一茶》已寄出。波兰小说酬金已送支票来，计三十元；老三之两篇（ソロゲープ及犹太人）为五十元，此次共用作医费。❷
>
> 二弟览:今日得信并译稿一篇。孙公因家有电报来云母病，昨天回去了；据云多则半月便来北京。他虽云稿可以照常寄，但我想不如俟他来后再寄罢。好在《晨报》之款并不急，前回雉鸡烧烤费，也已经花去，现在我辈文章既可卖钱，则赋还之机会多多

---

❶　Susan Bassnett. Translation Studies ［M］.Shanghai：Shanghai Foreign Language Education Press，2004：4；Anthony Pym. The Return to Ethics ［C］.Manchester：St. Jerome Publishing，2001：6.

❷　鲁迅 . 鲁迅全集（第 11 卷）［M］.北京：人民文学出版社，2005：398.

也矣。❶

由这两封信可以看出，此时的鲁迅依靠翻译和写作能承担起养家的责任，并且还有结余，从鲁迅的话语中可以感觉出依靠翻译稿酬能够养家糊口让他感到骄傲。特别是 20 世纪 20 年代开始，鲁迅依靠翻译与写作所获得的报酬日益增多，这一方面使他的翻译、写作兴趣更加浓厚，其速度与效率也大大提高，因而获得的收益更大；另一方面经济上的收益使他可以心无旁骛地进行翻译、写作。

与民初很多翻译家不同，鲁迅集编、写、译于一身，经常审读、编译别人的译作，不时地为自己所创办的刊物运作而花费心思。作为赞助人和译者双重身份的鲁迅不仅依靠翻译为自己赚取生活开支，同时还要以自己的译本来支撑自己所主编的几种刊物。因此，于公于私，经济问题是鲁迅翻译生涯中必须考虑的问题。作为《未名丛刊》与《乌合丛书》的主要负责人，他在 1924 年 12 月的广告中很谦虚地谈道：

> 大志向是丝毫也没有。所愿的：无非（1）在自己，是希望那印成的从速卖完，可以收回钱来再印第二种；（2）对于读者，是希望看了之后，不至于以为太受欺骗了。❷

从中也可以看出，民国时期的刊物大多数背后并没有雄厚的经济基础，他们不得不依赖市场的销量来维持日常的开销。一旦市场不景气，刊物的生存就会岌岌可危。为了避免出现此种情况，鲁迅尽可能

---

❶　鲁迅 . 鲁迅全集（第 11 卷）[M] . 北京：人民文学出版社，2005：400.
❷　冯知明 . 鲁迅文集（第 2 卷）[M] . 海口：海南出版社，2011：244.

把译作发表在自己所主编的几种刊物上。

　　然而，促使鲁迅痴恋翻译并把其放在首位的一个最主要目的却是"转移性情，改造社会"。鲁迅在清末就已经开始从事翻译活动，1903年他翻译的《斯巴达之魂》《长生术》等这些充满战争和科学精神的作品都显示出他紧跟时代的步伐。民国初期，带有明显的启蒙目的的新文化运动蓬勃发展。这场声势浩大的文化运动让此时感到迷茫的鲁迅看到了翻译的方向，唤起了他身上本来就有的士人责任感："即使同梅毒一样，现在发明了六百零六，肉体上的病，既可医治；我希望也有一种七百零七的药，可以医治思想上的病。这药原来也已发明，就是'科学'一味。"❶作为一个对中国文化充满着沉郁的忧患意识和复杂的自省精神的学者，作为一个认真思考社会问题并试图找到解决出路的探索者，鲁迅认为，中国羸弱与落后的根本原因在于落后的传统文化模式和民族文化心理。此时的他并不是想依赖创作，也许是因为创作太慢，或者感觉译作的效果更能达到自己的目的，鲁迅并没有明说，然而他却想到了利用外国文本，并且是短篇小说。"注重的倒是在绍介，在翻译，而尤其注重于短篇，特别是被压迫的民族中的作者的作品……'小说作法'之类，我一部都没有看过，看短篇小说却不少，小半是自己也爱看，大半则因了搜寻绍介的材料。"❷可以说，鲁迅的翻译活动主要是在思想启蒙与政治救亡的支配下而展开的。生活在民初中国的鲁迅从小就目睹底层人民的苦难生活，其中的艰辛、卑微、无奈、无助是他们生活的常态，如何改变这种境况是鲁迅急切想要寻求的。

　　基于此，鲁迅选择俄国和其他弱小国家的作品作为翻译对象。因

---

❶ 《新青年》1918 年第 5 卷第 5 号。

❷ 冯知明 . 鲁迅文集（第 2 卷）[M] . 海口：海南出版社，2011：359.

为，在他看来，这些作品不同于其他国家的文学，作者借助故事主人公之口，诉说了生活对那些下层劳动人民和弱势群体的不公平，以及他们对苦难生活和自身命运的抗争。这些文学作品描述的弱势群体的困境和生活境遇恰巧与当时民初社会普通民众的生活相似，鲁迅对这些作品的译介在于让社会各个阶层尤其是统治阶级对这些命运多舛的下层劳动群众有所了解，并希望以此引起社会的反响，从而希望能够改善他们的状况，更重要的是，通过译作能够让读者自觉地站起来，奋起反抗黑暗势力、与命运做斗争，改变自身乃至国家的命运。鲁迅在《英译本〈短篇小说选集〉自序》中提到，"后来我看到一些外国的小说，尤其是俄国，波兰和巴尔干诸小国的，才明白了这世界上也有着许多和我们的劳苦大众同一命运的人，而有些作家正在为此而呼号，而战斗"。❶内心深处，他也希望自己能以文学为斗争的武器，为人民大众的解放，为国家民族的解放而努力。

鲁迅翻译了大量苏联的文学作品和文学理论，并希望能够为奋斗着的中国革命者提供一点精神的鼓励和支持，并让广大民众作为借鉴。"我们的读者大众，在朦胧中，早知道这伟大肥沃的'黑土'里，要生长出什么东西来，而这'黑土'也确实生出对弱者和底层民众的苦难生活满怀同情，同时指出他们自身的缺陷，并企望得出疗救之策。"❷这才是鲁迅进行文学创作和译介时所着重关注之处。

鲁迅翻译文学的另一个目标是引进外国文学中新的写作方法和技巧，建设中国新文学。对于如何建设中国新文学，鲁迅在翻译过程中有了自己的创造性想法。他认为，阅读外国文学作品能促进新文学的发展。在翻译与创作的互动实践中，鲁迅自己也承认他的文学创作很

---

❶ 鲁迅.鲁迅全集（第7卷）[M].北京：人民文学出版社，1981：3.
❷ 冯知明.鲁迅文集（第2卷）[M].海口：海南出版社，2011：333.

大程度上也得益于外国文学。他鼓励国人去阅读外国文学以提高自己的写作。鲁迅曾说："翻译并不比随便的创作容易，然而与新文学有功，与大家有益。""翻译和创作，应该一同提倡，决不可压抑了一方……注重翻译，以作借镜，其实也就是催生和鼓励着创作。"❶鲁迅努力实践着从外国作品中学习的目标。

5.3.2　翻译内容

作为探索型译者，鲁迅的翻译选材是很用心的，因为这直接关系到他所探索的问题能否得以解决。就本研究阶段而言，即 1912—1927年这 16 年时间里，鲁迅翻译了约 80 部作品，字数占其翻译总量的一半，可见本阶段在其翻译生涯中的重要性。其中有小说、诗歌、戏剧、文艺评论、回忆录等多种文学体裁。仅 1921 年就出版译著 24 部，如《鼻子》《医生》《父亲在亚美利加》《疯姑娘》《战争中的威尔珂》《黯澹的烟霭里》《书籍》《池边》《狭的笼》《春夜的梦》《雕的心》《连翘》《鱼的悲哀》《世界的火灾》《古怪的猫》等。

关于翻译选材，鲁迅在《我为什么做小说》一文中谈到，做小说"仍抱着十多年前的'启蒙主义'，以为必须是'为人生'，而且要改良这人生。……所以我的取材，多采自病态社会的不幸的人们中，意思是在揭出病苦，引起疗救的注意""因为所求的作品是叫喊和反抗，势必至于倾向了东欧，因此所看的俄国，波兰以及巴尔干诸小国作家的东西就特别多。……记得当时最爱看的作者，是俄国的果戈理（N.Gogol）和波兰的显克微支（H.Sienkiewitz）。日本的，是夏目漱石和

---

❶　冯知明.鲁迅文集（第 2 卷）[M].海口：海南出版社，2011：398.

森鸥外。"❶急于改造中国民初社会的鲁迅，带着一种传统士人的责任感，敲打着沉睡的国人，把他国不幸的、罪恶的、痛苦的生活血淋淋地展示给国人看，意图刺激他们奋起斗争。1920 年 11 月鲁迅翻译了阿尔志跋绥夫的短篇小说《幸福》，就是这样一部血淋淋的生活惨剧。作者故意给本小说取名"幸福"，乃是反讽。故事说的是妓女赛式加因梅毒烂掉了鼻子，因此生意惨淡。这天晚上，她在雪地里等待生意，突然出现一个过客，赛式加上前兜揽生意，过客起先没有理会她，后禁不住她的哀求，便要求她脱光衣服站在雪地里，让他打十下，给她五个卢布。赛式加为了这五个卢布被这个过客打得奄奄一息，但她却感到了"幸福"。

鲁迅还翻译了阿尔志跋绥夫的一部中篇小说《工人绥惠略夫》，故事讲述绥惠略夫对社会现实极其不满，对宗教信条的虚伪更是肆无忌惮地予以批判，他的某些言行引起了当局的注意，警察想要把他关起来。在好友的保护下，他逃脱了追击，但他的好友却被警察打死。从此他更加痛恨这个虚伪黑暗的社会。有一天，他溜进一家剧院，向观众席上胡乱开枪，一片混乱中他又被蜂拥而至的宪警捉住。鲁迅在翻译过程中思想上充满着矛盾，他一方面非常同情主人公，另一方面又反对主人公的激进行为。但是鲁迅又意识到，绥惠略夫"在这无路可逃的境遇里，不能不寻出一条可走的道路来"。❷他以这样一种惨烈悲壮的方式向社会复仇，这其中的痛苦、绝望、幻灭，恐怕只有生活境遇相似的人才能体会得到。

然而，翻阅鲁迅的译作，我们可以发现鲁迅真正感兴趣并进行自主选择翻译的是那些拥有赤子之心的作品。1921 年 5 月 28 日，鲁迅留

---

❶ 冯知明. 鲁迅文集（第 2 卷）[M]. 海口：海南出版社，2011：359.

❷ 鲁迅. 鲁迅全集（第 10 卷）[M]. 北京：人民文学出版社，2005：183.

意到很多报纸上刊载了日本放逐一个俄国盲诗人的报道。他后来读到这位诗人的作品，被其优美纯洁的心所深深打动。对这个盲诗人了解得越多越让他觉得应该把这个诗人的作品翻译出来。鲁迅特别交待此译不是为了猎奇，"从什么'艺术之宫'里伸出手来，拔了海外的奇花瑶草，来移植在华国的艺苑"。❶鲁迅之所以翻译他的作品，主要由于作者的童话梦幻纯洁，充满诗趣而富有人心，对他人始终抱有一种深切的关怀，对他人不幸的命运充满同情。也正因为该童话的翻译，使得这个在外人看来铮铮铁骨的文艺界先锋和斗士显得生动柔和。

最能体现鲁迅循性情进行翻译的是《小约翰》。它出现在鲁迅的翻译生涯中是一次邂逅。鲁迅在日本发现了它。1906 年，25 岁的鲁迅被破旧的德文半月刊《文学的反响》吸引住，里面就有荷兰作家望·蔼覃的《小约翰》节选部分第五章。鲁迅按捺不住好奇心，到南江堂、丸善书店购买，但是很遗憾，竟然没有买到。后来只好再托丸善书店从德国定购。三个月后终于花了大概四角钱得到它的德译本，鲁迅高兴极了。

鲁迅常常形容他得到《小约翰》的心情，就像是看到了天际的一抹彩虹，又像是尝到了自己最爱吃的美食，因为自己喜欢，所以也希望别人品尝。鲁迅曾说："我也不愿意别人劝我去吃他所爱吃的东西，然而我所爱吃的，却往往不自觉地劝人吃。看的东西也一样，《小约翰》即是其一，是自己爱看，又愿意别人也看的书，于是不知不觉，遂有了翻成中文的意思。"❷

从这些小说中，笔者发现，作为探索家的鲁迅在尝试各种不同题材、不同主题内容的作品，而他自己则是一个经常不断对专制社会以

---

❶ 冯知明.鲁迅文集（第 2 卷）[M].海口：海南出版社，2011：111.

❷ [荷]拂来特力克·望·蔼覃，[苏]L.班台莱耶夫.小约翰·表[M].鲁迅，译.南京：凤凰出版传媒集团，译林出版社，2011：6.

及附庸其上的文化礼教的黑暗进行毫不妥协的批评家，一个坚持社会主义的立场，为受到损害、屈辱的弱势群众伸张正义的改革家。在那个深刻、冷峻的外表下，也有着一颗柔软的心，充满着童趣，充满着浪漫的情调。鲁迅还翻译了一些抒情意味浓郁、色调比较明朗的作品。如契科夫的《连翘》和《省会》，这在鲁迅的小说里就像阴沉黑暗的夜空中划过的一道亮光。这两部短篇小说也没有太多的故事情节，但主题却与鲁迅其他的翻译截然不同。《连翘》叙述的是"我"与 21 岁温文美丽的少女散步，她见到连翘花，想要。"我"便爬上去偷摘，手刺破后出了血，但"我"不自知，唯有陶醉。然而，少女回家后，"我"却被门丁挡在门外。这篇小说充满了浓厚的浪漫色彩。《省会》则叙述"我"返回故乡省会时，回忆起 25 年前与赛先加在河边钓鱼，"我"还吻了她的甜蜜往事。然而这之后，赛先加便消失不见了。后来"我"的父母不在了，"我"也成了作家。"我"设想了很多种赛先加目前的状况，但没有确切的信息。这篇小说充满着浓浓的怀旧情绪。

鲁迅还引介了中国文苑匮乏的新鲜元素，这方面的代表翻译作品是日本作家武者小路实笃的反战剧本《一个青年的梦》。该剧作为多幕剧，以"一战"为背景，叙述了一个青年在梦中遇到一个陌生人，该陌生人把他带到为战争而死去的亡灵面前，倾听亡灵控诉战争的罪恶。这部剧作表达了人类可以跨越国家、民族的界限，团结在一起。在一种超越国家、民族的崇高情绪里，人们仿佛终于找到了一种无国界的世界性，它似乎就意味着人们可以超越数千年的历史隔阂和现实的状况，不再有战争的硝烟，不再有杀戮的场景。作者强烈反战、热爱和平的渴望，在当时的社会情形之中具有特别的意义。这部作品对鲁迅影响很大，曾在小说杂文中多次提到书中的见解。剧作《一个青年的梦》在 1919 年的五四运动点燃了无数中国人的梦想后，继续引领青年人朝着心中的目标前进。

鲁迅在《一个青年的梦》译者序中说到翻译该剧作的缘由，是因为周作人曾说起《一个青年的梦》，他便到处去找，终于找到并将这本剧作看完，他被这部剧本深深感动了，觉得作者想要表达的思想很明白、很透彻，而且其对于世界将要走向和平很有信心。

> 我对于"人人都是人类的相待，不是国家的相待，才得永久和平，但非从民众觉醒不可"这意思，极以为然，而且也相信将来总要做到。现在国家这个东西，虽然依旧存在；但人的真性，却一天比一天的流露：欧战未完时候，在外国报纸上，时时可以看到两军在停战中往来的美谭，战后相爱的至情。他们虽然还蒙在国的鼓子里，然而已经像竞走一般，走时是竞争者，走了是朋友了。❶

《一个青年的梦》中所反映出来的反战思潮，人物所表达的对美好未来的憧憬是当时的鲁迅倍加喜欢的。因此，1919 年 8 月 1 日，《国民公报》编辑孙伏园向鲁迅约稿，鲁迅说："文章是做不出了。《一个青年的梦》却很可以翻译。"❷

20 世纪 20 年代后期，随着中国政治格局的变化，鲁迅的思想发生了深刻的变化。他在文学革命中有了深刻的认识，觉得文学世界毕竟不是真实的世界，更不能代替政治，因此，他开始在文学创作和翻译中慢慢渗透政治思想。因此，鲁迅后期的翻译目的在原有的思想启蒙和社会救赎的基础上，加入了政治文化色彩。表现在翻译文本的选择

---

❶ 鲁迅 . 鲁迅全集（第 10 卷）[M] . 北京：人民文学出版社，2005：209.
❷ 鲁迅 . 鲁迅全集（第 10 卷）[M] . 北京：人民文学出版社，2005：210.

上，他不再只专注于文化文本、文学文本，转而集中引进苏俄革命文学、文艺理论以及同样命运民族的文学，如《徒然的笃学》《北京的魅力》《新时代与文艺》《自然主义的理论及技巧》《表现主义》《小说的浏览和选择》《东西之自然诗观》《亚历山大·波洛克》等。

从鲁迅翻译的书目可以看出，鲁迅翻译作品的文类很多，彰显他作为探索家型译者的求知精神。他选材既遵循自己的性情，又很理性，反映了他的文学素养和对社会的责任感。鲁迅每翻译一部作品，心中其实已经有了一定的拟想读者，为了给不同的读者以不同的教育与启迪，他有意识地进行探索、尝试，于是呈现在读者面前的既有小说、散文、诗歌，也有文艺理论作品，还有戏剧；既有成人读物，也有儿童作品；既有严肃的爱国作品，也有浪漫的爱情小说。鲁迅进行探索的用心是很明显的，他希望凡是能读书识字的人无论男女老少都能从他的译本中找到那本适合自己的。

综观鲁迅的翻译内容，一个反讽的翻译事实是，近现代翻译文学史上，第一代译家林纾无意中翻译了不少欧洲、日本二三流作家的作品，第二代译家鲁迅尽管明知林纾翻译选择之弊端，甚至还公开批评过其翻译，却在自己的一生中也翻译过很多二三流作家作品，而且其中有很多是刻意而为之。他虽然不完全清楚那些作家在其本国的文学地位，但他很显然也并不理会、并不顾及当时已有的文学批评、文学史定论，而是依据自己的判断、自己的价值观来选择原文。

5.3.3　翻译语言

探索型的译者鲁迅在翻译中由文言到白话，再到文白相间，再到白话等，可以看出他一直在犹豫，在探索，在试验。1918 年鲁迅翻译

《查拉图斯特拉如是说》，这在中国是最早的译文，用的是文言。鲁迅翻译了第一卷《序言》的前三节。后来，他又用白话试着重新翻译了前面九节。试比较两个译本。

> 察罗堵斯德罗行年三十。乃去故里与故里之湖。而入于重山。以乐其精神与其虚寂。历十年不倦。终则其心化。一日之晨。与晓偕起。趋前就日而谓之曰。猗汝大星。使汝不有其所照。奚乃汝福邪。汝作而临吾穴者十年。载使无我与吾鹰与吾蛇。则汝之光曜道涂。其亦倦矣。❶

古文译本译笔古奥，似乎是拟《庄子》或《列子》所作，并使用了不少生僻的字眼，这一点与鲁迅此前翻译的《域外小说集》（1909）有相近之处。《域外小说集》出版后的 10 年里，中国发生了新文化运动，很多翻译家已经开始使用白话文写作翻译，但鲁迅仍然采用古奥的译笔作为翻译文体，到 1920 年他终于放弃了文言，而使用了白话文。如：

> 察拉图斯忒拉三十岁的时候，他离了他的乡里和他乡里的湖，并且走到山间。他在那里受用他的精神和他的孤寂，十年没有倦。但他的心终于变了，——一天早晨，他和曙光一齐起，进到太阳面前对他这样说："你这大星！倘你没有那个，那你所照的，你有什么幸福呵！十个年来你总到我的石窟：你的光和你的路，早会倦了，倘没有我，我的鹰和我的蛇。"❷

---

❶ 鲁迅.鲁迅全集［M］.北京：人民文学出版社，1958：773.
❷ 鲁迅.鲁迅全集［M］.北京：人民文学出版社，1973：578.

　　该白话译文明白易懂，清晰明了。在翻译中，鲁迅很坚定地使用直译的方法，但是他的翻译语体却始终处于变化之中，看得出他一直很矛盾，很犹豫，不知道自己是否该放弃一直以来的坚持。文言在鲁迅心目中有不小的分量，他曾经师从章太炎学习古文，后来又坚持用古文写作，再则古文一直是传统士人身份的标志，放弃古文从某种程度上来说意味着放弃了自己的身份，而对于鲁迅这么重视身份的近代知识分子来说，又谈何容易？因此他彷徨，痛苦，但又改变不了文言时代即将逝去的命运。此外，士人身上与生俱来的社会责任感提醒着他：中国文字有很多缺漏的地方，必须借助于西洋文字才能改变现状，中国传统文学也逐渐要走向死胡同，什么才是未来中国文学发展的出路？对这些问题的探索一直左右着鲁迅的思想。1920 年，他又用白话文来翻译同一文本，这说明他开始迈开脚步去尝试、探索建构新文学的路径。仔细分析鲁迅的这篇白话文译作，笔者还发现他的语言呈现了很多的欧化特征，其建构新语言、新文学的目的非常明显。

　　安特莱夫是鲁迅一直以来推崇的作家，清末鲁迅翻译了安氏的《谩》《默》，《谩》《默》用非常古的文言文，有些字、词、语言的使用偏古、偏生涩。然而这样的语言高度凝练，意思表达比较古雅。比如鲁迅翻译的安特莱夫《谩》第一节。

　　　　吾曰。汝谩耳。吾知汝谩。

　　　　曰。汝何事狂呼。必使人闻之耶。

　　　　此亦谩也。吾固未狂呼。特作低语。低极茸茸然。执其手。而此含毒之字曰谩者。乃尚鸣如短蛇。

女复次曰。吾爱君。汝宜信我。此言未足信汝耶。❶

《谩》一开始就是男主人公不停地追问，充分表现出男主人公对恋人的不信任。他有一种幻听症，耳边整天听见欺骗他的谎言。舞会上，在疑心重重的男主人公的眼中，人们都成了无生命之物，却能听到马路上的说话声。因不安与不信任的恐慌而被逼发疯的男子最后杀了自己的女朋友，但"谩"的耳语声却仍未停息。译者用文言翻译给人一种沉重的窒息感。

清末，鲁迅初登译坛，很多方面需要向前人学习，尤其是处于社会转型期，关于语言的表现力、语言的可接受性、语言对民众的阅读影响等方面，他还没有一个清楚的了解和把握，也没有一个明确的判断。民初的鲁迅已经对翻译的本质以及读者的阅读审美有了很深的了解，因此他的翻译语言有了一个很大的转变，白话文已经成为他的不二选择。即使选用同一个作者的作品，鲁迅对安特莱夫的认识也有了很大的不同。下面来看看 1921 年他所翻译的安特莱夫的作品《黯澹的烟霭里》。

他们走进食堂去，巴尔素珂夫先生对于含着非常的情爱的自己的慌张，也觉得有些惭愧了。然而团聚的欢喜，中了毒似的在他心脏里奔腾，而且要寻出路；七年以来不知所往的儿子的再会，使他的态度活泼而且喜欢，他的举动忽略而且狼狈了。当尼古拉立在他妹子面前，搓着冻僵的手，问道："这位小姐该是我妹子了——可是么？"的时候，他不由的发出真心的微笑来。❷

---

❶ 鲁迅，周作人. 域外小说集·谩 [M]. 上海：上海群益书社，1920：189.
❷ 鲁迅. 鲁迅译文选集（短篇小说卷）[M] 上海：上海三联书店，2014：35.

　　此时鲁迅所使用的语言已经完全不同于 1909 年了，那种艰涩、古奥的语言不见了，取而代之的是人们日常所熟悉的白话文。该小说叙述革命者尼古拉回到了家，见到了七年未曾谋面的家人。本段节选就是尼古拉与妹妹相见的场景。兄妹俩逐渐长大再次见面有点吃惊，但是那种与生俱来的血缘关系使他们很快穿越了七年的时光，承认了彼此的存在。读者阅读起来居然有一种如释重负的轻松愉悦感，毫无障碍，仿佛故事就发生在自己的身边。

　　新文化运动以来，鲁迅也逐渐认识到古文已不适应时代的发展，很多词汇和语法都不能很好地表达新事物新思想，语言改革势在必行。摒弃文言文，推广白话文，已经成为很多翻译家和作家共同的目标。对于读者，他甚至认为，"即便为乙类读者而译的书，也应该时常加些新的字眼，新的语法在里面，但自然不宜太多，以偶尔遇见，而想一想，或问一问就能懂得为度。必须这样，群众的言语才能够丰富起来"。[1]

　　但是白话文并不能完全大行其道，鲁迅曾这样评价白话文："中国的文或话，法子实在是太不精密了，作文的秘诀，是在避去熟字，删掉虚字，就是好文章，讲话的时候也时时要词不达意，这就是话不够用，所以教员教书，也必须借助粉笔。"[2] 他认为，最明白晓畅的语言来自作家的心灵，他在翻译爱罗先珂的童话剧《桃色的云》时说："无论何人，在风雪的呼号中，花卉的议论中，虫鸟的歌舞中，谅必都能够更洪亮的听得自然母的言辞，更锋利的看见土拨鼠和春子的运命。世间本没有别的言说，能比诗人以语言文字画出自己的心和梦，更为明

❶　冯知明.鲁迅文集（第 2 卷）[M].海口：海南出版社，2011：292.
❷　冯知明.鲁迅文集（第 2 卷）[M].海口：海南出版社，2011：290.

白晓畅的了。"❶ 因此，译者要翻译出好作品，必须得从心理上和情感上接受作品并与作者融为一体，感受着他的感受，用自己最适合的语言翻译作者想要表达的内容，才能吸引更多的读者。鲁迅翻译时采用的是"一种特别的白话"，来自民间大众却又与之保持距离："没有法子，现在只好采说书而去其油滑，听闲谈而去其散漫，博取民众的口语而存其比较的大家能懂的字句，成为四不像的白话。这白话得是活的，活的缘故，就因为有些是从活的民众的口头取来，有些是要从此注入活的民众里面去。"❷ 由此可以看出，鲁迅译文中的"四不像"的白话杂糅了"说书""闲谈""民众口语"等语言，实际上成了具有标志性的"鲁迅式白话"。

在大量的探索与试验中，鲁迅感觉到，翻译不同文体的文学应用不同的语言。翻译俚俗的文字不能用太雅化的语言，否则将失去它的自然率性；翻译高雅文字也不能用俚语俗字，否则将失去它的优美雅致。如果是翻译儿童文学，则应该采用符合儿童语言习惯的表达方式。爱罗先珂的作品大多是童话，译者就该考虑儿童语言与成人语言的差异。鲁迅在翻译苏联儿童作品《表》时充分考虑了语言的区别，他说在开始翻译这个作品以前，"想不用什么难字，给十岁以下的孩子们也可以看。但是，一开译，可就立刻碰到了钉子了，孩子的话，我知道得太少，不够达出原文的意思来，因此仍然译得不三不四"。❸ 尽管翻译得有不尽如人意的地方，但从鲁迅的话语中可以知道他对于采用合适翻译语体的用心，对于不同文类翻译方法的重视。

---

❶ 鲁迅.鲁迅全集（第10卷）[M].北京：人民文学出版社，2005：229.
❷ 冯知明.鲁迅文集（第2卷）[M].海口：海南出版社，2011：293.
❸ 鲁迅.鲁迅全集（第10卷）[M].北京：人民文学出版社，2005：437.

5.3.4　翻译方法

探索型的译者在翻译策略的选择上显得比较灵活。他们是一群在黑暗中摸索的人，随着社会时代的变化而调整自己的翻译目的和翻译策略。

目的论认为，翻译行动的目的决定达到预期目标的策略。因此，决定译文面貌的，不是原文而是翻译目的；翻译的标准是合适而非等值，译者可以根据不同的翻译目的选择合适的翻译标准，从而确定相应的翻译策略。❶民初探索型的译者鲁迅在翻译策略上一贯坚持直译的主张。1909 年，鲁迅和周作人合作翻译出版了《域外小说集》，第一次鲜明地提出"直译"的主张。那时的周氏兄弟执着于纠正清末盛行的意译风尚，同时以"直译"的方式忠实、客观地介绍异域的"他者"，再现"他者"，并借鉴"他者"以"弗失文情"。鲁迅在这两方面的努力都被他以宣言的方式写在了集子的序言里。一声"异域文术新宗，自此始入华土"道出了鲁迅对自己翻译的自信和乐观，大有"改造中华，舍我其谁"的气势。他期望能通过自己的翻译给清末的翻译界带来一股清新的空气，这个不亚于宣言式的翻译序言宣告了与清末"意译"风尚的告别，新的一代译风从此拉开序幕。自那以后，鲁迅基本上坚持直译，在几乎所有的译作序言或后记中都阐明了这一点："我的译文，除出按照中国白话的句法和修辞法，有些比起原文来是倒装的，或者主词，动词，宾词是重复的，此外，完完全全是直译的。"❷

但是鲁迅想把西方文化原汁原味地介绍给中国民众的做法是比较危险的，且不说民众是否能够完全理解其中的内容，光就语言文字而

---

❶ Christiane Nord. Translating a Purposeful Activity：Functionalist Approaches Explained［M］．Shanghai：Shanghai Foreign Language Education Press，2001：25–26.

❷ 冯知明．鲁迅文集（第 2 卷）［M］．海口：海南出版社，2011：293.

言，很多读者本就识字不多，如果在译文中出现过多的欧化文字，势必造成文字上的陌生化，从而导致阅读上的困难，最终会失去阅读的兴趣。其实只要翻看鲁迅的译作，就可以看到，鲁迅的很多译文给人一种晦涩、沉闷的感觉，他翻译的童话仍然脱不了成人的笨重和教诲的气息，很多语言与现代的语法规范相去甚远，阅读起来让人费解，因而也引起了梁实秋等其他翻译家的诘难，有了发生在 1929 年的翻译史上的一场著名的"硬译"之争。事实上，鲁迅何尝不知道自己的译文在读者之中产生的影响。他自嘲自己的直译为"硬译"，但这"硬译"又是不得已而为之。因为在他看来，汉语的文法实在不够完备。为了更好地保存"原来的精悍的语气"，同时也可以"逐渐添加新句法"，经过一段时间，可能"同化"而"成为己有"的语言，这就是鲁迅的"硬译"的缘由。更何况，他并不要求这样的翻译文章能够被所有读者接受，在他心目中，这样的翻译主要用来给受教育程度较高的读者阅读的，这些译本"无论什么我是至今主张'宁信而不顺'的。……不妨吃茶淘饭一样，本几口可以咽完，却必须费牙来嚼一嚼"。❶

鲁迅在翻译《小约翰》时虽然大体采用直译的方法，但是其书中的人名多用意译，因为原作中的人名几乎都具有象征意义。此时他已经很清楚地明白了直译的局限性，他在《小约翰》的引言中说出了自己的想法："……务欲直译，文句也反成蹇涩；欧文清晰，我的力量实不足以达之。《小约翰》虽如波勒兑蒙德说，所用的是'近于儿童的简单的语言'，但翻译起来，却已够感困难，而仍得不如意的结果。"例如末尾的紧要而有力的一句："Und mit seinem Begleiter ging er den frostigen Nachtwinde entgegen, de schweren Weg nach der grossen, finstern

---

❶　冯知明. 鲁迅文集（第 2 卷）[M]. 海口：海南出版社，2011：290.

Stadt，wo die Menscheit war und ihr Whe."鲁迅自己说道，"那下半，被我译成这样拙劣的：'上了走向那大而黑暗的都市即人性和他们的悲痛之所在的艰难的路了'，长而且费解，但我别无更好的译法，因为倘一解散，精神和力量就很不同。然而原译是极清楚的：上了艰难的路，这路是走向大而黑暗的都市去的，而这都市是人性和他们的悲痛之所在。"❶ 很明显，鲁迅想保存原来的句子结构，不想把原来的句式转换过来，故意使用西化的语言表达方式。人们不禁要问，为什么明知道这样的译文是"冗长而且费解"的，却还要坚持这样做？原来，鲁迅的翻译是为了在译文中保存原文的"精神和力量"。诸如此类的译文很多，比如他翻译的《小约翰》。

> 他的父亲是一个智慧的，恳切的人，时常带着约翰向远处游行，经过树林和冈阜。他们就不很交谈，约翰跟在他的父亲的十步之后，遇见花朵，他便问安，并且友爱地用了小手，抚摩那永远不移的老树，在粗糙的皮质上。于是这好意的巨物们便在瑟瑟作响中向他表示它们的感谢。❷

文中对于父亲的描写，突出父亲对儿子以及对世间万事万物的慈爱，然而鲁迅翻译的某些句子如上文的"并且友爱地用了小手，抚摩那永远不移的老树，在粗糙的皮质上。"看上去很让人费解。很明显，鲁迅没有改变原文的句式结构而直接翻译过来，原文的地点状语被翻译在句末，这些国语欧化的语法句式在现代的读者看来难以理解，就

---

❶　［荷］拂来特力克·望·蔼覃，［苏］L. 班台莱耶夫. 小约翰·表［M］. 鲁迅，译. 南京：凤凰出版传媒集团，译林出版社，2011：8.

❷　［荷］拂来特力克·望·蔼覃，［苏］L. 班台莱耶夫. 小约翰·表［M］. 鲁迅，译. 南京：凤凰出版传媒集团，译林出版社，2011：22.

是受过现代高等教育的读者也得费一番心思去理解。相比较而言，同时代的胡适和周瘦鹃的译作就容易理解很多。

　　静着！这是什么呢？水面上象是起了一个吹动——象是将水劈成一道深沟的微风的一触。这是来自沙冈，来自云的洞府的。

　　……

　　"今天是我的生日，"旋儿说，"我就生在这处所，从月亮的最初的光线和太阳的最末的。人说，太阳是女性的，但他并不是，他是我的父亲！"

　　约翰便慨诺，明天在学校里去说太阳是男性的。

　　"看哪！母亲的圆圆的白的脸已经出来了。——谢天，母亲！唉！不，她怎么又晦暗了呢！"

　　旋儿指着东方。在灰色的天际，在柳树的暗黑地垂在晴明的空中的尖叶之后，月亮大而灿烂地上升，并且装着一副很不高兴的脸。

　　"唉，唉，母亲！——这不要紧。我能够相信他！"

　　那美丽的东西高兴地颤动着翅子，还用他捏在手里的燕子花来打约翰，轻轻地在面庞上。❶

　　由上文可以看出，鲁迅极力以孩子的口吻翻译这段充满童趣的对话，然而译者惯习使得他免不了还是走上"直译"的路径，出现了一些不符合现代汉语语言表现规范的句子，有些如同他自己所说的"冗长而费解"，如"水面上象是起了一个吹动——象是将水劈成一道深沟

---

❶ ［荷］拂来特力克·望·蔼覃，［苏］L. 班台莱耶夫. 小约翰·表［M］. 鲁迅，译. 南京：凤凰出版传媒集团，译林出版社，2011：24-25.

的微风的一触。"这些句子很明显受到西方语言体系的牵制，没有转换语序，而硬生生地翻译出来，如"我就生在这处所，从月亮的最初的光线和太阳的最末的""月亮大而灿烂地上升，并且装着一副很不高兴的脸""轻轻地在面庞上"等。也许鲁迅已经意识到，用这样的翻译方法翻译童话毕竟还是不太妥当，所以他后来指导许广平翻译《小彼得》，就改用意译的方法了。

然而，当读者去翻看鲁迅所翻译的俄国作家契科夫的《连翘》时，立刻会被他那种明朗、清新的翻译手法所吸引。

> 阿，春天一清早，连翘花香得怎样的芬芳呵，当太阳还未赶散那残夜的清凉，从夜的花草上吸尽了露水的时候！
>
> 是年青时候的一个早晨。我和一个温文美丽的少女，正在野外散步之后的归途。愉快的小鸟队伙似的。他们跳出小船，便两个两个的分开，各因为送女人回家去，都在街上纷纷走散了。❶

读鲁迅的这段译文，读者仿佛看到了两个充满青春活力的年轻人一大清早从春天的野外散步归来，男青年英俊潇洒，女孩子温文美丽，两个人有说有笑，路边盛开着各种各样的花，尤其是充满芳香的连翘花，吸引了这对年轻人驻足观看，青春在他们心中流淌，暧昧的情愫在他们心头荡漾。译者就用了非常口语化的语言如"赶散""吸尽""愉快的小鸟队伙似的""两个两个的分开"很轻松地把原作的意境表达出来了。

总体说来，鲁迅在翻译方法上强调直译以至"硬译"，自有他深刻的思考和用心，并不是故意为难读者或者故意显示自己与众不同，他一直在尝试着用新的方法和策略达到其翻译目的，并且会在"对得起

---

❶　鲁迅.鲁迅译文选集（短篇小说卷）［M］.上海：上海三联书店，2014：53.

作者与读者之中"进行平衡考量，不断地调整自己的思路和策略，不断地摸索一条别人没有走过的路。探索型的翻译家鲁迅首先追求的是"真"，即真实如原文，为了"真"，他有时候宁愿选择让自己背负"硬译"的骂名，让读者费了脑筋去理解，一方面希望保留原文的"洋气"，不仅保留原文的思想和内容，而且还保留原有的风格，另一方面坚持不改变原文的句式并创造欧化的词语，力图给现代中国语文创造新的词汇，注入新的活力。

第6章　民初翻译家翻译伦理对现代文学的影响

现代文学之所以区别于传统文学主要在于其所具有的现代性。所谓现代性，主要指启蒙运动所开启的近代西方社会现代化的基本原则，即以个人主义和理性主义为中心的、处于主流地位的现代西方观念，它具体体现为一个国家、一个地区的现代性生长和构成的过程。❶ 现代性是现代化的主要构成因素，它的生长、推演和铺陈就形成了所谓现代化的进程。❷ 现代性是现代化的理论抽象、基本框架；现代化是现代性的具体实现、现实展示；现代性代表着与"传统性"不同的理念和因素，现代化代表着与"传统社会"不同的崭新时代和社会形态。❸ 由于现代化是一种具体实践和物质层面的展示，而现代性更多表现为抽象的原则、理念和观念，所以探讨翻译小说对中国现代化的影响只能从它在输入现代性于中国社会转型、帮助思想启蒙、更新文化观念方面进行分析。

现代性的根本特征是理性主义。西方思想家把理性主义大致概括为：能够有意识地进行目的性活动，能够根据当前的情况预设后果，

---

❶❷ 周穗明，等.现代化：历史、理论与反思——兼论西方左翼的现代化批判［M］.北京：中国广播电视出版社，2002：166.

❸ 周穗明，等.现代化：历史、理论与反思——兼论西方左翼的现代化批判［M］.北京：中国广播电视出版社，2002：165.

并能勇敢地承担；有自己合理规划的目标，并根据目标选择手段，以合理的代价换取目标；在行动中严格遵守制度，严格执行规范。因此，作为一种文化观念，理性主义促使人们在思想认识领域发生很大变化，人们开始追求基本权利，要求个性解放，获取民主、自由、平等；在文学领域里，提倡文学反映社会现实，文学表现生活，摒弃一切虚伪的、表象的东西而深入探讨人性与社会的关系。科学与民主构成了理性主义精神的核心内容，也是五四新文化运动的精神主张。

现代性的第一要义是个人主义。个人主义即作为人倡导的一种理性的生活方式，从这个意义上来说，理性主义与个人主义是相通的、统一的。现代性意味着在对自我的理解上从传统的群体主义向现代个人主义的重大转变。现代性并不把集体和共同体看作第一位。它尊重个体，从不把个人仅仅看成社会的产品，而是把个人放在首位，强调个人作为独立人的重要性。现代社会之所以区别传统社会，基本点就在于它是个人本位的社会，它建立在现代理性社会关系的基础上，这一社会环境也是民初翻译家伦理思想能够打破封建社会约束的重要条件。

中国现代文学是在中国社会各个方面如经济、政治尤其是文学文化发生重大变化的情况下，引进外国文学新鲜的血液而形成的新的文学。它不仅用现代语言表现主题思想，而且在文本结构、叙述角度等方面都有新的创造。中国现代文学实现真正的转向则从民初开始，而民初开始的现代文学萌芽，其现代性手法的创造和建立则从翻译文学中汲取养分。

任何译本都在一定程度上体现了译者的文学审美、价值观念以及伦理诉求。要探讨翻译家翻译伦理对现代文学的影响，必然求助于承载翻译家伦理思想的译本。很多翻译理论家认为，译本对目标语文化产生深远的影响。这些影响也许来自源语文化对于目标语文化的投射。对于源语文化知识的获取可以有不同的路径：可以通过生活在源语文化中获取，通过看原版电影，或者阅读原版书籍等，但是毫无疑问，所有这些都是获取语言的好办法；而另一种获取他国文化知识的方式就是翻译。这些翻译就代表原文：他们取代了原文。❶

　　因此，探讨译文本的功能不能只局限于对目标语文化的影响，还可以把它放在一个更广阔的社会语境中去评判。看看一个译本是如何影响目标语社会结构及如何发挥作用的。比如译文本是否能巩固或挑战源语文化中现存的权力结构。因此译者的翻译伦理能否得到全社会普遍的认可和推广则有赖于译者所生活的环境，即该环境是否有向外来文学借鉴思想资源的需求，同时还有赖于译者自身的译本是否能获得社会的认同。有学者认为，译文在目标语文化中的影响是由所选择的文本及出版渠道所决定的，同样也是由文本所阅读、理解、评论的方式以及所在的社会、文化、机构背景所决定的。所有这些因素在文化身份的形成中发挥着重要的作用。结合前面几章的分析，认真阅读民初翻译家所选择的文本及其创作文本，笔者有理由相信，民初翻译家的翻译伦理对现代文学语体的转型、主题的形成以及文本结构的转变产生深远的影响。

6.1　作为文学物质外壳的语言

中国文学的现代转型表现在语言上是以白话文取代文言文为标志

---

❶　Christina Schaffner. Translation and Norms［M］.Clevedon：Multilingual Matters，1999：2.

的。语言是文学和翻译最基本的问题。民初翻译文学对于现代文学的一个最大的影响莫过于以白话文取代文言文了。

晚清时期就已经出现了所谓"我手写我口"的白话文，其长处就是讲故事。晚清不少作家以《水浒传》《儒林外史》《红楼梦》为"文法教科书"，从中学习小说语言，这也是白话小说声势浩大的原因之一。维新派人士认为，国家要富强，必须开通民智；民智要开通，必须人人通晓文字。真正影响中国文学发展进程的，是清末以来白话文之大受推崇。1898年裴廷梁发表《论白话为维新之本》，1900年陈荣衮发表《论报章宜用浅说》，再加上各类白话报刊纷纷创刊，各类白话书籍大量出版，白话文的地位得到社会的普遍承认。梁启超更因此而认定，由古语文学，变为俗语之文学，乃文学进化之一大关键。苟欲思想之普及，小说家当用俗语，"凡百文章，莫不皆然"❶。

晚清以来，白话文虽然占有一定的市场，作为写作、翻译的工具较之文言有很大优势，但对于精英知识分子而言，文言依旧是其所中意的高雅语言。文言翻译的代表人物是林纾和恽铁樵。以古文家自居的林纾，以古文写作的方法来翻译西方文学作品，"纾不通西文，然每听述者叙传中事，往往于伏线、接笋、变调、过脉处，大类吾古文家言"❷。林纾以古文翻译而闻名于世，尽管他的翻译常常遭人诟病。晚清裴廷梁撰写的《论白话为维新之本》中虽然痛陈了文言写作的不合理之处，号召大家用白话文写作，但这篇论文却是用文言写成的。章太炎认为，宋朝以前，汉语文字随着时代的发展一直有所增加，至丁度等撰写《广韵》之时，大约有不少于三万字的字数，但北宋亡国以后，字数不但没有任何增益，士官百姓的用字范围反而日渐狭窄，他们常

---

❶ 参见：《新小说》1903年第1卷第7号。
❷ 参见：陈平原，夏晓虹. 二十世纪中国小说理论资料［M］. 北京：北京大学出版社，1997：160.

用的字数不过数千，以至大部分的汉字变成废弃不用的古字。❶ 这些废弃语其实可以重新采用，并使之转化为新式语言。采用废弃语，不但体现古风，而且气象高远。因此，为帮助翻译顺利进行，一方面要创制新词，一方面则要起用已废弃的古字。深受其思想影响的周氏兄弟采用的"行文古涩"语体，就成了翻译《域外小说集》的不二之选。

然而，书面语与口语分离所造成的困境，曾经一度困扰了很多晚清作家。从理论上讲，白话小说更符合历史发展的趋势，但是白话的浅显直白却又限制了小说的美感和深刻思想的表达。文言有着白话所没有的优势：雅驯、含蓄、有韵味、文法规范；但也有它难以克服的毛病：古化、僵硬、艰涩。随着白话文运动的深入，越来越多的人已经认识到文学语言变革的大趋势，当时已经有很多人开始讨论如何调和白话与文言。但直到民国初期，作家们主张完全以白话取代文言作为文学语言时，仍然是石破天惊。

到了"五四"时期，由于胡适等新文化革命的领导者身体力行地实践和大力倡导用白话文写作和翻译，其翻译涉及诗歌、小说、戏剧、文艺理论等。翻译的范围愈广，文类愈多，对翻译语体变革的要求愈强烈。此时以白话取代文言已然成为不可逆转的趋势。1914 年《雅言》第 1 卷第 7 期的《小说丛话》里甚至直白地说小说最好用白话体，因为用白话才能描写得尽情尽致，而小说难写的地方，全在白话。如有白话小说做得很好的，便是写小说高手。激进的《新青年》无疑充当了语言变革的旗手，它不但倡导并且实践了中国文体语言的变革。在他们看来，白话文体代表了未来中国文学的走向，能够更好地表现思想，契合民众的审美文化水平，使文学创造者与接受者在同一平台上进行完美的交流，并能将文学从闭塞的式样引向开放的状态。

---

❶ 章炳麟. 訄书［M］. 初刻本. 朱维铮, 编校. 香港：三联（香港）有限公司, 1998: 212–213.

　　与此同时，民初出版社编辑、报人对于语言文字的取向也发挥着重要的引领作用。曾经主编《小说月报》(1912—1917 年) 的恽铁樵就曾经提到其择稿的标准是："文字不拘浓淡，体例不拘章回笔记，文言白话，惟以隽永漂亮为归。"❶ 文言"隽永漂亮"比较容易做到，白话也要做到"隽永漂亮"则需要翻译者具有较高的文言修养。恽铁樵认为译者若"无古书为之基础，则文法不具。文法不具，不知所谓提挈顿挫，烹辣垫浅，不明语气之扬抑抗坠，轻重疾徐，则能感人者几何矣"。❷ 恽氏理想的翻译语言是借助文言典雅的特点，改良并规范白话中俗的成分，发挥其描写事物非常细致的特点，这当然是一种很理想的状态，但在实践中具有很高文言修养的译者其实数量有限。恽铁樵也认识到："今之撰小说者，类于文学上略有经验；译小说者多青年，下笔苦不腴润。大多数如此，实为阅者不欢迎译本之最大原因。"❸

　　但是以语言为主要载体的文学，如果不能在文字上吸引读者，其他都是妄谈。于是，以林纾、包笑天、周瘦鹃等为代表的通俗文学翻译家自觉地糅合了古白话、民初口语和欧化白话的白话文作为主流的翻译语言。民初小说也不是简单地承袭传统白话，更不是直接搬用日常口语，而是在白话基础上，综合了方言、文言、欧化语言等。梁启超的白话小说并非纯粹出于白话，除常见的穿插诗词歌赋外，还因"多载法律、章程、演说、论文等"，夹入不少文言段落。根据钱钟书的说法，林纾的古文小说也不是真正的古文，其中掺杂不少隽语、土语、佛家语、佻巧语。

　　林纾很喜欢使用文言进行翻译，甚至可以说在文言的使用上非常自负，但为了吸引更多的读者，在翻译语言方面，正如钱钟书先生在

---

❶　恽铁樵.本社启事 [J].小说月报，1916：7 (3).

❷　恽铁樵.小说家言 [J].小说月报，1915：6 (6).

❸　恽铁樵.论言情小说撰不如译 [J].小说月报，1915：6 (7).

其《林纾的翻译》中所论述的那样："林纾译书所用文体是他心目中认为较通俗、较随便、富于弹性的文言。它虽然保留若干'古文'成分，但比'古文'自由得多，在词汇和句法上，规矩不严密，收容量很宽大。"❶ 正是因为林译小说在古文的基础上综合灵活运用多种语言手段，扬长避短，才使得他的译作具有很强的可读性。

如此看来，任何形式或内容的改变都需要一个渐进的过程，而不是一蹴而就。接受过文言熏陶的翻译家并不能一下子适应白话文翻译，有的感觉无从下笔，胸中有千言万语却无法表达。于是，在语体改革之初，小说语言运用上出现了文白相杂、参差不齐的乱象。《小说月报》的翻译文学就经历了从文言改为白话的过程，这不仅仅是语体形式的改变，也表明了一种新型文学开始取代传统旧文学，在文学场域发挥巨大的作用。白话文在刊物中的广泛使用对于传统中国话语系统造成了巨大的冲击。而白话文在这乱象混杂中逐渐成熟，并在使用过程中通过扬弃与吸收逐渐确立了自己的地位。在这之中，翻译就像是个幕后的推手，它需要译者尝试不同的语体、不同的文字来表达，因而产生大量新鲜的、丰富的词语。

欧化白话文的出现根植于译者对白话文自身缺陷的深刻认识基础之上。白话文具有简单易懂的优点，但其缺点也是显而易见的。傅斯年在其《怎么做白话文》里认为，"现在我们使用白话做文，第一件感觉苦痛的事情，就是我们的国语，异常质直，异常干枯……少得余味，不适用于文学"，"我们使用的白话，同我们使用的文言，犯了一样的毛病，也是'其直如矢，其平如底'，组织上非常简单"，很难圆满地传达意思。而西文"层次极深，一句话的意思，一层一层的剥进，一

---

❶ 钱钟书.林纾的翻译［M］.北京：商务印书馆，1981：64.

层一层的露出，精密的思想，非这样复杂的文句组织，不能表现"。❶
在中文与西文的对比中，鲁迅也看到汉语的缺陷："中国的文或话，法
子实在太不精密了。"瞿秋白在给鲁迅的信中也谈道："一切表现细腻
的分别和复杂的关系的形容词，动词，前置词，几乎没有。"❷

有些文体受语言的限制比较严重，游记、戏剧、新闻报道等不同
体裁的作品也被翻译成小说。如林纾把莎士比亚的历史剧《亨利四世》
由剧本改为叙述体小说，易卜生的名剧《社会柱石》被周瘦鹃译成小
说，主要原因在于以人物台词为主要特点的戏剧需要使用大量的口语，
而书面语与口头语之间天然的差距使得林纾、周瘦鹃在翻译的时候不
能得心应手、应对自如，最后只能转而采用以小说翻译的方式，即着
重情节内容而淡化人物对话，来完成翻译。这也使得历史上一直以来
的"直译"方式只能是"空中楼阁"。

那么，如何才能弥补白话文的不足？对此，傅斯年提出，"想免得
白话文的贫苦，惟有从他——惟有欧化"，也就是"直用西洋文的款
式，文法，词法，句法，章法，词枝一切修辞学上的方法"。❸以此充
实、改良质直、干枯、贫乏的白话文，缓解翻译时的矛盾。在这一问
题上，鲁迅的观点是不能忽略的。他一直认为："中国原有的语法是不
够的。"于是，他想通过直译，把西方语言的语法等表现方法引入汉语
系统中，以此来推动汉语言的现代化。因此，在翻译过程中，鲁迅并
没有把原文的长句拆散，虽然这样翻译出来的句子比较拙劣，冗长而
且还费解，"但我别无更好的译法，因为倘以解散，精神和力量就很不

---

❶ 傅斯年.怎样做白话文［M］//胡适.中国新文学大系·建设理论集.上海：上海文艺出版
社，1998：84.

❷ 冯知明.鲁迅文集（第2卷）［M］.海口：海南出版社，2011：285.

❸ 傅斯年.怎样做白话文［M］//胡适.中国新文学大系·建设理论集.上海：上海文艺出版
社，1998：84.

同"❶。因为鲁迅想把西文的长句结构移植到汉语中来，在翻译时用的是"逐字译"，甚至以英文的构词法来规范汉语使用的"硬译"方法。这样的译法所换来的效果必然是严重的"欧化"。

翻译小说的通行，使得译者开始有意模仿外国小说的写作，也因为翻译得多了或者译文读多了，写作时难免会带上译文的腔调来，还有些作家故意在写作中带入翻译的痕迹，以假乱真。但是，无论译者如何以中化西，外国文法词汇总会在译本中留下一点痕迹，没有绝对完全中国化的译本。对这种现象，时人评价不一，但当事者却多不以为然，甚至还有些沾沾自喜。比如梁启超承认其文章时时杂以"外国语法"是自己有意为之。

至于翻译作品对我国语文的构词方式和表现技法的影响也是人所共知的事。从民初译者的翻译实践可以看出，欧化词汇、标点对传统中国语言进行了有史以来最为彻底的变革，主要表现在以下几方面。

（1）为现代汉语大量输入新名词。对新小说文体影响最大的，应该说还是不断输入的新名词。在这方面林纾正是开风气之先者，尽管林纾用古文译小说，译文中新名词还真不少。为了存真，林纾甚至有时采用音译然后加上注释的办法，弄出一些颇为不通的新名词。比如"情人"（sweetheart）译为"甜心"。即使在创作中，林纾也避免不了新名词，如《巾帼阳秋》第18章开头，就有"总统""租界""宪法""国会""联邦""议员""制度"等许多新名词。以骈文写作的徐枕亚开口就是"文明""自由"。以白话写作的梁启超更离不开满纸的新名词。

民初作家深受来自西方的新名词的诱惑，他们在创作中有意识地在作品中输入，或许为了炫耀，或许为了吸引读者，又或许是引导读者向西方学习。大致说来，他们输入的新名词来自各个不同的领域，

---

❶　参见：陈福康.中国译学理论史稿［M］.上海：上海外语教育出版社，2000：290.

比如政治、经济、文化、教育、科学，等等。西方上层建筑中很多名词进入了汉语系统，比如政体、立宪、选举、选举权、被选举、立法权、行法权、司法权、法庭、拘留所、地方自治、裁判所、警察、巡警等。也有经济、文化、教育领域的新名词，如股票、本金、利息、钞票、公司、版权、纳税、平等、自由、人权、离婚、学堂、幼稚园、运动会、操场、入场券、竞走、体操、乐队等。还有科学与生活设施的新名词，比如无线电话、电学、电线、电灯、医学、地球、南半球、赤道、铁路、火车、飞机等。现代生活中很多生活用词也在那个时候引进过来了，现在人们熟悉的西方大量的人名、地名也在那时传播到了中国，而且随着翻译家的翻译而逐渐固定下来。就连一些很具有个人特征的名词如"沙扬娜拉""翡冷翠"等也带入了汉语词典中。

（2）翻译家带来大量新名词的同时，也丰富了现代汉语的表达方式，一个很重要的变化就是形容词和副词的大量使用。这些词语的出现使得汉语的表现力更强、更丰富、更灵活。以徐志摩翻译的《曼殊菲尔小说集》里的《园会》第一段为例。

　　那天的天气果然是理想的，园会的天气，就是他们预定的，也没有再好的了。没有风，暖和，天上没有云点子。就是蓝天里盖着一层淡金色的雾纱，像是初夏有时的天气。那园丁天亮就起来，剪草，扫地，收拾个干净，草地和那种着小菊花的暗暗的平顶的小花房儿，都闪闪的发亮着。还有那些玫瑰花，她们自个儿真像是懂得，到园会的人们也就只会得赏识玫瑰花儿。这是谁都认得的花儿。好几百。真是好几百，在一夜里开了出来。那一丛绿绿的全低着头儿，像是天仙来拜会过它们似的。❶

---

❶ 蒋复璁，梁实秋. 徐志摩全集（第5卷）[M]. 北京：中央编译出版社，2013：3.

徐志摩的翻译将举行园会那天的天气描述得非常舒适宜人，"蓝天里盖着一层淡金色的雾纱""暗暗的""平顶的""闪闪的""绿绿的"，这些形容词、叠词所具有的艺术感染力是文言文翻译难以实现的。从译文中，读者可以充分领略到原作的美感。

（3）欧化白话文还为翻译和创造各种文学文类创造了条件。欧化白话文自然直白的语言为不同的文体翻译提供了可能。比如马君武翻译的德国席勒所作的戏剧《威廉退尔》，剧本的要素如剧本发生的时间、地点、布景与人物的台词等和现在的戏剧模式非常接近。比如剧本开头的介绍："四林湖山岸，对面即瑞池市。离湖不远有一小屋，渔儿泛以小舟。自湖远望，见瑞池之草地及乡村，日光斜照。湖之左边为哈坑山，有云遮之，右边远见雪山。开幕之前，闻牧人铃声。"❶浅显明了的白话文描述让人耳目一新，很容易在读者脑海里建立清晰的意象。以白话文作为纽带，所有语言对于读者来说不构成任何障碍。以印度作家泰戈尔的散文诗《恶邮差》为例。

> 你为什么静悄悄的坐在那地板上，告诉我罢，好母亲？
> 雨从窗里打进来，打得你浑身湿了，你也不管。
> 你听见那钟，已打四下么？是哥哥放学回来的时候了。
> 究竟为着什么，你面貌这样稀奇？
> 是今天没有接到父亲的信么？
> 我看见邮差的，他背着一袋信，送给镇上人，人人都送到。
> 只有父亲的信，给他留去自己看了。我说那邮差，定是个恶人。❷

---

❶ 参见：施蛰存.中国近代文学大系·翻译文学卷［M］.上海：上海书店，1991：439.
❷ 蒋复璁，梁实秋.徐志摩全集（第5卷）［M］.北京：中央编译出版社，2013：216.

翻译家使用大量小句、频繁的问句，这种新鲜的白话文表达了丰富的意蕴，是文言难以传达的，相反，通俗化、口语化的白话语言，能使作家自如地抒发自己的情感。

（4）欧化语体还带来了语言文字基础要素的变革。民初创作中使用了大量来自西方作品中的标点符号，比如感叹号、问号、省略号、引号等，在使用的过程中逐渐把这些标点的功能固定了下来。这些标点符号或帮助表达强烈的情感，或表示疑问，或表示省略，或表示引用别人的话语等。作家们在创作中有意识地把引入的名词、标点符号用新式的语法串联起来，以改造传统白话文，建构新的话语体系，并逐步应用到文学系统中。试看徐志摩翻译的《曼殊菲尔小说集》里的《毒药》第一段。

> 我们把我们的纸包带进了饭厅。桌子摆好了。每回我看着这两个人的餐具——就只两个人的——来得这整齐，合式，再没有第三者的地位，我就觉得一阵古怪的飞快的寒噤，仿佛是叫那银色电光布满在白桌布上，亮玻璃杯上，装泽兰花的浅瓷盘上耀动的打着了似的。
>
> "咒那老信差！什么回事还不来他的？"阿梨说，"把东西放下了，亲亲！"
>
> "你要我往哪儿放……？"
>
> 她抬起她的头，笑她那甜甜的逗人的笑。
>
> "随便哪儿——蠢。"❶

这段译文中译者轻松随意地使用了西式标点符号，包括破折号、

---

❶ 蒋复璁，梁实秋．徐志摩全集（第5卷）[M]．北京：中央编译出版社，2013：18.

问号、引号、省略号等。这些标点符号的使用更能体现小说人物的心理活动和思想情感，充分表达了人物的俏皮、活泼、心思慎重等，也使得白话在行文上非常干脆、不做作，人物的对话非常有力、清晰。这种对话的方式与中国古代说书中的白话语言有了很大差异，其语言的铺陈、对话的句式、词语的使用、标点断句等与现代意义上的白话几乎没什么区别，尽管这里面微微透露着欧化的味道。

只要比较下翻译家兼作家的创作，比如鲁迅、周瘦鹃、巴金、郭沫若等，就可以发现，随着他们译笔的磨练，他们的创作也逐步走向成熟。鲁迅早期的《彷徨》《呐喊》以及后来的《故事新编》就明显地代表着这一趋向。可见当初胡适所预期实现的"国语的文学、文学的国语"在文学翻译的推动下充分展现其相互作用关系。

从翻译小说语言白话语体的发展情况看，民初的翻译文学于中国文学的现代转型有着重大的意义，它确立了中国文学向西方文学学习的基本方向。不可否认，民初翻译小说愈到后期，愈打破了清末翻译语言的藩篱。此时翻译文学的语言已经不同于清末的文言小说，也不同于白话章回体小说。虽然鲁迅、陈独秀、胡适等人的译本中仍然留有翻译的痕迹，但正是这种痕迹才使得更多的翻译家与作家大加模仿，从而成为主流话语。这种欧化翻译扩大了汉语的词汇量，增添了更多的表达方式，更重要的是，在使用这些新名词、新标点、新语法的同时，也在使用一种新的观念，这种观念正在悄悄地改变人们的思想、行为方式，改变人们的生活方式。

然而，欧化白话文与中国传统文化自然生产的白话文并不是一回事，毕竟其根植的文化土壤有别，因此欧化的语言也给中国现代文学带来一定程度上的困惑。一旦生长在传统中国、曾经自成体系的汉语系统出现了不同的语言元素，就可能导致话语上的距离感，因此带有欧化元素的白话文注定在一定程度上与民众疏离，这一点是毋庸置疑的。这也是欧化的白话文在民初不能吸引更多读者的原因。过多的西方语言的词汇，过于欧化的表现方式在某些方面已经成为文学作品不能流行于众的障碍，当然也就阻碍其作品的进一步普及。因此，在翻译和创作中，译者和作家应适当地添加一些陌生的元素，而不是加入愈多新鲜元素愈好，须知读者的消费和接受有一个逐步发展的过程，任何一个读者在阅读时都希望读到一些熟悉的东西，包括语体、词汇、表达方式、表现主题和观念、表现技巧等，一味地追求异质化的东西仍然充满了危险。

另外，民初翻译家追求小说文体的"俗"，是为了更方便向大众灌输新思想，是利俗的文学，而不是通俗的文学。"利俗"是手段，"启蒙"才是目的。着意启蒙的文学不可能是真正的通俗文学。民初知名翻译家翻译的大多是外国经典作品，在翻译的时候也不是人们寻常所理解的"白话"，更不是胡适提出的乡野农妇所能理解的"俚语俗话"。事实上，很多翻译家从小就深受儒家思想的浸染，其文言功底都比较好，内心也推崇古雅的文言，只是在特定的环境下，为了迁就俗人的阅读能力而故意使用俗话的语言，骨子里坚持的仍然是雅化的文言。就好像鲁迅所描述的三家村达人，尽可向大成至圣先师拱手甚至翻筋斗，但到站直之后，究竟都还是长衫朋友。

6.2 作为文学精神依归的主题

主题，是指文艺作品或者社会活动等所要表现的中心思想。它是整部文艺作品的主旨、焦点和核心。由于大量翻译小说的引入，西方小说中的现代性主题元素开始悄悄地影响着民初的翻译和创作。爱情是文学作品中永恒不变的主题。"自由恋爱"是一个最能凸显个性的主题，它意味着两个世俗男女可以自由地、不受约束地对待一份感情，并毫无保留地展现自我。它是对传统专制婚姻的否定，强调婚姻是当事人的基本权利。新文化运动期间，随着革命者大力的宣扬以及文学作品的歌颂，在民主、自由、平等新思潮的影响下，追求"自由恋爱"成为个人尤其是青年男女追求幸福自由的新观念和社会时尚。

　　林纾是最早进行现代性文学主题实践的翻译家。早在清末，他开启了不同于传统浪漫主义的"爱情"主题。他翻译的言情小说，大多为西方 19 世纪的通俗浪漫小说，其中最有名的要数《巴黎茶花女遗事》和《迦茵小传》，曾经引起较大的轰动。这两部小说的女主人公皆出身卑微而品格高尚，对爱情无比忠诚，为心爱的人甘愿牺牲自己。无论是其翻译的文笔还是其翻译的内容都曾经引起人们的热烈讨论。作品中传达出来的爱情至上精神深深吸引着青年男女。事实上，西方人的爱情观受宗教哲学影响很深，有些青年男女比较崇尚柏拉图式的精神至上的爱情观，具有宗教般的奉献精神，这种西方的爱情被誉为"出世的爱情"。在这种爱情中，当事人为这份爱可以牺牲自己，奉献出自己的生命。

　　这种爱情观一经翻译，传播到中国，马上就引起了追求爱情自由的青年男女的共鸣，得到了他们的呼应。此时的翻译家也受到外国文本语言和文化知识以及他们的文化价值观的影响，因此，他们的翻译通常是有偏见的，有所更改、有所补充的，是不可避免的同化，外国文本带上了让特定群体非常熟悉的语言和文化价值。这样的译本所体现出来的爱情思想实际上已经为中国爱情文学的现代性奠定了思想情感和美学基础。

　　民国初期，很多翻译家沿袭了清末翻译家所赞扬肯定的这种"灵肉一致"的爱情，并把这种热烈的牺牲自己的至高至上的道德之花，移植到自己的写作当中。比如徐枕亚的《玉梨魂》就是一个典型的案例。男主人公何梦霞和白梨影相爱，却不能在一起，尽管最后何梦霞与白梨影的小姑结婚，但他却无法将自己的爱给这位无辜的好姑娘，而白梨影也无法忘记何梦霞，为殉真爱，她只好选择死亡。这种宗教般虔诚的爱情带有很强的悲剧性质。这是因为，林纾等翻译家所译介和宣扬的作品中主人公并不能完全冲破现实道德的藩篱达到自己的理想爱情，追求自己的幸福自由。因此，他的言情小说译介，贡献止于"为道德与情感之间的鸿沟架设了一座桥梁"。在清末很多作家那里，情况也是如此。吴双热所创作的《孽冤镜》就是一个例证。该作于1914年在民权出版部出版，好友徐枕亚为其作序。吴双热本人也写了个序言，希望能以此小说惊醒各位做父母的，能够给予儿女恋爱以及婚姻之自由。他在该书序言开头就说："嗟乎！《孽冤镜》胡为乎作哉？予无他，欲普救普天下之多情儿女耳；欲为普天下之多情儿女，向其父母之前乞怜请命耳；欲鼓吹真确的自由结婚，从而淘汰情世界种种之痛苦，消释男女间种种之罪恶耳。"❶他在其中痛斥婚姻不自由而产生的种种弊端。"由于结婚不自由，夫妇双方不能满意，却又不能制欲，于是而奸淫之风盛矣。其能制欲者，则女为怨女，夫为旷夫，于是而伦常之乐亡矣。奸淫之风盛，而种种之罪恶以胎；伦常之乐亡，而种种之痛苦以联。欲矫其弊，非自由结婚不可。自由婚之真谛，须

---

　　❶　参见：陈平原，夏晓虹.二十世纪中国小说理论资料［M］.北京：北京大学出版社，1997：490.

根乎道德，依乎规则，乐而不淫，发乎情而止乎义。"❶ 可见，他所提倡的仍然是"发乎情而止乎义"的爱情，跟现代意义上的"自由恋爱"乃至"自由婚姻"还是存有较大的差异。

与林纾不同，民初的"谈情高手"周瘦鹃的翻译却不止于抒"情"，而是有意识地专注于他自身的心理探索与表达，也就是说，译者通过选择自己所认同的外国作品来表达自己内心深处的情感，展示译者私密的心理层面和精神状态。周瘦鹃本人年轻时候的感情经历使他不同于其他的翻译家，与初恋女友那段无疾而终的爱情带给他的那种刻骨铭心的痛苦，那种对于门第观念的痛恨，那种对于爱情的不能自主，那种对于所爱之人的思念和爱恋都让他在对文本的选择、翻译等方面与其他译者有很大的区别，在写作主题的选择上也是如此。

因此，"现代性爱情"之于周瘦鹃则有了进一步的变化，那就是他的言情小说译介已经完整地与自己的亲身经历结合起来。这意味着，译者不是在替作者翻译作品而是在描摹自身的体验，译者能对作者所描写的感情有着强烈的感受，能深切体会到作者字里行间所流露出来的情感，因而能在一个更高的层面上与作者融为一体，能强烈感受到男女主人公面对磨难时的无奈和绝望，也能充分理解男女主人公之间炽热的情感及其看似疯狂的举动。作者在小说中所描述的心理情感经历，周瘦鹃都有充分的体会，他所翻译的爱情小说《鬼新娘》《意外鸳鸯》《红楼翠幔》等都描述了两个心灵相吸的男女历经挫折、磨难最终勇敢地走在一起，尽管有时是在生活中，有时是在虚拟世界里，但都表达了作者对爱情的渴望，给彼时的青年男女传达一种"只要双方努力，爱情终能圆满"的希望。

---

❶ 参见：陈平原，夏晓虹 . 二十世纪中国小说理论资料［M］. 北京：北京大学出版社，1997：491.

　　除了有鸳鸯蝴蝶派作家兼翻译家翻译的言情小说，另有更多的青年翻译家加入此行列，专门刊登翻译爱情小说的刊物更是蓬勃发展。大量的爱情小说译本对民初的小说创作也有明显的导向作用。比如同时期出版的畅销言情小说《玉梨魂》《断鸿零雁记》《情茧》以及出版于1914年的吴双热的《孽冤镜》，不能不说受西方爱情小说的影响。周瘦鹃于1914年根据翻译小说而撰写的《恨不相逢未嫁时》以及《真假爱情》发表在《礼拜六》上，都弘扬了爱情的神圣与高洁、婚姻自由和民主。

　　综观民初创作的言情小说所表现的男女恋爱主题，都有一个共同点：男女双方不惧怕违背父母之命、媒妁之言，敢于追求自己所爱，一旦由于外界因素而不可得，那么自由恋爱的双方均会发出反抗的强音，并有可能拼死维护这段感情。这样的男女相爱，完全违背了传统文化中既定的爱情婚姻制度，违背了封建礼教，因而遭到了传统势力的谴责，但它又与世俗的传宗接代、财产门第等世俗观念不相干，纯粹从两性的感情出发，因而具有一定的纯洁性，更合乎人性。更重要的是，民国初期的作家所颂扬的这种爱情，特别强调"言情之正"，也就是"发乎情而止乎礼义"，并没有让男女之情任意泛滥。检视他们的作品，几乎没有哪部作品可以称得上"淫荡"。相反，他们的作品都太圣洁了，不但没有性的挑逗，也没有肉欲的追求，最多不过是一点"非分之想"。五四学院派作家大肆批判以周瘦鹃为代表的鸳鸯蝴蝶派作家实在是天大的冤枉。事实上，虽然翻译爱情小说给他们带来了建构爱情的模式，但是中国传统社会礼教思想仍然制约着他们的创作，使他们不至于过于"离经叛道"。作家们创作的这种具有非分之想而又不越过礼节的男女之情，这种只有思念而无肌肤之亲的纯精神恋爱，最符合民初时代的潮流。

　　与传统爱情小说相比，这些恋爱的主题有了很大变化，并逐步朝着现代文学主题转变。这种变化不能不说受到了外来文学的影响。民初大量诸如周瘦鹃等言情小说翻译家，同时在翻译中和创作中反复阐释同一个主题，这不能不给敏感的青年男女带来心灵上及情感上的思考。类似的情节主题，一旦在不同作者笔下反复出现，成为特定时代中一个共同的话题，那么就会形成一种叙事模式，从而演变成一个时期读者的精神依归。

　　"人性的发现"也是民初翻译文学所探讨得最多的主题。几乎同时代的翻译家都曾涉及此类话题。周作人曾在《新青年》(1918)上发表《人的文学》一文，提出文学是全人类的，没有种族、国家、性别上的区别。任何国家、民族、种族的文学在主题和思想上是相通相连的，这就是所谓的普世价值。从民初翻译作品来看，尽管原作来自不同的国家、不同的作者、不同的民族，而译者也各不相同，但他们在译本中所传达的主题和思想却基本一致，他们更加注重发掘在不同社会环境下的自我以及作为个体、作为人的自我，试图去寻找人之所以为人的所在。由此出发，民初翻译家从外国现实主义和浪漫主义作品中找到了大写的"人"，并试图在自己的写作过程中进一步阐释"人"的深刻内涵，探索自由与平等权利之于人的基本意义。

　　周氏兄弟的《现代小说译丛》当初带给他们比较丰厚的稿酬，同时也带给大众精神上的另一种探索。该译丛在主题上有一个共同的特点，即注重表现人道主义的精神特质，而这一主题很早就已经出现在他们的翻译选材里。他们所翻译的现实主义作家显克微支的很多作品就反映了这一倾向。在《域外小说集》中，他们翻译了《灯台守》《乐人扬珂》，在《现代小说译丛》中，他们翻译了《老仆人》《泉边》，里面都描写了社会底层人民的不幸遭遇，反映了社会的黑暗现实以及普通劳动人民命运的悲惨，痛诉了社会的不公，寄予了作者对被损害者的深切同情。但是周氏选用这些作品，并不单单是为了展示弱者的伤痕给人们看，也不只是为了揭露社会的不公平，而是希冀读者能够在这深深的悲凉哀痛中找到生活的希望，发现人世的善良，相信生活的美好。人生固然充满苦难，但作为普通的一员，我们更需要积极地去面对。估计民初如此众多的翻译家翻译莫泊桑、契科夫的作品也是出于这方面的考虑。

很多优秀的外国文学作品正因为宣扬了人性而被新文学翻译家介绍进来。比如当时轰动整个欧洲的《少年维特之烦恼》《战争与和平》，甚至古代波斯文学《鲁拜集》也成为新文化运动者争相翻译的对象。拜伦、海涅、华兹华斯等人的诗歌受到了他们热烈的追捧。这些充满人性的小说一介绍到中国，就成为作家们学习模仿的对象，滋养着他们的灵魂和笔触。他们甚至还就一些主题思想问题在影响较大的刊物上比如《新青年》《小说月报》等进行公开评论、探讨，涉及这些作品中人的生存状态、对人生幸福的追寻、对社会阴暗面的揭露以及对人性本真的探索等。

诸如此类"人的文学"翻译作品为中国现代文学贡献了重要的思想范畴与文学命题。如郭沫若的诗歌《女神》的思想内容和艺术成就，与外国文学的启迪和滋养是分不开的。这里面既有歌德、泰戈尔的痕迹，也有惠特曼的影响。胡适和罗家伦共同翻译的《娜拉》就为反映女性问题、家庭问题、婚姻问题等提供了一个样板，虽然在此之前反映此类问题的小说大量存在，但借助戏剧作品如此活灵活现展现在观众面前的却并不多见。此译作的形式以及思想内涵引起了大多数作家和思想家、教育家的共鸣，因此其反响之大估计是当时的翻译家始料未及的。再加上《新青年》专门开辟的"易卜生号"，作家、评论家可以公开讨论、表达自己对此问题的观点、看法。这一系列的举动无疑让这些问题袒露在民众面前，推动着追求个性解放、女性解放的青年更深入地反思。对人性本真的探讨一直是中国现代文学的核心内容，它也是现代文学之"现代性"的核心观念。民初的作家从译作中发现并抓住了这个新的文学思想命题，此后开始尝试表现"人的文学"这个宏大的主题。如鲁迅《伤逝》女主人公子君宣言似的话语"我是我自己的，他们谁也没有干涉我的权利"，就代表了当时青年女性的普遍愿望。读者还从鲁迅的作品《狂人日记》《药》中看到了封建制度的腐朽，也看到了鲁迅笔下文学形象所呈现的反叛性，看到了关于人性的思考。曾经翻译过尼采作品的鲁迅，必然接受了其强烈的反叛性，并把这种反叛性渗透到自己的写作中。《狂人日记》就是一个典范，鲁迅把这一反叛思想融入本民族传统文明之中，不仅颠覆了传统的"仁义道德"思想理念，也颠覆了"人之初，性本善"的儒家基本信条。可见，在社会转型时期，民初大量作家借鉴翻译选材，从各种译作中找到了其与自己思想和灵魂上的相通之处，并把这种共性表现在自己的创作中。

6.3　作为艺术图式的小说结构

中国传统文学中早就有短篇小说，主要呈现为两种基本范型：文言短篇小说（主要是唐代传奇和明清笔记小说）和白话短篇小说（主要是宋元话本）。但是传统短篇小说，在经历了唐传奇、宋元话本等两度高潮之后，到清朝初期已经走向了衰落，除了蒲松龄的《聊斋志异》

曾经给文言短篇小说集带来过短暂的辉煌。

清末似乎有些杂志就对"短篇小说"进行过分类，比如 1904 年 9 月创刊于上海的《新新小说》。但是，从目前的资料看，这一时期的杂志只是零星地使用"短篇小说"这一名称，未把它当成杂志的固定栏目。因此，无论是翻译家还是作家均没有严格区分"长篇小说""短篇小说"等文类。1906 年创刊的《月月小说》及 1907 年出现的《小说林》从一开始就开辟了短篇小说专栏。但是这两个刊物并未给"短篇小说"下一个明确的定义。读者可以从 1908 年《小说林》第 10 期觉我的《余之小说观》一文中大概看出他们对"短篇小说"的理解。

> 余谓今后著译家，所当留意，宜专出一种小说，足备学生之观摩。其形式，则华而近朴，冠以木刻套印之花面，面积较寻常者稍小。其体裁，则若笔记，或短篇小说；或记一事，或兼数事。❶

由此可知，该杂志已经对小说的体裁有了一定的意识，但将短篇小说读者定位为高等小学以下的学生，文体定位为短小、易懂，风格比较朴素，体裁类似笔记，这样的定义与分类与现代意义上的"短篇小说"还存在一定的差距。1908 年《月月小说》编译部在其第 3 期上已经开始单独征求短篇小说。

> 本报除同人译著外，仍广搜海内外名家。如有思想新奇之短篇小说，愿交本社刊行，本社当报以相当之利益。

---

❶ 参见：陈平原. 中国现代小说的起点——清末民初小说研究［M］. 北京：北京大学出版社，2005：338.

本报注重撰述，凡有关于科学、理想、哲理、教育、政治诸小说佳稿交寄本社者，一经入选，润资从丰。

撰述长篇，以章回体每部十六回或二十回为合格。❶

可以看出，《月月小说》编译者已经完全有了"长篇""短篇"的意识，并开始向短篇小说用力，以高额的稿酬谋取高质量的短篇小说翻译，这无异于给翻译家们释放了一个信号。1910 年 7 月创刊的《小说月报》抓住这一时机，在之后的 6 年办刊过程中，每期都刊登好几篇短篇小说，并把它置于长篇小说的前面。如此，短篇小说的地位迅速上升。这些都跟西方小说观念的传入有关系。1906 年刚创刊的《月月小说》刊出紫英书评，率先在历史小说、哲理小说、虚无党小说、侦探小说、社会小说、写情小说、滑稽小说等以题材和风格分类的栏目外，另辟以体裁分的"短篇小说"专栏。该杂志谈到，我国只是在"小说"前面加上"短篇"以表示分类，而西方国家则对小说有了细致的划分，如 Romance，Novelette，Story，Tale，Fable 等，正是这个杂志带动了清末短篇小说创作与翻译的小小热潮。

然而无论是文言短篇，还是白话短篇，首先在叙事结构方式上还没有跳出传统作文的窠臼，如文言短篇中总以"某某，某地人氏，家境如何……"等展开故事情节，而白话小说脱离不了"话说……看官且听……"等说书人的样式；其次，作者讲究故事的完整性，并且都强调长时段地把握人物的活动。很明显，清末短篇小说根本不同于现代意义上的短篇小说。它太注重作者的全知全能式叙述，忽视对人物性格和心理的刻画。这主要源于当时报刊编辑及同仁还缺乏短篇小说的意识，对短篇小说性质和特点认识不够清楚。当时的短篇小说还主

---

❶ 征文广告［J］.月月小说，1908（3）.

要集中在侦探故事。1906 年《绣像小说》杂志发表吴梼用白话翻译的两篇短篇小说，即显克微支的《灯台卒》以及马克·吐温的《山家奇遇》，此后中国读者才真正接触到西方优秀的短篇小说。

　　或许是为了吸引读者，或许是为了增加刊物的知名度，或许是为了提高刊物质量，民初大多数刊物短篇小说来自各种作者的投稿，而少有约稿，这就使得短篇小说领域呈现出比长篇小说创作更为激烈的竞争。《小说月报》创刊时明确倡导短篇小说，这一点从封面的英文标题 *The Short Story Magazine* 可见一斑。《小说月报》创刊伊始就公开宣称："本报各门皆可投稿，短篇小说尤所欢迎。"1913 年《小说月报》第 3 卷还刊登了征求短篇小说，对短篇小说字数、篇幅等给出了具体的要求。

　　　　本社现在需用短篇，倘蒙海内文坛惠教，偈胜欣幸。谨拟章程如下：

　　　　每篇字数，一千至八千为率。

　　　　誊写稿纸，每半页十六行，每行四十二字。

　　　　稿尾请注明姓名、地址。

　　　　酬赠照普通投稿章程，格外从优。

　　　　投稿如不合用，即行奉还。合用之稿，由本社酌定酬赠，通告投稿人。如不见允，原稿奉璧。

　　　　本社谨启。❶

　　此外，《小说月报》等杂志还将短篇小说栏目放在醒目的位置，并扩大其版面。一方面，杂志编辑有意识地扶持短篇小说，从客观上推

---

❶ 征求短篇小说［J］. 小说月报，1913，3（12）.

动了短篇小说的发展；另一方面，域外短篇小说的大量输入使得大量作家在创作过程中有了可以模仿借鉴的对象。这时创作的短篇小说与传统短篇小说有了极大的不同。陈平原认为，中国古代短篇小说与西方现代短篇小说之间的最大差距，就在于各自的结构意识迥然不同。前者趋于盆景化——短篇小说只不过是缩小的长篇，随时可以拉大放大，演作长篇小说；后者则趋于片断化——短篇小说之表现个人生活历史或者社会变迁的"横断面"，而且正如"短小而完美的山水画"一样，容不得添绘放大；从理论上分析把握这两类短篇小说的结构形态，是"五四"作家才开始的；但有意识地模仿西洋短篇小说片断化的结构方式的，却有晚清作家在先。❶ 上述种种因素直接导致民初短篇小说在数量上远远超过晚清，出现了前所未有的高潮。根据研究，近代对外国短篇小说的翻译开始于 1902 年，而到 1914—1917 年才掀起第一个高潮，是以前 11 年翻译总量的 2.7 倍。❷ 尽管清末民初译者和作家并没有严格定义短篇小说究竟是什么一种文体结构，但是，随着西学翻译的不断盛行，其作为小说的一个分支已然出现在人们的视野中。

尽管当时翻译行业还未形成统一的职业规范，翻译文本还未有统一的评判标准，但这并不等于晚清的小说家不会欣赏、学习和模仿外国小说。随着翻译小说的不断出现，此时的短篇小说翻译求新胜过仿古，它们基本摆脱了传统短篇小说的固有特征，而表现出新的形式和手法。这一现象的发生与清末民初出现大量的翻译是分不开的。恰在此时，胡适于 1918 年在北京大学演讲时给"短篇小说"下了定义。

　　我如今且下一个"短篇小说"的界说：短篇小说是用最经济的

---

❶　陈平原.中国现代小说的起点——清末民初小说研究［M］.北京：北京大学出版社，2005：155.

❷　李德超，邓静.清末民初对外国短篇小说的译介（1898—1911）［J］.中国翻译，2003（6）.

文学手段，描写事实中最精彩的一段，或一方面，而能使人充分满意的文章。这条界说中，有两个条件最宜特别注意。今且把这两个条件分说如下：

（一）"事实中最精彩的一段或一方面"。

（二）"最经济的文学手段"，形容"经济"两个字，最好是借用宋玉的话："增之一分则太长，减之一分则太短，着粉则太白，施朱则太赤。"须要不可增减，不可涂饰，处处恰到好处，方可当"经济"二字。因此凡可以拉长演作章回小说的短篇，不是真正"短篇小说"，凡叙事不能畅尽，写情不能饱满的短篇，也不是真正"短篇小说"。❶

胡适以自己所翻译的《最后一课》（*La dernière classe*）和《柏林之围》（*Le siege de Eerlin*）为例，阐述短篇小说特征是"最经济的文学手段"，"须要不可增减，不可涂饰，处处恰到好处"。他不无自豪地谈到莫泊桑（Maupassant）的小说，"我曾译他的《二渔夫》（*Deux amis*），写巴黎被围的情形，却都从两个酒鬼身上着想"，确实是"用最经济的手腕，描写事实中最精彩的片段，而能使人充分满意"。最后他得出结论说"最近世界文学的趋势，都是由长趋短，由繁多趋简要"，因此，写情短诗、独幕戏、短篇小说三项，代表世界文学最近的趋向。❷

胡适不愧为新文学革命的领袖，他在自己的翻译与写作实践中精准地抓住了短篇小说的精髓，其中"描写事实中最精彩的一段，或一方面"，点明了写作取材的技巧，也就是截取整个故事中某一典型事件或某一情景片段，加以叙写，以表达某种思想感情或表现

---

❶ 参见：《新青年》1918 年第 4 卷第 5 号。

❷ 参见：《新青年》1918 年第 4 卷第 5 号。

某一社会问题。明确了短篇小说的特点以及写作技巧之后，短篇小说家对于如何进行创作有了一个明显清晰的轮廓，并借鉴短篇小说的"片段化"的结构方式，开启了中国短篇小说叙事结构向现代的嬗变。

民初各文学社团、刊物及其成员都致力于短篇小说的译介，并学习其中写作技巧，用以创作。比如马君武和刘半农译介托尔斯泰，周氏兄弟的《域外小说集》，胡适翻译《短篇小说集》以及周瘦鹃的《欧美名家短篇小说丛刻》等优秀的短篇小说集的先后出现使民初作家们得以窥见另一种全新的短篇叙事结构。鲁迅评安特莱夫"其文神秘幽深，自成一家"，称迦尔洵"晚岁为文，尤哀而伤"；周作人评爱伦·坡"善写悔恨恐惧等人情之变"，称契科夫"其文多慨贤者困顿，不适于生，而庸众反多得志"。这些评述基本都抓住了作家的根本写作特点，提升了作家们的艺术欣赏力。在这些短篇小说中，情节功能削弱而非情节因素崛起，这正是现代短篇小说的典型特征。很难准确地说究竟是哪一位西方短篇小说作家对民初的小说创作产生了深远的影响，但是到 1915 年为止，至少先后有 9 位译者翻译了 12 篇莫泊桑的短篇小说，可见其时文学风气之一斑。有时是一个翻译家注意到了某个作家的作品，并把他介绍过来，一旦读者买账，那么又会有更多的翻译家去搜求其更多的作品，尽管这些翻译家未必完全了解该作家的艺术特色。这一时期译者翻译的短篇小说作家竟达到了 185 人，几乎囊括了 19—20 世纪最有名的短篇小说大师。翻译在现代短篇小说形成和发展中发挥着启蒙性的作用。

如果说清末作家开始有意识地模仿西方短篇小说的片段化的叙事结构，那么民初作家更是从理论上分析把握西方短篇小说的结构形态。他们已经充分意识到，短篇小说的一个最大的特征便是小说并不是详尽地叙述故事的来龙去脉，而是截取生活中的一个片段、一个场景进行详细的描述。这种趋向代表着作家应充分重视小说的非情节因素，弱化其叙事功能，以便于更突出地表达人物的性格特征。

程善之于 1914 年出版的自选集《小说丛刊》中的《热心》，在结构形态上接近现代小说。该故事没有充满戏剧性的矛盾冲突，没有曲折完整的故事情节，只是一个生活场面的素描，作者全程持冷静客观的态度。《热心》中的场景相当集中，没有任何评论，几乎纯客观地呈现一个场面：酒楼上，大笑官吏皆为高谈阔论的"热心人"，只有一个少年坐在那里一声不吭，被其他人讥笑为"冷血"。过了一会儿，一名可怜的伤员前来寻求帮助，少年请众豪杰相助，得不到允诺，自己抱伤员到医院去了，众热心人于是冷嘲热讽道："此人好名哉！"尽管作者激愤之情溢于笔端，却只借"热心人"与"冷血人"对卫国流血的士兵的态度这一点来加以渲染，冷静客观中包含着反语与讽刺。至于少年的来历以及伤兵的是否得救则都不在作家的叙述范围之内，这一点明显区别于传统的小说。然而小说的力量也正在于此。

鲁迅的创作也有了更进一步的发展，《怀旧》是其模仿创作的开始。其中以小事件透视大时代，以平淡笔墨表现民众对革命的隔膜，以及以儿童眼光观察世态人情，等等。《怀旧》整个结构更体现在鲁迅后来强调的"借一斑略知全豹，以一目尽传精神"。在此小说中，一个谣言使得金耀宗和秃先生出尽洋相；虚惊过去，门前的桐树下又恢复了往日夜晚的平静。

据统计，民初后期作家采取横截法结构模式者高达 90%，这充分说明他们已经能够非常娴熟地截取生活的"横断面"了。如周瘦鹃的短篇小说《挑夫之肩》，只是选取了小说家秦芝庵和老挑夫在黄埔滩上几十分钟的谈话；徐卓呆的《买路钱》仅仅截取某官于还乡途中遭遇强盗前的一番自我表白；《温泉浴》仅仅选择了某会长在旅馆里与留学生畅谈嫖妓的经验，以及在浴池里见两个裸体的日本女子洗澡时的丑态，这些横截面把普通劳动人民生活的不幸、社会的丑陋、官场的虚伪狡诈、人与人之间利益关系的复杂性通过很简短的一个场景栩栩如生地呈现出来了。此时出现的很多短篇小说中，都可一窥作者对外国短篇小说的认识和模仿，如叶圣陶的《一个朋友》《多收了三五斗》《一个小浪花》，鲁迅的《社戏》《在酒楼上》《祝福》，巴金的《窗下》《月夜》《短刀》，等等，均截取生活片段来作为短篇小说的写作对象，其结构不是完整叙写主人公的生平，而是转向看上去微不足道的生活细节。

作家兼翻译家的惯习让民初翻译家并不严格区分作家与翻译家的职责，因此翻译过程中常常意译、译述、演义甚至改作。在各种形式的翻译中，翻译家们逐渐由译而作，民初享有较高声望的作家，比如鲁迅、徐志摩、巴金等，他们的很多脍炙人口的作品中都留有深深的域外小说的痕迹。可以说，是西方短篇小说的翻译促进了中国现代短篇小说的辉煌，成就了鲁迅、茅盾、巴金、朱自清等一大批优秀小说家。

6.4　作为述说形式的叙事角度

作为叙事文体，小说一直以讲故事为己任。在中国古代，尽管个别文言小说家偶尔采用倒装叙事，但到 20 世纪初接触西洋小说以前，中国小说基本上采用连贯叙述。1902 年梁启超从日文转译法国小说《十五小豪杰》，在第一回后写下批语："观其一起之突兀，使人堕五里雾中，茫不知其来由，此亦可见泰西文字气魄雄厚处。"❶ 此后又有周桂笙、林纾、徐念慈等对西方小说作出了类似的评论，这些议论说明清末民初的作家们已经充分意识到了叙事结构的不同。鬓红女史在李定夷所著的《鸳湖潮》卷末评语中提及了中外叙事结构的不同。

> 寻常小说体裁，除译本而外，大都从叙述身世开端。以序次论，自然不错，特平铺直叙，千篇一律之文字，易使读者生厌。此书从吴彤瑛译绝命书起始，实为惊人夺目之笔。彤瑛身世，后来从剑庐口中轻轻带出，便省却许多闲废笔墨。
>
> 第一回——绝命书，将以前事实夹写在内，是变化的叙事法，读者勿以绝命书目之。❷

在西洋文学的刺激下，有些作家已经自觉地开始模仿这种叙事结构。比如恽铁樵创作的《工人小史》，名为"小史"，实际上却只写了上海南市某厂工人韩蒉人两天的生活。作者想借两天来写一个人的一生，因此矛盾必须高度集中。于是作者叙述其上午出外修船，被电车售票员殴打，下午因脱一轮叶，被工头打晕过去，且被洋人解职，一时之间集人世间一切不幸。在读者为主人公遭遇深表同情之余，作者借助回忆倒叙，介绍读书人韩某如何于十年前流落到上海做工。

传统小说作家习惯于以全知全能的视角叙述故事的发生、发展和

---

❶ 参见:《新民丛报》1902 年 2 月 22 日第 2 号。
❷ 参见: 陈平原, 夏晓虹. 二十世纪中国小说理论资料 [M]. 北京: 北京大学出版社, 1997: 504.

结局，透视作品一切人物活动。在这样的叙述角度中，作者能够轻松自如地把握故事的发展去向。然而，这样的叙事手法在民初得到彻底的颠覆。翻译家们在其翻译中接触到了大量的第一人称叙事角度的手法。该叙述角度容易拉近与读者的距离，使读者进入"我"这个角色；方便主观的心理的描写，代入感强烈，便于抒发情感，进行详细心理描写；使文章更具真实性、故事性，更生动形象，使读者能更具体地体会作者心情；通过对"我"的详细描写，来唤起读者的思考和想象；使故事情节叙述杂而不乱，情感更加动人。尽管清末小说家为了照顾读者的阅读习惯而故意割裂外国小说的回数，意译、改译原文，但是西洋小说的基本面貌还是很快被介绍进来了。第一人称小说叙述模式也很自然地被吸收进了民初小说创作中。

清末，翻译家就已经引进了第一人称叙事手法，比如《百年一觉》《巴黎茶花女遗事》。民初翻译家翻译了大量西方短篇小说，里面有很多采用限制叙事技巧，其中采用第一人称叙事的文本很多。翻译家胡适和周瘦鹃敢于大胆突破传统叙事视角的做法，向读者引入不同于传统小说的全知视角，本身对中国文学作出了贡献，给后来的翻译家和作家提供了改革的出路。从他们的译本不难看出，他们比较青睐于第一人称限制叙事。原因如下：首先，第一人称叙事在叙事过程中最容易辨别，它的优点也很明显，作者不需要考虑其他而可以把人物的心理、思想情感直接表述出来。其次，相比较而言，第一人称叙事在限制视野的处理上，很明显地比第三人称限制叙事容易掌握。如果用第三人称叙事，则经常会不自觉地误以为是第一人称叙事而发生越位，但是如果以第一人称叙事，只要稍加留意，一般都不会造成因叙述者越位而使文学缺乏真实性。

在翻译过程中，或许害怕中国读者不习惯第一人称叙事手法，或许担心读者把小说中的"我"等同于译者，周瘦鹃总是把"我"翻译成"予"，有时还特意加上按语以示区别。周瘦鹃的第一人称译作中，叙述者绝大多数是配角，讲述的大多是"我"的所见所闻，"我"朋友的故事，而不是"我"自己的故事。其中数量最多的是侦探小说，讲述"我"朋友的故事。比如，英国作家约翰·布朗（John Brown）的作品 *Rab And His Friends*，周瘦鹃把它翻译成《义狗拉勃传》。原文作者采用第一人称的叙述视角，把自己的所见所闻写下来，给读者一种亲眼所见、亲耳所闻的感觉，增强了故事的真实可靠性。

三十四年前，白勃盎斯利与予自哀汀堡高等学校中同往病院街，头相并，臂相怜，此惟天下情人，及儿时朋友，始知并头联臂之出于何意。既至街头，翘首南望，见脱朗礼拜堂前，有人一巨积。白勃大呼曰："是狗斗也。"呼后立奔，予亦奔；吾二人心中，咸盼此斗之勿遽罢，使吾二人一观其盛。儿童性质，大都尔尔，即非儿童，亦何尝不如是。盖天下事，惟旁观为乐，苟有屋宇，忽兆焚如，则皆愿其火焰暂遏须臾，一俟吾人临观时，然后外冒，此非尽人俱有之心理耶？老伊萨克谓个中良多乐趣，而儿童喜于临观，亦不得谓之残忍，于斯实可见三种美德：曰勇，曰智，曰耐力；观之似为不为无益。❶

还比如徐志摩翻译曼殊菲尔的作品《夜深时》。

（浮及尼亚坐在壁炉前，她的出门用件，丢在一张椅上：她的靴在炉围里微微地蒸着汽。）

---

❶ 参见：施蛰存．中国近代文学大系·翻译文学集（第 1 卷）[M] 上海：上海书店，1991：700.

浮及尼亚（放下信）：我不喜欢这封信——一点也不。我想不到难道他是存心来呕我的气——还是他生性就是这样的。（念信）"多谢你送我袜子，碰巧新近有人送了我五双，我所以拿你送我的转做人情，送了我的一个同事，我想你不至于见怪吧。"不，这不能是我的猜想。他准是存着心来的，这真叫人太难受了。

嗳，我真不应该写那封信给他叫他自个儿保重，有法子拿得回来才好呢。我又是在礼拜晚上写的，那更糟极了，我从不该在礼拜晚上写信的，曾就自己拿不了主意，我就不懂为什么礼拜晚上老给我这样的怪味儿，我真想给人写信——要不然就想嗳，对了，可不是。真叫我难受，又心酸，又心软，怪，可不是！❶

作者曼殊菲尔用第一人称叙述方式描写了一个失爱的女人的心理，本是很普通很不出奇的一个桥段。内容主要叙述一个快上年纪的独身女子着急找一个男人，后来终于看上了一个，她主动写信给他，并送袜子给他，但是不曾想却碰了一个冷钉子，晚上她独自坐在火炉前沉思，感觉又羞又愤，想把对男人的思念丢掉又丢不掉，结果只好爬上床去蒙紧被窝淌眼泪。徐志摩认为，她是谁，我们不必问，我们只知道她是一个近人情的女子；她在白天做什么事，明天早起说什么话，我们全不必管，我们有特权听的就是她今夜上单个儿坐在渐灭的炉前的一番心境，一段自诉，她并不说出口，但我们仿佛亲耳听着她说话，一个字也不含糊。也许有人说损，这一挖苦女人太厉害了，但我们应得问的是她写得真不真，只要真就满足了艺术的条件，损不损是另外一件事。❷ 文学的艺术性就在于"真"，曼殊菲尔使用的第一人称让一

---

❶ 蒋复璁，梁实秋 . 徐志摩全集（第5卷）[M] . 北京：中央编译出版社，2013：38.
❷ 蒋复璁，梁实秋 . 徐志摩全集（第5卷）[M] . 北京：中央编译出版社，2013：43.

个受到爱情伤害的女人通过内心的自诉更加真实生动，让读者怜悯之情油然而生。

翻看徐志摩的作品，无论是小说还是诗歌都是以第一人称为叙事视角的。很显然，曼殊菲尔的《夜深时》对徐志摩的创作，尤其是抒写主人公内心情感产生深远的影响。同样，都德的《最后一课》、安特莱夫的《笑》、国木田独步的《少年的悲哀》中第一人称的叙述等都对民初作家很有吸引力。这些小说消融了外面世界与内心世界的表现之差，表现出灵肉一致的境地，从而把第一人称叙述者内心感受作为叙述的中心，使作者更能轻松自如、得心应手地随时把握和表现人物的思绪、心境、潜意识等。

在大量的翻译实践中，民初翻译家开始学着使用西方惯用的第一人称视角去冲破传统文学的约束，开启用小说来抒情的潮流。他们更急于表现自我，抒发自己面对酷烈的现实呐喊，发泄心头的愤懑，为人类命运的不公而呐喊。借助于短篇小说的"截取生活中的横断面"特点，他们在作品中大多以感伤为基调统摄全篇，交叉使用多种叙述视角，从而体现作者主观情感感受。

在这方面，苏曼殊是当之无愧的始祖。苏曼殊的《断鸿零雁记》是第一部采用第一人称叙事角度抒发自我情感的小说，以此为起点，民初产生一大批这样的第一人称叙事抒情小说，从而把小说的功能进一步扩大。民国初期的郁达夫、郭沫若等更是将第一人称叙述视角的抒情性发挥得淋漓尽致。郁达夫擅长在作品中，将生活的窘境和愤懑的情绪碰撞融汇成一道飞瀑，一泻千里。他借助于第一人称叙事角度热情歌颂民主、科学，猛烈抨击旧道德、旧思想。第一人称叙事角度仿佛让他得到了最大的解放，他可以毫无顾忌、肆无忌惮地抒发自己内心深处的彷徨、苦闷、理想和欲望，甚至在很多时候，他几乎忘记了自己正在创作别人的故事，也忘记了该用什么字眼去表现，而只是按照自己的内心来写。同样具有浪漫主义气质的郭沫若也表示，文艺的本质是主观的、表现型的，对艺术的理解不应当是反射的（Reflective），而应当是创造的（Creative），这就意味着，作者可以按照自己的主观愿望来抒写小说人物的内心。这样，小说成为情感抒发的渠道，表现作家心理情感的工具。

在他们突破传统小说全知叙事模式的进军中，不单有西方小说做样板，而且有西方小说理论的直接指导，比如有的理论谈到了直接叙述与间接叙述的文学表现手法的运用。

大概，事实的间接叙述比直接叙述不易生动，所以在两件或多件事实有相同的重要，而只从一个观察点出发要将各方面都表现出来又非常困难时，观察点就不得不变动了。❶

可见，他们已经懂得了创作小说最好有统一的视角，但是如果作家能够自然合理地切换，也完全可以同时交叉使用几个不同的视角。作家注重小说视角的运用，目的是加强小说的逼真感，并解除作者对于读者的专制态度。

民初第一人称叙事小说中，叙述者"我"充当了主角。小说不再叙述人物的故事、人物的遭遇，而是描写"我"。周瘦鹃创作的《西子湖底》写"予"想方设法接近相貌、举动、性格均极为奇特的老桨，为解开老桨那视为宝物的一罗帕一枯花的秘密煞费苦心。最后才从老桨口中得知，他三十年前见湖上沉船，入水救人，女尚未死，然为借西子湖底作藏娇之金屋，"花晨月夕，恣吾晤对"，故取美人之罗

---

❶　参见：夏丏尊，刘熏宇．文章作法［M］．上海：开明书店，1926.

帕、玫瑰，闭舱门而出。此后月夜面对这一湖清水，思念水下之美人，终于美人托梦，枯花重开，老桨新装出门，入水会美人去了。小说的结构重心不在于回忆部分，不再只是记忆叙述人偶然听到的一个有趣的故事。不单叙事人直接介入故事进程，而且过去的故事推动着现在的故事，两者密不可分。这个故事看似截取一个片断来写，但作者借助倒装叙述来扩大表现时空，展现在读者脑海里的仍然是一个完整的故事。

第一人称叙事视角重视人物抒情必然导致小说结构的巨大变革。首先，由于人物思想意识随情绪情感的涌动，会弱化故事的可读性和可信度。其次，大量的抒情性描写延缓了故事的发展进程。比如民初个性作家郁达夫创作了大量的主观宣泄式抒情小说，故事随心理意识流动而发展，因而显得有点凌乱而没有逻辑性；心理的每一个情绪的变化都容易被捕捉叙写，因而显得鲜明和细密。于是，在他的小说中几乎无故事，特定情节推动的不是故事的发展演变，而是人物的或嫉恨、或羞怯、或艳羡、或自卑等不断翻动的情绪。郁达夫历来以"情调"两字来批评作品的好坏。他认为一篇好的作品，是能够酿出一种"情调"来的作品。比如他创作的《春风沉醉的晚上》《故都的秋》《过去》《迟桂花》等，无一例外地表达作者自身的情感，渲染了一种"情调"。在他的作品里，读者可以明显感觉到他的忧郁、孤独、颓废，然而他自己并不忌讳，他希望把这一代青年人所有的苦闷、压抑展露给世人，这种忧郁感伤的情调深深地烙印在他的创作中，体现出强烈的作家个性。

郭沫若也是一位个性极其鲜明的作家，他也特别擅长于第一人称叙事，注重人物心理的描写。他认为，人物心理描写是潜在意识的一种流动，是作者写作时的冲动。可见，民初小说家的创作实际并不是完全依据"小说专论"或"作法讲义"。他们更关心自己情感的抒写和宣泄，自己意识的流动等，和传统小说家不同，他们逐渐淡漠了文体，专注于人物内心，小说内容由谈"情节"转变为谈"情调"和"风格"，逐步突破小说必须叙事的藩篱，实现了小说"没有真正意义上的客观写实"的现代性转变。

更大胆的是，民初作家把这种第一人称叙事手法应用到日记体小说中。清末以来，就有大量日记体、书信体等翻译到中国，作家们很快掌握了这种叙事方式的精髓，并创作出了一批抒发自己情感的日记体小说，如庐隐的《丽石的日记》、潘训的《心野杂记》、李吉人的《同情》、冰心的《一个军官的笔记》等，还有一批书信体小说，如许地山的《无法投递之邮件》、向培良的《六封书》、冰心的《遗书》、郭沫若的《落叶》、王以仁的《归雁》、蒋光慈的《少年漂泊者》、章衣萍的《情书一束》等。这些第一人称的叙述抒情作品到今天仍然吸引着读者，不是因为其艺术技巧如何精湛，而是小说中自然流露的灼热的情感与真诚的痛苦。

最成功地运用日记体形式的莫过于鲁迅的《狂人日记》，其思想很独特，表现形式更特别。在常人看来，他的日记里充满了荒诞之言，但在他看来，这些就是他心里的真实想法。

> 我不见他，已是三十多年；今天见了，精神分外爽快。才知道以前的三十多年，全是发昏；然而须十分小心。不然，那赵家的狗，何以看我两眼呢？
>
> ……
>
> 晚上总是睡不着。凡事须得研究，才会明白。
>
> 他们——也有给知县打枷过的，也有给绅士掌过嘴的，也有衙

役占了他妻子的，也有老子娘被债主逼死的；他们那时候的脸色，全没有昨天这么怕，也没有这么凶。

最奇怪的是昨天街上的那个女人，打他儿子，嘴里说道，"老子呀！我要咬你几口才出气！"他眼睛却看着我。我出了一惊，遮掩不住；那青面獠牙的一伙人，便都哄笑起来。陈老五赶上前，硬把我拖回家中了。

拖我回家，家里的人都装作不认识我；他们的脸色，也全同别人一样。进了书房，便反扣上门，宛然是关了一只鸡鸭。这一件事，越教我猜不出底细。

……

你看那女人"咬你几口"的话，和一伙青面獠牙人的笑，和前天佃户的话，明明是暗号。我看出他话中全是毒，笑中全是刀。他们的牙齿，全是白厉厉的排着，这就是吃人的家伙。

……

凡事总须研究，才会明白。古来时常吃人，我也还记得，可是不甚清楚。我翻开历史一查，这历史没有年代，歪歪斜斜的每页上都写着"仁义道德"几个字。我横竖睡不着，仔细看了半夜，才从字缝里看出字来，满本都写着两个字是"吃人"！

日记中第一人称的叙事，叙述者随处可见的疯癫之语，充分展示了"我"生活在这个社会的悲哀、恐惧和害怕。叙述者叙说的每一个细节都让读者感到背脊发凉，叙述者不断反复说出的"吃人"二字让读者深深感到世界之无情，社会之丑陋。

中国现代短篇小说是民初以来成就最辉煌的艺术品种，民初小说创作家在对现代短篇小说艺术探讨的基础上，借鉴翻译文本创作了大量优秀的短篇作品，丰富了中国现代短篇小说这一艺术形式，而且还带来了中国小说叙事模式的革命，正如陈平原指出："没有二十世纪初短篇小说的崛起，中国小说很难在如此短暂的时间内，实现叙事时间、叙事角度、叙事结构的全面转变。"❶

❶　陈平原.中国现代小说的起点——清末民初小说研究［M］.北京：北京大学出版社，2005：15.

第7章 结 语

　　翻译是一项历史的、动态的目的性实践活动，实践中的主体因素——人具有很强的主观能动性。他决定着"为什么"翻译这个至关重要的问题，因此，在研究翻译活动时不能忽视活动中翻译家的作用。一般说来，对某一文本的选择和接受取决于翻译家本身，但他的选择也不是随心所欲、兴之所至的盲目冲动，而是根植于他自身思想的需要或者接受主体所处的民族、社会和国家的需要。对一个文本的理解和处理也是此需求的最直接的反映。因此追问翻译家"为什么翻译"比起我们常常提及的"怎么翻译"显得更为重要，它直接决定了翻译家的整个翻译策略。对于该问题的回答与理解凸显了翻译家的翻译伦理。

　　然而，每个翻译家都有着特殊的成长语境与时代背景。在民初这个追求个性自由与个性解放的社会里，言论自由、民主制度是翻译家翻译活动得以存在的根本。由于自身成长和社会、家庭教育的影响，民初翻译家受传统伦理影响很深，但是国家政治的腐败、科举制度的取缔，使他们的人生道路与传统士人有了很大的不同。自然经济的逐渐解体以及资本主义经济的萌芽使社会生产方式逐渐改变。稿酬制度的日益普及，翻译职业的逐渐形成，使他们的生存方式和价值观也与过去有了很大差异。翻译家在此过程中，自身的义利观发生重大改变，已然摒弃了"重义轻利"的传统伦理观，由"道德伦理"日渐向"经济伦理"倾斜。追逐私利也成为翻译的主要目的之一。他们大胆肯定"利"，肯定"欲"的合理性，并主动与商人靠拢。虽然在翻译家心目中价值结构发生了很大改变，但是，自小接受的儒家传统教育从一开始就奠定了翻译家的人生基调，传统士人的价值观像幽灵一样依然或深或浅地缠绕在他们身上。"家国情怀"使他们摆脱不了社会历史责任感，启发民智、富强国家成为他们进行翻译的主要动力，这使他们的翻译不可避免地带上了强烈的政治功利性。因此，对于此时期的翻译家，道义感和功利性往往互相渗透，互相交织。他们在民初出版业逐渐兴盛的时期，选择了一条不同于传统士人的路径，采用翻译与创作的实践方式继续发挥参政议政的作用。

　　与历史上任何一个时期相比，民初翻译家强烈的政治功利性使他们更在意翻译的意识形态，其翻译的出发点大多数受制于当时的政治与文化环境。因此他们在翻译策略上具有更多的相似性，以颠覆旧文化，建设新文化。这种文化实际上既不是固有的本土文化，也不是外来文化，而是一种新的"翻译文化"。译者在翻译过程中大多数情况下根据原文而译，因而有异域文化的痕迹、因子、元素，但在这之中，译者又不能完全摆脱自身传统文化的影响，自觉不自觉地附加了中国文化，并打上了时代的烙印。翻译家在外来文化与本土文化中协商、融合而建构出一种新型文化。与以往任何时代相比，民初翻译家在建构翻译文化时更有意识，更客观、冷静，更有计划、有步骤，更表现出一致性，他们实质上已经集体性地否定已有的文化，身体力行地通过翻译创造一种他们认可的适合转型时期的新文化，以"再造中华"。

　　正因为此，与历史上其他时期翻译家相比，以鲁迅、茅盾、胡适等为核心的一大批民初翻译家，体现在翻译文本的选择上有很多反常之处。他们虽然大多懂英语或者说其中有些翻译家只懂英语，但他们基本不翻译英美国家的文学作品，而对波兰、匈牙利、爱尔兰、西班牙、俄国等当时被视为"被侮辱被损害"的弱小民族的作品非常感兴趣，并加以大量译介。他们通过展示弱者的伤痕和弱者所受屈辱的方式意图唤醒国民的情感，引导和激励国民奋起反抗。因此，所翻译的无论是小说、诗歌还是散文，大多弥漫着深沉的爱国情怀，主题相当鲜明，这类作品占据了翻译的主流。翻译家并不介意原文的出处，只要符合主流社会的观念需求就翻译。因此，这一时期的翻译家毫不避讳地翻译了大量的国际上二三流的作品，虽然此前他们还就清末林纾等一些翻译家所做翻译的选目进行过猛烈的批判。当然，也有一小部分翻译家非常关心读者的审美取向和阅读期待，按照读者的需求选择文本，比如以周瘦鹃为主的鸳鸯蝴蝶派翻译家。他们以通俗文学翻译为主，所翻译的内容形式相比较前者更加多样，有侦探悬疑小说，有抒情散文，有理论论文，但更多的却是反映人类普遍情感的婚姻爱情小说。他们从微观的日常生活、婚姻家庭去关注市民的需求，从而在一个个家庭爱情故事中建构着一种"翻译文化"。虽然他们的翻译比较边缘化，但影响更广泛，其传播思想理念的手段更加隐蔽，社会功能更加有效。它其实不露声色地把现代社会、现代生活方式、文化消费等理念翻译介绍给了读者。

无论翻译哪种文本，翻译家的功利性决定了翻译不可能完全透明，无法做到绝对忠实于原文。因为翻译总是会受到翻译家所处的特定时代文化语境中诸多因素的影响和制约，也正因有这些影响和制约，翻译绝对不只是用一种语言替代另一种语言，相反，它是目标语文化与原语文化的交锋、交流、对话与协商，所以说原汁原味的翻译是根本不存在的，翻译家所做的或尽可能做的是追求译文对原文的最高近似度。尽管如此，本时期的翻译方法和手段与以往相比，有了很大的变化。笔者发现，大量的译作是从俄国、法国、波兰、匈牙利等国家转译过来的，而不是直接翻译过来的。"转译"对于民初的翻译家已经成为一种"惯习"，"但这转译当然是一种障碍。即使不至是一种隔膜。翻译最难是诗，其次是散文写成的诗。……经过一度移转，灵的容易变呆，活的容易变死，幽妙的容易变粗糙——我不能为我们自家的译品昧着良心来辩护，但我们当然也只能做我们做得到的事。我们的抱歉第一是对作者，第二是对读者"。❶ 因此，为了能"做我们做得到的事"，又为了对得起作者，在转译别人的作品时，本时期很多翻译家在翻译上很用心，尽量直译，期望在"二次翻译"中能够完全忠实于原著。事实上，很多翻译家为了追求与原著的无限接近，必定下苦功夫花费力气把原著的不同版本进行比对，以便与原文更加近似。在这一时期的翻译家那里，译文是否忠实于原文逐渐成了检验翻译好坏的标准。

　　由于民初社会的转型以及经济文化的改变，很多传统士人逐渐转变为新式知识分子。在资本主义经济刺激下，很多知识分子投身于出版业，通过创办报纸、杂志而在公共平台发表言论。就社会角色而言，很多翻译家自身就是赞助人。他们有的集翻译家、赞助人与读者于一身。因此，在翻译过程中，他们更加能够了解服务对象的需求，因而更能处理与其他各翻译主体的关系。在长期的翻译合作中，翻译家与作者的关系更加密切，他们更能领会作者的意图，更注重传达作者的本意，更忠实于作者。翻译家与赞助人和读者之间的关系呈现出多样

❶　蒋复璁，梁实秋.徐志摩全集（第5卷）[M].北京：中央编译出版社，2013：185.

化，他们建立了更具现代意义上的朋友关系以及合作关系，而淡化了以往的依附关系或附属关系。总体说来，他们之间的关系由过去以"忠诚"为核心的伦理关系向以"信任"为核心的伦理关系过渡。

时代伦理与个人境遇包括家庭教育、成长经历、工作环境以及社会关系的不同导致每个翻译家的个人伦理并不完全一致，为社会谋大利与为自己谋小利这两种不同的翻译目的使得民初翻译家一直处在功利和义务伦理中挣扎，其与各翻译服务对象的不同关系体现了翻译家的不同翻译价值观，所有这些导致了民初翻译家翻译目的、翻译内容、翻译语言及翻译方法都有较大的差异，从而大致形成了牧师型、贱民型及探索型这三种不同类型的翻译伦理模式。牧师型翻译家一直都属于中国传统社会中的精英分子，处于社会的核心位置。他们致力于在转型时期的民初社会建立新型的社会规范。他们既是中国传统精英文化的拥护者和守卫者，也是现代文化的开拓者和创造者。他们能站在国家的制高点，为建设新文学文化不遗余力。为此，他们还设计了建设蓝图，包括建设的思想导向、方法、工具、路径以及所需要的人力、物力等，并身体力行，致力于一步步达到自己的目标。他们善于利用社会所赋予的资源和条件，建立一个公共舆论平台，树立自己的声望和权威，在文学与文化领域里发挥着牧师的作用。贱民型翻译家是另一个极端，是真正意义上的仆人。这种翻译家是传统翻译家身份长期处于社会边缘状态的产物，也是其翻译活动长期隐形的结果。贱民型翻译家视作者为上帝，读者为国王。"上帝"型的惯习要求一切翻译只遵循一种方法，只有上帝手里掌握了真理，所有翻译家必须听从上帝的安排。他们建立控制机构，建立法令制度，解释一切翻译。探索型翻译家对外国文本充满好奇心，喜欢思考并且很有求知欲，想要了解或解释身边发生的事。思维能力强，喜欢从理论和思辨的角度看问题，对于别人已有的结论通常持怀疑的态度。独立自主，对于喜欢做的事全神贯注并且心无旁骛，喜欢解决实际和抽象的问题，具有创造性，他们会根据自己的需求灵活探索适用的方法。

与其他时期的翻译家不同的是，民初翻译家不仅期待其翻译文本对国民的思想能够产生深刻的影响，更主要的是，他们还试图通过翻译进行创作，借鉴外国文学以建构新文学。因此，在清末翻译家手里尚未完成的一些任务，比如白话文的广泛普及与运用，小说结构的变革，短篇小说的出现及逐步走向成熟，小说、诗歌、戏剧主题的建构等都在翻译作品中汲取了西方文艺理论和创作的元素而发生了根本性的转变，完成了从旧文学向新文学的现代性转变。为此，作为新文化运动的倡导者，胡适、鲁迅、周作人等开通了几个渠道：一方面借鉴西方小说的语言、主题、表现手法，另一方面又从传统文学中汲取精华，以保留可用的成分。在这之中，翻译发挥了前所未有的作用，翻译家们在两种文学文化中研究、探索、比较、实践，逐渐筛选出适合中国文学发展的道路。

由此可以看出，民国初期翻译家的翻译伦理思想在翻译过程中起着至关重要的制约和影响作用。其在翻译过程中一系列策略性的选择无不受到翻译家个人伦理的影响。同时，伦理是个复杂的概念，翻译家的翻译行为也同样复杂多变，因此判断翻译家的行为"好"与"坏"、"善"与"恶"的根据有很多种。如同衡量一个人的道德，人们也不可能用一个好或坏去评价他。事物是复杂的，具有多面性。人们只能把它分割成不同的面，根据不同的社会语境对之进行描述、判断。不分文本、不分时代地建立一个翻译伦理框架并不利于翻译实践或者研究问题的解决。基于此，要建立一个永恒不变的伦理体系或规则供译者遵照执行也是不切实际的。

参考文献

1. 中文图书

［1］巴金.巴金全集［M］.北京：人民文学出版社，1991.

［2］包天笑.钏影楼回忆录［M］.香港：大华出版社，1971.

［3］［法］皮埃尔·布迪厄，［美］华康德.实践与反思：反思社会学导引［M］.李猛，李康，译.北京：中央编译出版社，1998.

［4］陈福康.中国译学理论史稿［M］.上海：上海外语教育出版社，2000.

［5］陈平原.中国现代小说的起点——清末民初小说研究［M］.北京：北京大学出版社，2005.

［6］陈平原.中国小说叙事模式的转变［M］.北京：北京大学出版社，2003.

［7］陈平原，夏晓虹.二十世纪中国小说理论资料［M］.北京：北京大学出版社，1997.

［8］［美］杜维明.道、学、政：论儒家知识分子［M］.钱文忠，盛勤，译.上海：上海人民出版社，2001.

［9］范伯群.周瘦鹃文集［M］.上海：文汇出版社，2011.

［10］冯知明.鲁迅文集［M］.海口：海南出版社，2010.

［11］高兆明.伦理学理论与方法［M］.北京：人民出版社，2005.

［12］耿云志.胡适评传［M］.上海：上海古籍出版社，1999.

［13］胡适.胡适译短篇小说［M］.长沙：岳麓书社，1987.

［14］胡适.胡适自传［M］.北京：华文出版社，2013.

［15］姜义华.胡适学术文集·语言文字研究［M］.北京：中华书局，1993.

［16］孔慧怡.翻译·文学·文化［M］.北京：北京大学出版社，1999.

［17］［美］李欧梵.上海摩登——一种新都市文化在中国1930—1945［M］.毛尖，译.北京：北京大学出版社，2001.

［18］［美］林毓生.中国意识的危机——"五四"时期激烈的反传统主义［M］.穆善培，译.贵阳：贵州人民出版社，1988.

［19］刘群.饭局·书局·时局——新月社研究［M］.武汉：武汉出版社，2011.

［20］刘铁群.现代都市未成型时期的市民文学——《礼拜六》杂志研究［M］.北京：中国社会科学出版社，2008.

［21］鲁迅.鲁迅全集［M］.北京：人民文学出版社，1983.

［22］鲁迅.鲁迅全集［M］.北京：人民文学出版社，2005.

［23］鲁迅.鲁迅全集［M］.北京：人民文学出版社，1973.

［24］鲁迅，周作人.域外小说集［M］.上海：上海群益书社，1920.

［25］鲁迅.鲁迅译文选集（短篇小说卷）［M］.上海：上海三联书店，2014.

［26］［荷］拂来特力克·望·蔼覃，［苏］L.班台莱耶夫.小约翰·表［M］.鲁迅，译.南京：凤凰出版传媒集团，译林出版社，2011.

［27］［德］马克斯·韦伯.经济与社会［M］.林荣远，译.北京：商务印书馆，1997.

［28］茅盾.我走过的道路（上）［M］.北京：人民文学出版社，1997.

［29］欧阳哲生.解析胡适［M］.北京：社会科学文献出版社，2000.

［30］钱钟书.林纾的翻译［M］.北京：商务印书馆，1981.

［31］邱权政，杜春和.辛亥革命史料选集［M］.长沙：湖南人民出版社，1981.

［32］郭沫若.郭沫若集外序跋集［M］.成都：四川人民出版社，1982.

［33］施蛰存.中国近代文学大系·翻译文学卷［M］.上海：上海书店，1991.

［34］天津市档案馆.袁世凯天津档案史料选编［M］.天津：天津古籍出版社，1990.

［35］田刚.鲁迅与中国士人传统［M］.北京：中国社会科学出版社，2005.

［36］童世骏.西学在中国：五四运动90周年的思考［M］.北京：生活·读书·新知三联
　　　书店，2010.

［37］王海明.伦理学原理［M］.北京：北京大学出版社，2005.

［38］王建开.五四以来我国英美文学作品译介史（1919—1949）［M］.上海：上海外语教
　　　育出版社，2003.

［39］王友贵.翻译家鲁迅［M］.天津：南开大学出版社，2004.

［40］王智毅.周瘦鹃研究资料［M］.天津：天津人民出版社，1993.

［41］夏丏尊，刘熏宇.文章作法［M］.上海：开明书店，1926.

［42］薛绥之，张俊才.林纾研究资料［M］.福州：福建人民出版社，1982.

［43］严复.严复集［M］.北京：中华书局，1986.

［44］杨善华.当代西方社会学理论［M］.北京：北京大学出版社，2005.

［45］杨正典.严复评传［M］.北京：中国社会科学出版社，1997.

［46］余英时.士与中国文化［M］.上海：上海人民出版社，2003.

［47］［英］约翰·凯里.知识分子与大众：文学知识界的傲慢与偏见（1880—1939）［M］.
　　　吴庆宏，译.南京：译林出版社，2010.

［48］郑大华.民国思想史论［M］.北京：社会科学文献出版社，2006.

［49］周瘦鹃.欧美名家短篇小说［M］.长沙：岳麓书社，1987.

［50］周穗明，等.现代化：历史、理论与反思——兼论西方左翼的现代化批判［M］.北
　　　京：中国广播电视出版社，2002.

［51］周作人.周作人回忆录［M］.长沙：湖南人民出版社，1982.

［52］朱立元.当代西方文艺理论［M］.上海：华东师范大学出版社，2003.

［53］朱贻庭.中国传统伦理思想史［M］.上海：华东师范大学出版社，2006.

［54］朱英.中国近代史十讲［M］.北京：北京大学出版社，2011.

2. 期刊论文

［1］包亚明.消费文化与城市空间的生产［J］.学术月刊，2006（5）.

［2］曹明伦.文本目的——译者的翻译目的——兼评德国功能派目的论和意大利谚语"翻译即叛逆"［J］.天津外国语学院学报，2007（4）.

［3］陈建华.抒情传统的上海杂交——周瘦鹃言情小说与欧美现代文学文化［J］.中山大学学报（社会科学版），2011（6）.

［4］胡翠娥.不是边缘的边缘——论晚清小说和小说翻译中的伪译和伪著［J］.中国比较文学，2003（3）.

［5］李德超，邓静.近代翻译文学史上不该遗忘的角落——鸳鸯蝴蝶派作家的翻译活动及其影响［J］.四川外语学院学报，2004（1）.

［6］李德超，王克非.译注及其文化解读——从周瘦鹃译注管窥民初的小说译介［J］.外国语，2011（5）.

［7］李长莉.开放的时代与保守的个人——一个清末士大夫思想与生活的两重世界［J］.学术研究，2007（11）.

［8］秦弓.论翻译文学在现代文学史上的地位——以五四时期为例［J］.文学评论，2007（2）.

［9］孙致礼.译者的职责［J］.中国翻译，2007（4）.

［10］王东风.韦努蒂与鲁迅异化翻译观比较［J］.中国翻译，2008（2）.

［11］王建辉."商务"编辑人的学养结构［J］.出版发行研究，2002（5）.

［12］王友贵.鲁迅的翻译模式与翻译政治［J］.山东外语教学，2003（2）.

［13］王友贵.中国翻译的赞助问题［J］.中国翻译，2006（3）.

［14］章征科.清末民初知识分子趋新意识的成因与特点［J］.安徽师范大学学报，2009（1）.

［15］朱洪文.《回首》的汉译分析与哈代在清末民初中国的译介与变异［J］.小说评论，

2008（5）.

［16］朱志瑜 . 翻译研究：规定、描写、伦理［J］. 中国翻译，2009（3）.

［17］顾钧 . 鲁迅与几套翻译丛书［J］. 鲁迅研究月刊，2010（2）.

3. 英文图书

［1］Roman Alvarez，M. Carmen-Africa Vidal. Translation，Power，Subversion［M］.Beijing：Beijing Foreign Language Teaching and Research Press，2007.

［2］Susan Bassnett，André Lefevere. Translation，History and Culture［C］. Shanghai：Shanghai Foreign Language Education Press，2004.

［3］Susan Bassnett. Translation Studies［M］. Shanghai：Shanghai Foreign Language Education Press，2004.

［4］Pierre Bourdieu. An Invitation to Reflexive Sociology［M］.Trans，Li Meng & Li Kang. Beijing：Central Compilation and Translation Press，1998.

［5］Andrew Chesterman. Memes of Translation：The Spread of Ideas in Translation Theory［M］. Amsterdam/Philadelphia：John Benjamins Publishing Company，1997.

［6］Andrew Chesterman. Proposal for a Hieronymic Oath［A］//Anthony Pym（ed.）. The Return to Ethics. Manchester：St. Jerome Publishing，2001.

［7］Sonia Cunico，Jeremy Munday. Translation and Ideology：Encounters and Clashes［C］. Translator，2007（13）.

［8］David Swartz. Culture and Power：The Sociology of Pierre Bourdieu［M］. Chicago：University of Chicago Press，1997.

［9］Gerard Genette. Paratexts：Thresholds of Interpretation［M］. London：Cambridge university press，2001.

［10］Theo Hermans. Translation in System：Descriptive and System-Oriented Approaches

Explained[M]. Manchester: St. Jerome Publishing, 1999.

[11] André Lefevere. Translation, Rewriting and the Manipulation of Literary Fame [M].
London: Routledge, 2004.

[12] Christiane Nord. Translating as a Purposeful Activity: Functionalist Approaches Explained
[M]. Shanghai: Shanghai Foreign Language Education Press, 2001.

[13] Anthony Pym. The Return to Ethics: Special Issue of the Translator [C]. Manchester: St.
Jerome Publishing, 2001.

[14] Christina Schaffner. Translation and Norms [M]. Clevedon: Multilingual Matters Ltd.,
1999.

[15] Lawrence Venuti. The Translator's Invisibility— A History of Translation [M]. Shanghai:
Shanghai Foreign Language Education Press, 2004.

[16] Michaela Wolf, Alexandra Fukari. Constructing a Sociology of Translation [M]. Amsterdam/
Philadelphia: John Benjamins Publishing Company, 2007.

附　录

附录 1　胡适翻译作品（1912—1927 年）

序号	年份	原作名	译作名	原作者	国别	翻译语言
1	1912	The Last Class	最后一课	Alphonse Daudet	法国	白话
2	1912	Roschel's fiddle	洛斯奇尔的提琴	Anton Chekhov	俄国	白话
3	1912	Tales of Mean Streets'	楼梯上	Arthur Morrison	英国	白话
4	1913	Misery	苦恼	Anton Chekhov	俄国	白话
5	1914	The Siege of Berlin	柏林之围	Alphonse Daudet	法国	文言
6	1914	Optimism	乐观主义	Robert Browning	英国	骚体
7	1914	The Isles of Greece	哀希腊歌	George Gordon Byron	英国	骚体
8	1914	Brahma	大梵天	Ralph Waldo Emerson	英国	文言散文
9	1914	Concord Hymn	康可歌	Ralph Waldo Emerson	英国	五言古体
10	1915	The Gate of the Hundred Sorrows	百愁门	Rudyard Kipling	英国	文言
11	1915	Roadside Rest	墓门行	Arthur Ketchum	英国	骚体
12	1916	The Duel	决斗	Nikola Dmitrievitch Teleshov	俄国	白话
13	1917	Minuet	梅吕哀	Guy de Maupassant	法国	文言
14	1917	Two Friends	二渔夫	Guy de Maupassant	法国	白话
15	1917	Miggles	米格尔	Francis Bret Harte	美国	白话
16	1917	The Rubaiyat of a Scotch Highball	戒酒	O.Henry	美国	白话
17	1918	Auld Rabin Gray	老洛伯	Anne Lindsay	苏格兰	自由体

续表

序号	年份	原作名	译作名	原作者	国别	翻译语言
18	1919	A Son Who Kills His Parents	杀父母的儿子	Guy de Maupassant	法国	白话
19	1919	A Work of Art	一件艺术品	Anton Chekov	俄国	白话
20	1919	Love and Bread	爱情与面包	August Strindberg	瑞典	白话
21	1919	An Unsent Letter	一封未寄的信	Eurico Castelnuovo	意大利	白话
22	1919	Boless	他的情人	Maxim Gorky	俄国	白话
23	1919	Over the Roofs	关不住了	Sara Teasdale	美国	自由体
24	1919	The Child Musician	奏乐的小孩	不详	不详	自由体
25	1919	Robaiyat	无题	Omar Khayyam	波斯	自由体
26	1919	Robaiyat	希望	Omar Khayyam	波斯	自由体
27	1923	The Outcasts of Poker Flat	扑克坦赶出的人	Francis Bret Harte	美国	白话
28	1923	Misun	米桑	不详	不详	自由体
29	1924	A Translated Poem of Henry Michau	译亨利·米超诗	Henry Michau	英国	自由体
30	1924	Absence	别离	Thomas Hardy	英国	自由体
31	1924	A Translated Poem	无题	不详	不详	自由体
32	1924	Parting at Morning	清晨的分别	Robert Browning	英国	自由体
33	1925	You'll Love Me yet	你总有爱我的一天	Robert Browning	英国	自由体
34	1925	A Translated Poem of Shelly	译薛莱的小诗	Percy Shelly	英国	自由体
35	1925	In the Moonlight	月光里	Thomas Hardy	英国	自由体
36	1925	A Translated Song of Goethe's Harfenspieler	译歌德"竖琴手"	Johann Wolfgang von Goethe	德国	自由体

附录 2　鲁迅翻译作品（1912—1927 年）

序号	年份	译作名	国别	原作者	体例	发表刊物
1	1913	艺术玩赏之教育	日本	上野阳一	论文	《教育部编纂处月刊》第 1 卷第 4、第 7 册
2	1913	社会教育与趣味	日本	上野阳一	论文	《教育部编纂处月刊》第 1 卷第 9、第 10 册
3	1913	儿童之好奇心	日本	上野阳一	论文	《教育部编纂处月刊》第 1 卷第 10 册
4	1914	海涅的诗	德国	海涅	诗歌	《中华小说界》月刊第 2 期
5	1914	儿童观念界之研究	日本	高岛平三郎	论文	《全国儿童艺术展览会纪要》
6	1918	与幼小者	日本	有岛武郎	不详	《新潮》
7	1919	一个青年的梦	日本	武者小路实笃	戏剧	《国民公报》副刊
8	1920	察罗堵斯德罗绪言	德国	尼采	哲学著作	—
9	1920	察拉图斯忒拉的序言	德国	尼采	哲学著作	《新潮》第 2 卷第 5 期
10	1920	工人绥惠略夫	俄国	阿尔志跋绥夫	小说	《小说月报》第 12 卷第 7-9、11-12 号
11	1920	幸福	俄国	阿尔志跋绥夫	小说	《新青年》第 8 卷第 4 号
12	1921	沉默之塔	日本	森鸥外	小说	《晨报副镌》第七版小说栏
13	1921	鼻子	日本	芥川龙之介	小说	《晨报》第七版
14	1921	医生	俄国	阿尔志跋绥夫	小说	《小说月报》第 12 卷号外《俄国文学研究》
15	1921	罗生门	日本	芥川龙之介	小说	《晨报》第七版
16	1921	三浦右卫门的最后	日本	菊池宽	小说	《新青年》月刊第 9 卷第 3 号
17	1921	父亲在亚美利加	芬兰	亚勒吉阿	小说	《晨报副镌》
18	1921	疯姑娘	芬兰	明那·亢德	小说	《小说月报》第 12 卷第 10 号
19	1921	战争中的威尔珂	保加利亚	跋佐夫	小说	《小说月报》第 12 卷第 10 号

序号	年份	译作名	国别	原作者	体例	发表刊物
20	1921	近代捷克文学概观	捷克	凯拉绥克	论文	《小说月报》第 12 卷第 10 号
21	1921	小俄罗斯文学略说	德国	凯尔沛莱斯	论文	《小说月报》第 12 卷第 10 号
22	1921	黯澹的烟霭里	俄国	安特莱夫	小说	—
23	1921	书籍	俄国	安特莱夫	小说	—
24	1921	池边	俄国	爱罗先珂	小说	《晨报副镌》
25	1921	狭的笼	俄国	爱罗先珂	小说	《新青年》第 9 卷第 4 号
26	1921	春夜的梦	俄国	爱罗先珂	小说	《晨报副镌》
27	1921	盲诗人最近时的踪迹	日本	中根弘	小说	《晨报副镌》
28	1921	雕的心	俄国	爱罗先珂	小说	《东方杂志》第 18 卷第 22 号
29	1921	连翘	俄国	契里珂夫	小说	—
30	1921	鱼的悲哀	俄国	爱罗先珂	小说	《妇女杂志》第 8 卷第 1 号，
31	1921	一篇很短的传奇	俄国	迦尔洵	小说	《妇女杂志》月刊第 8 卷第 2 期
32	1921	世界的火灾	俄国	爱罗先珂	小说	《小说月报》第 13 卷第 1 号
33	1921	两个小小的死	俄国	爱罗先珂	小说	《东方杂志》第 19 卷第 2 号
34	1921	古怪的猫	俄国	爱罗先珂	小说	《民国日报》副刊《觉悟》"新年号"
35	1921	省会	俄国	契里珂夫	小说	
36	1922	为人类	俄国	爱罗先珂	论文	《东方杂志》第 19 卷第 3 号
37	1922	俄国的豪杰	俄国	爱罗先珂	解说	《晨报副镌》
38	1922	桃色的云	俄国	爱罗先珂	童话剧	《晨报副镌》
39	1922	读了童话剧《桃色的云》	日本	秋田雨雀	论文	《晨报副镌》
40	1922	忆爱罗先珂华西理君	日本	江口涣	回忆录	《晨报副镌》
41	1922	小鸡的悲剧	俄国	爱罗先珂	童话	《妇女杂志》第 8 卷第 9 号
42	1923	观北京大学学生演剧和燕京女校学生演剧的记	俄国	爱罗先珂	论文	《晨报副刊》
43	1923	红的花	俄国	爱罗先珂	童话	《小说月报》第 14 卷第 7 号

续表

序号	年份	译作名	国别	原作者	体例	发表刊物
44	1924	出了象牙之塔	日本	厨川白村	文艺理论	《京报副刊》《民众文艺周刊》
45	1924	苦闷的象征	日本	厨川白村	理论著作	《晨报副镌》
46	1924	自己发见的欢喜	日本	厨川白村	理论著作	《晨报副镌》
47	1924	有限中的无限	日本	厨川白村	理论著作	《晨报副镌》
48	1924	文艺鉴赏的四阶段	日本	厨川白村	理论著作	《晨报副镌》
49	1924	西班牙剧坛的将星	日本	厨川白村	文艺理论	《小说月报》第16卷第1号
50	1924	高尚生活	荷兰	Multatuli	文艺理论	《京报副刊》
51	1924	无礼与非礼	荷兰	Multatuli	文艺理论	《京报副刊》
52	1924	观照享乐的生活	日本	厨川白村	文艺理论	《京报副刊》
53	1925	裴多菲的诗	匈牙利	裴多菲	诗歌	《语丝》周刊第9期
54	1925	从灵向肉和从肉向灵	日本	厨川白村	文艺理论	《京报副刊》
55	1925	现代文学之主潮	日本	厨川白村	文艺理论	《民众文艺周刊》第6号
56	1925	我独自行走	日本	伊东干夫	文艺理论	《狂飙》周刊第16期
57	1925	自以为是	日本	鹤见祐辅	理论著作	《京报副刊》
58	1925	徒然的笃学	日本	鹤见祐辅	理论著作	《京报副刊》
59	1925	圣野猪	日本	长谷川如是闲	文艺理论	《旭光旬刊》第4期
60	1925	北京的魅力	日本	鹤见祐辅	文艺理论	《民众文艺周刊》第26—29期
61	1925	新时代与文艺	日本	金子筑水	文艺理论	《莽原》周刊第14期
62	1925	思索的惰性	日本	片山孤村	理论著作	《莽原》周刊第28期
63	1925	表现主义	日本	片山孤村	理论著作	—
64	1925	小说的浏览和选择	德国	拉斐勒	论文	《语丝》周刊第49、50期
65	1925	从浅草来	日本	岛崎藤村	文艺理论	《国民新报副刊》乙刊第1、2、4期连载
66	1926	自然主义的理论及技巧	日本	片山孤村	理论著作	《国民新报副刊》乙刊第29—32期
67	1926	东西之自然诗观	日本	厨川白村	文艺理论	《莽原》半月刊第2期
68	1926	岁首	日本	长谷川如是闲	文艺理论	《国民新报副刊》

续表

序号	年份	译作名	国别	原作者	体例	发表刊物
69	1926	罗曼罗兰的真勇主义	日本	中泽临川、生田长江	文艺理论	《莽原》半月刊第 7、8 期
70	1926	生艺术的胎	日本	有岛武郎	文艺理论	《莽原》半月刊第 9 期
71	1926	论诗	日本	武者小路实笃	文艺理论	《莽原》半月刊第 12 期
72	1926	小儿的睡相	日本	有岛武郎	文艺理论	《莽原》
73	1926	所谓怀疑主义者	日本	鹤见祐辅	文艺理论	《莽原》周刊第 14 期
74	1926	亚历山大·波洛克	苏联	托罗兹基	传记	1926 年 8 月北新书局出版《十二个》书前
75	1926	在一切艺术	日本	武者小路实笃	论文	《莽原》半月刊第 16 期
76	1926	巴什庚之死	俄国	阿尔志跋绥夫	小说	《莽原》半月刊第 17 期
77	1926	以生命写成的文章	日本	有岛武郎	文艺理论	《莽原》半月刊第 18 期
78	1926	凡有艺术品	日本	武者小路实笃	文艺理论	《莽原》半月刊第 17 期
79	1927	小约翰	荷兰	望·蔼覃	童话	《语丝》周刊第 137 期

注：1912 年鲁迅是否有翻译作品发表，笔者暂未找到。"—"表示发表刊物目前无从查找。

附录3　周瘦鹃翻译作品（1912—1927 年）

序号	年份	译作名	国别	原作者	体例	原载刊物或出版社
1	1912	无名之女侠	英国	哈斯汀	小说	妇女时报
2	1912	军人之恋	英国	柯南达利	小说	妇女时报
3	1912	八万九千磅	英国	窦伦特	小说	小说时报
4	1912	椿中人	美国	维克透、法脱丘	小说	小说时报
5	1913	绿衣女	英国	亨梯尔	小说	妇女时报
6	1913	血海翻波录	法国	大仲马	小说	小说时报
7	1913	胭脂血	法国	费奈	小说	妇女时报
8	1913	神圣之军人	不详	不详	小说	小说时报
9	1914	褐衣女郎	美国	不详	小说	小说时报
10	1914	万里飞鸿记	不详	不详	小说	民权素
11	1914	铁窗人语	不详	不详	小说	小说时报
12	1914	逸犯小史	不详	不详	小说	小说时报
13	1914	爱河双鸳	英国	却尔司·佳维	小说	小说时报
14	1914	拿破仑之友	法国	不详	小说	礼拜六
15	1914	恐怖	不详	不详	小说	礼拜六
16	1914	银十字架	不详	不详	小说	中华小说界
17	1914	情海祸水	不详	不详	小说	礼拜六
18	1914	杀人者谁	不详	不详	小说	小说时报
19	1914	霜刃碧血记	不详	不详	小说	上海有正书局
20	1914	鬼新娘	英国	干姆斯·霍格	小说	礼拜六
21	1914	亚森罗苹之劲敌	法国	玛丽·瑟勃朗	小说	礼拜六
22	1915	妻之心	法国	毛亨	小说	中华妇女界
23	1915	玫瑰有刺	英国	莎士比亚	小说	礼拜六
24	1915	电	不详	不详	小说	礼拜六

序号	年份	译作名	国别	原作者	体例	原载刊物或出版社
25	1915	法兰西革命风云中之英雄儿女	不详	不详	小说	女子世界
26	1915	黑别墅之主人	英国	柯南达利	小说	礼拜六
27	1915	同归于尽	法国	拿破仑·蒲那伯脱	小说	礼拜六
28	1915	哲学之祸	法国	玛黎瑟·勒布朗	小说	中华小说界
29	1915	这一番花残月缺	美国	华盛顿·欧文	小说	礼拜六
30	1915	世界思潮	英国	却尔·迭更斯	小说	礼拜六
31	1915	断坟残碣	丹麦	亨司·盎特逊	小说	小说大观
32	1915	自杀日记	不详	不详	小说	小说大观
33	1915	伞	法国	毛泊桑（莫泊桑）	小说	礼拜六
34	1915	毕竟是谁	英国	梅生	小说	小说时报
35	1915	病诡	英国	柯南达利	小说	礼拜六
36	1916	手钏	英国	曼丽·爱奇华斯	小说	中华妇女界
37	1916	情苗怨果	美国	哀丽娜·格林	小说	春声
38	1916	情场侠骨	英国	贾斯·甘尔夫人	小说	中华小说界
39	1916	月下	法国	毛柏霜	小说	春声
40	1916	坠落	法国	大仲马	小说	小说时报
41	1917	死后之相见	英国	但尼尔·笛福	小说	中华书局
42	1917	贪	英国	奥利佛·古尔斯密	小说	中华书局
43	1917	古室鬼影	英国	华尔透·斯各特	小说	中华书局
44	1917	故乡	英国	却尔司·兰姆	小说	中华书局
45	1917	情奴	法国	山格莱	小说	中华书局
46	1917	星	英国	却尔司·狄更斯	小说	中华书局
47	1917	良师	英国	却尔司·李特	小说	中华书局
48	1917	回首	英国	汤麦司·哈苔	小说	中华书局
49	1917	意外鸳鸯	英国	史蒂文逊	小说	中华书局
50	1917	欲	法国	伏尔泰	小说	中华书局
51	1917	男儿死耳	法国	邬拿特·白尔石	小说	中华书局
52	1917	阿兄	法国	阿尔芳士·陶苔	小说	中华书局
53	1917	伤心之父	法国	阿尔芳士·陶苔	小说	中华书局

序号	年份	译作名	国别	原作者	体例	原载刊物或出版社
54	1917	洪水	法国	哀密叶·查拉	小说	中华书局
55	1917	恩欤怨欤	法国	保罗·鲍叶德	小说	中华书局
56	1917	心声	美国	哀特加挨·兰波	小说	中华书局
57	1917	惩骄	美国	施土活夫人	小说	中华书局
58	1917	噫归矣	美国	白来脱·哈脱	小说	中华书局
59	1917	死	俄国	杜瑾纳夫	小说	中华书局
60	1917	大义	俄国	麦克昔姆·高甘	小说	中华书局
61	1917	红笑	俄国	盎崛利夫	小说	中华书局
62	1917	驯狮	德国	贵推	小说	中华书局
63	1917	破题儿第一遭	德国	盎利克·查格	小说	中华书局
64	1917	悲欢离合	意大利	法利那	小说	中华书局
65	1917	兄弟	匈牙利	玛立司·堉堪	小说	中华书局
66	1917	碧水双鸳	西班牙	佛尔苔	小说	中华书局
67	1917	逝者如斯	瑞士	甘勒	小说	中华书局
68	1917	芳时	瑞典	史屈恩白	小说	中华书局
69	1917	除夕	荷兰	安娜·高白德	小说	中华书局
70	1917	一吻之代价	塞尔维亚	崛古立克	小说	中华书局
71	1917	难夫难妇	芬兰	瞿梅尼·挨柯	小说	中华书局
72	1917	情祟	不详	不详	小说	中华书局
73	1917	玫瑰一支	法国	大仲马	小说	小说大观
74	1917	怪乎	美国	亚塞李芙	小说	中华书局
75	1917	贼之觉悟	不详	不详	小说	小说时报
76	1917	福尔摩斯别传	法国	玛利瑟·勒勃朗	小说	中华书局
77	1918	贫民血	法国	维克都·嚣俄	小说	中华书局
78	1918	懊侬	法国	莫泊桑	小说	中华书局
79	1918	幻影	英国	却尔司·狄更斯	小说	中华书局
80	1918	隐情	英国	柯南道尔	小说	中华书局
81	1918	谁之罪	俄国	利哇·托尔斯泰	小说	中华书局
82	1918	恐怖党	不详	不详	小说	小说新报

续表

序号	年份	译作名	国别	原作者	体例	原载刊物或出版社
83	1918	冰天艳影	不详	不详	小说	中华书局
84	1918	午	法国	毛柏桑	小说	小说新报
85	1918	孤岛哀鹣记	英国	安德鲁斯	小说	小说季报
86	1918	面包	法国	毛柏霜	小说	小说月报
87	1920	一百万金	法国	莫泊桑	小说	游戏新报
88	1920	畸人	法国	G.伏兰	小说	小说月报
89	1920	欧梅夫人	法国	毛柏霜	小说	小说月报
90	1921	试验	法国	莫泊桑	小说	东方杂志
91	1921	卫生俱乐部	不详	不详	小说	上海国华书局
92	1921	蝴蝶	匈牙利	华士伯爵	小说	礼拜六
93	1921	小间谍	法国	杜德	小说	东方杂志
94	1921	匣剑惟灯	英国	牛登·本甘	小说	半月
95	1921	一死一生	法国	曹拉	小说	东方杂志
96	1921	末叶	美国	欧亨利	小说	礼拜六
97	1922	猫妒	法国	莫泊桑	小说	礼拜六
98	1922	难问题	法国	莫泊桑	小说	礼拜六
99	1922	鬼	法国	莫泊桑	小说	礼拜六
100	1922	奴爱	法国	莫泊桑	小说	礼拜六
101	1922	慈母	美国	欧文	小说	紫罗兰集
102	1922	前尘	英国	狄更斯	小说	紫罗兰集
103	1922	孝	法国	柯贝	小说	紫罗兰集
104	1922	家	俄国	但钦古	小说	紫罗兰集
105	1922	钥匙	意大利	邓南遮	小说	紫罗兰集
106	1922	幸福	法国	莫泊桑	小说	紫罗兰集
107	1922	海上	法国	莫泊桑	小说	礼拜六
108	1922	维系	瑞典	史德林堡	小说	星期
109	1922	亡妻	俄国	屠格涅夫	小说	紫兰花片
110	1922	死神	法国	杜德	小说	紫兰花片
111	1922	哑儿多多	意大利	邓南遮	小说	紫兰花片

序号	年份	译作名	国别	原作者	体例	原载刊物或出版社
112	1922	在柏林	美国	邹丽兰女士	小说	紫兰花片
113	1922	我之忆语	德国	废太子威廉	小说	半月
114	1922	吾友的一家	法国	莫泊桑	小说	游戏世界
115	1922	爆裂弹	法国	玛丽塞·勒勃朗	小说	游戏世界
116	1922	恐怖党续编	不详	不详	小说	上海国华书局
117	1923	绿猫	俄国	高尔甘	小说	紫兰花片
118	1923	钟鸣八下	不详	不详	小说	上海大东书局
119	1923	最后的一掷	巴西	夏士佛多	小说	紫兰花片
120	1923	蝴蝶	匈牙利	乔治·华士	小说	紫兰花片
121	1923	匍匐之人	英国	柯南道尔	小说	半月
122	1923	母亲	美国	露易丝·傅西士	小说	紫兰花片
123	1923	疯人院	法国	蒲铁	小说	半月
124	1924	魔鬼	法国	莫泊桑	小说	半月
125	1924	吸血记	英国	柯南道尔	小说	半月
126	1924	新年的礼物	法国	莫泊桑	小说	半月
127	1924	奴隶	瑞典	史德林堡	小说	紫罗兰外集
128	1924	热爱	法国	雨果	小说	紫罗兰外集
129	1924	最后之课	法国	都德	小说	紫罗兰外集
130	1924	画中人	美国	哀特加浦	小说	紫罗兰外集
131	1924	情书一束	匈牙利	姚开	小说	紫罗兰外集
132	1924	英雄之母	法国	毛柏桑	小说	紫罗兰外集
133	1924	新婚第一夜	法国	毛柏桑	小说	半月
134	1924	他来么	保加利亚	伊凡·伐佐夫	小说	半月
135	1924	寡妻	法国	毛柏桑	小说	半月
136	1924	赖婚	英国	葛立士·茂衍	小说	上海大东书局
137	1924	梦尽时	意大利	邓南遮	小说	半月
138	1924	杀	法国	穆丽士·罗士堂	小说	半月
139	1925	世界中最幸运的人	俄国	安特列夫	小说	半月
140	1925	利绣记	英国	柯南道尔	小说	半月

续表

序号	年份	译作名	国别	原作者	体例	原载刊物 或出版社
141	1925	拯艳记	英国	柯南道尔	小说	半月
142	1925	宝藏	葡萄牙	鄗洛士	小说	半月
143	1925	古城秘密	法国	勒白朗	小说	上海大东书局
144	1925	空心石柱	法国	勒白朗	小说	上海大东书局
145	1925	劫婚	法国	勒白朗	小说	上海大东书局
146	1925	七心纸牌	法国	勒白朗	小说	上海大东书局
147	1925	黑珠	法国	勒白朗	小说	上海大东书局
148	1925	草人记	法国	勒白朗	小说	上海大东书局
149	1925	神秘之画	法国	勒白朗	小说	上海大东书局
150	1925	隧道	法国	勒白朗	小说	上海大东书局
151	1925	箱中女尸	法国	勒白朗	小说	上海大东书局
152	1925	车中怪客	法国	勒白朗	小说	上海大东书局
153	1925	懒人	俄国	亚佛·钦古	小说	半月
154	1925	马喜菊	法国	杜凡瑙	小说	半月
155	1925	焚兰记	英国	李嘉生	小说	上海大东书局
156	1925	同命记	法国	圣泌尔	小说	上海大东书局
157	1925	艳蛊记	法国	梅里美	小说	上海大东书局
158	1925	赤书记	美国	霍桑	小说	上海大东书局
159	1925	慰情记	法国	乔治·山德	小说	上海大东书局
160	1925	沈沙记	英国	施各德	小说	上海大东书局
161	1925	镜圆记	英国	笠顿	小说	上海大东书局
162	1925	重光记	英国	嘉绿·白朗蝶	小说	上海大东书局
163	1925	海媒记	英国	李德	小说	上海大东书局
164	1925	护花记	英国	白来穆	小说	上海大东书局
165	1925	登天之路	瑞典	赖格罗夫	小说	半月
166	1925	杀子之母	法国	端黎	小说	半月
167	1925	莲花出土记	法国	毛柏桑	小说	半月
168	1925	亡妻的遗爱	法国	毛柏桑	小说	半月
169	1925	恋人之尸	法国	毛柏桑	小说	半月

序号	年份	译作名	国别	原作者	体例	原载刊物或出版社
170	1925	绛珠怨	西班牙	裴高伯爵夫人	小说	紫罗兰
171	1925	空房人语	不详	不详	小说	上海大东书局
172	1925	留声机上	不详	不详	小说	上海大东书局
173	1925	金窟	不详	不详	小说	上海大东书局
174	1925	大泽秘密	不详	不详	小说	上海大东书局
175	1925	催眠术	不详	不详	小说	上海大东书局
176	1925	心弦	不详	不详	小说	上海大东书局
177	1926	惜余欢	法国	毛柏桑	小说	紫罗兰
178	1926	薄命女	俄国	高尔甘	小说	紫罗兰
179	1926	孤雁儿	德国	海根·窦瑙	小说	紫罗兰
180	1926	一饼金	法国	柯贝	小说	紫罗兰
181	1926	小楼连苑	法国	鲍叶德	小说	紫罗兰
182	1926	酷相思	法国	莫泊桑	小说	紫罗兰
183	1926	春去也	法国	柯贝	小说	紫罗兰
184	1926	别一世界中	英国	许丽南	小说	良友
185	1926	乌叶啼	意大利	毕朗.台洛	小说	紫罗兰
186	1926	快乐之园	英国	许丽南	小说	良友
187	1926	恋情深	英国	甘梨痕	小说	紫罗兰
188	1926	猴掌	英国	贾可白	小说	紫罗兰
189	1926	一封信的一节	法国	邬度	小说	良友
190	1926	游侠儿	俄国	蒲轩根	小说	紫罗兰
191	1926	未婚妻	法国	邬度	小说	良友
192	1926	红笑	俄国	安德烈夫	小说	紫罗兰
193	1926	疗贫之法	法国	培来潘思	小说	良友
194	1927	感恩多	俄国	罗曼诺夫	小说	紫罗兰
195	1927	复仇者	俄国	柴霍甫	小说	紫罗兰
196	1927	意难忘	俄国	阿志白绥夫	小说	紫罗兰
197	1927	沉默之人	俄国	亚凡钦古	小说	紫罗兰
198	1927	传言玉女	美国	彭南	小说	紫罗兰

续表

序号	年份	译作名	国别	原作者	体例	原载刊物或出版社
199	1927	蝶恋花	法国	莫泊桑	小说	紫罗兰
200	1927	旅行者言	法国	莫泊桑	小说	旅行杂志
201	1927	于飞乐	法国	莫泊桑	小说	紫罗兰
202	1927	现代生活	西班牙	白勒士谷	小说	紫罗兰
203	1927	脱羁之马	波兰	葛罗平斯基	小说	紫罗兰
204	1927	一杯茶	英国	曼殊斐儿	小说	紫罗兰
205	1927	红死	美国	爱伦堡	小说	紫罗兰
206	1927	快乐	布加利亚	班诺夫	小说	紫罗兰
207	1927	冬夜诉心	德国	苏德曼	小说	旅行杂志